THE ART
OF
SPECULATION

穿越周期的
专业投机技艺

投机者经典教程

[美] 菲利普·L.卡雷特 Philip L. Carret 著

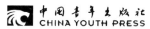

中国青年出版社
CHINA YOUTH PRESS

图书在版编目（CIP）数据

穿越周期的专业投机技艺：投机者经典教程 /（美）菲利普·L.卡雷特著；葛瑜译.
— 北京：中国青年出版社，2018.7
书名原文：The Art of Speculation
ISBN 978-7-5153-5123-0
Ⅰ.①穿…　Ⅱ.①菲…②葛…　Ⅲ.①金融投资　Ⅳ.①F830.59
中国版本图书馆CIP数据核字（2018）第105881号

The Art of Speculation by Philip L. Carret
Simplified Chinese translation copyright © 2018 by China Youth Press
All rights reserved.

穿越周期的专业投机技艺：投机者经典教程

作　　者：〔美〕菲利普·L.卡雷特
译　　者：葛　瑜
责任编辑：肖　佳
特约编辑：饶玉涵
美术编辑：靳　然
出　　版：中国青年出版社
发　　行：北京中青文文化传媒有限公司
电　　话：010-65511270/65516873
公司网址：www.cyb.com.cn
购书网址：zqwts.tmall.com　www.diyijie.com
印　　刷：三河市文通印刷包装有限公司
版　　次：2018年7月第1版
印　　次：2018年7月第1次印刷
开　　本：787×1092　1/16
字　　数：220千字
印　　张：20.5
书　　号：ISBN 978-7-5153-5123-0
定　　价：59.00元

THE ART OF
SPECULATION

>>> 目 录 <<<

第一章
何为投机
017

小麦市场的投机者 018

百万富翁之舞 018

必不可少的投机 019

投资者也必须投机 020

词典如何定义"投机" 021

有组织的市场 022

一个民主的机构 022

希望还是判断 023

投机者是投资者的先遣队 024

增强市场流通性 024

投机和生活费用 025

投机的成功之路 026

股票与房地产的相似之处 027

● 目 录

第二章
金融市场的机制
029

光荣的跑腿儿人　030

投资银行家　030

业余的债券投资者　031

股票融资　031

普通股的起源　032

有组织的市场　033

梧桐树下　033

严格的道德规范　034

经纪人开张　035

经纪人的第一份订单　036

零股交易　037

严格的交割条例　038

清算股票交易　039

公告牌和自动收报机　040

保证金交易　041

场外交易　042

股票拍卖　043

如何找到一位可靠的经纪人　044

第三章
投机的工具
045

当利润是无限的　046

违约债券的收益　047

当需要耐心时　048

收益债券的起源　049

有成功把握的投机　050

20只可转换债券的记录　052

只是纯粹粉饰的可转换债券 053

直接购买股票 054

种类繁多的股票 054

可转换股与参与优先股 056

受欢迎的优先股 057

普通股的利润不普通 058

管理层绝不会自愿清算 058

猜测管理层的政策 059

第四章
股市的波动——
涟漪与波浪
061

7年与15个点 062

大学教授的答案 063

活跃股票的优势 064

价值变化能有多迅速 065

隐藏的买家和卖家 065

罐头股票的上涨 066

"内幕"并不总是正确的 067

无法解释的上涨 067

联合操纵 068

历史上著名的罗克艾兰操纵 068

业余投资者如何交易 069

10个点的波动需要时间 070

长期趋势 071

面对利润时的胆怯，面对损失时
的顽固 072

无名小卒的遭遇 073

对未知事物的恐惧 073

股市中的赌徒 074

第五章

投机的潮汐
——经济周期
075

《圣经》中的经济周期　076

与拳击的类比　076

布莱恩主义是如何被打败的　077

规则的例外　078

一个著名的经济周期　078

揭发黑幕的年代　079

一位银行家的真实预言　080

旧金山之灾　081

历史性的大崩盘　082

股票市场与经济恐慌　084

虚构的交易　087

投资者 vs. 交易者　088

第六章

预测大涨或大跌
091

并没有出现的经济萧条　092

道氏理论　092

熊市之底　093

预见牛市　094

预见市场崩溃　095

巴布森的XY曲线　096

一次不幸的选股　096

观察钢铁工业走势　098

高炉指数　099

1929年的高炉指数案例　099

高炉指数的价值　101

经济活动　102

指数的预测价值 102

股利收入 103

费雪指数 103

价格波动如何影响经济 104

勇气指数 105

诸多因素之间的平衡 106

股市波动的永恒性 106

第七章
投机的生命之源
——融资
109

金字塔式交易法 110

繁忙的保证金业务员 110

银行盈余资金的去处 111

货币市场是否控制了股票市场 112

股票价格的走势 113

是原因还是巧合 114

季节性变动 114

联邦储备系统对股市的影响 115

活期贷款利率 116

股价和利率之间的关系 116

当股票下跌时 117

物美价廉证券的寻觅者 118

不断增长的商业利润 118

牛市的自我破坏 119

哈佛指数 121

短期贷款和债券收益 121

为何所有晴雨表都失灵了 122

牛市意外的延长 124

第八章

技术因素
vs. 经济基本面
125

复合预报员 126

令人兴奋的上涨 126

"弱手"与"强手" 127

高比例保证金的危险 128

钢铁公司的股东 129

经纪人贷款和技术性力量 131

真正危险来临时的信号 132

联合操纵进行式 133

如何读走势图 134

走势图分析案例 134

走势图的局限性 138

再谈道氏理论 138

抛售高峰 139

是艺术,而非科学 140

第九章

卖 空
141

交割规则 142

经纪人的权力 142

卖空的核算 144

卖空的作用 145

遥远的客户 145

零股市场的本质 146

维持有序市场 146

场外交易股票的难题 147

恐慌期中的空头　148

关于卖空的道德问题　149

自力更生的抬价　150

囤积股票的危险性　151

注定失败的囤积　152

金融自杀　153

卖空需要勇气　153

长线空头交易者无法盈利　154

第十章

什么是牛市
155

70只股票的波动情况　156

高位与低位图　157

投机性股票与投资性股票　158

各不相同的波动趋势　159

群组波动　160

群组波动的原因　160

惊人的对比　161

连锁商店股 vs. 化肥股　163

1929年的群组表现　163

股票市场的时尚　164

公共事业股的流行　165

管理因素　166

成功的"果品"公司和失败的"果品"公司　167

"王子与乞丐"的行业　168

不断扩大的差距　169

对于价值的研究　170

第十一章

如何读懂资产
负债表
171

资产负债表的平衡性　172

当公司解散后会发生什么　173

固定资产的不确定价值　176

固定资产的重要性　176

一些不确定的价值　177

即便现金也不总是好的　178

应收账款　179

贸易实务问题　179

存货项目　180

商品市场的价格起落　181

保持存货平衡的重要性　182

资本性支出　182

资本收回　183

什么是流动负债　183

折旧形成负债　184

其他准备金　185

概况一览　186

流动比率　187

如何"粉饰"报表　187

对运营资金的要求各不相同　188

内部构成　189

所有者和债权人　189

第十二章
如何读懂损益表
191

商誉的估价 193

有实力的印象 194

真实损益表的价值 194

商业折扣 196

扣减收入项目 197

检查应税利润 197

销售的趋势 198

考虑价格的波动 199

存货周转率 200

连锁商店和重型机械 200

信用政策 201

对折旧的一些看法 201

利润率 202

折旧的重要性 203

一项令人满意的比较 204

统一的铁路公司会计 204

铁路资产折旧缓慢 207

审计报告 209

天真的管理者 210

第十三章
铁路和公共事业
公司股的分析
211

各州对公共事业单位的管控 212

公共事业股股价确实会大幅波动 212

政府管控带来的好处 213

大企业的道德标准 214

举债经营　214

具体实例　215

剧烈的股市波动　216

投资者和投机者平分秋色　216

筹资稳健的公共事业公司　217

季节性因素　218

铁路公司业绩的衡量标准　219

列车载重指标　220

艾奇逊公司的运营效率　220

圣保罗公司的困境　221

千瓦和千瓦时　222

资本周转速度慢　223

启发性的案例　224

一种理想的燃料　225

铁路客运公司的苦恼　225

第十四章
工业股的分析
227

托拉斯的产生　228

为什么工业股倾向于一起波动　228

萧条与繁荣并存　229

对烟草公司的分析　229

预测与结果　230

产品与政策　231

"伯利恒钢铁"的政策　232

两大工业巨头的比较　232

实物量单位的运用　234

生产成本至关重要　234

分析中的重要因素　235

繁荣的行业　236

马和拖拉机　237

避开长期低迷的行业　237

"趋势"股与"周期"股 238

富余现金的价值 240

获得行业领头地位很少是偶然的 239

高利润率的优势 241

相对增长率的比较 239

第十五章
矿业股与石油股
的分析
243

一个财富传奇故事 244

损耗的重要性 252

矿藏的附加物 245

矿业投机的技术壁垒 252

一个巨大的失败案例 245

年轻的石油产业 253

开发矿区如何获得资金 246

生产、运输、冶炼和分销 254

开采中的风险 247

管道公司的困境 254

缓慢的开采过程 248

广阔的业务范围 255

一个估值公式 249

石油公司与工业公司的相通性 256

一个估值的例子 249

公开的统计数字 256

矿业公司的合并 251

诱人的投机领域 257

第十六章
从公司重组中
获利
259

成功取决于管理　260

自愿重组与非自愿重组　261

破产托管与破产　262

破产托管人保护债权人的利益　262

盈利能力的恢复　263

优先求偿权　264

理论与现实　264

股东的地位与影响力　265

托管结束　266

法律步骤　266

当时间对投机者不利时　267

令人沮丧的延期　268

正常的市场波动　268

银行的声誉　269

标准化的重组条款　269

铁路公司的重组　270

艾奇逊公司的早期困境　271

市值的比较　272

第十七章
非上市证券——
金融股的分析
273

报价的准确性　274

虚　卖　274

出价与要价之间的差价　275

选择非上市证券经纪人　276

差价永远存在　277

银行家的态度　278

首选冷酷的经纪人　278

隐藏的便宜证券　279

金融机构的股票 280

银行业务的特殊性 280

银行的财务报表 281

现金与现金等价物 282

存款人的分析 282

广泛的业务范围 283

确定账面价值 284

火灾保险公司 285

保险公司财务报表中的术语 286

正式的报告 287

寿险债券的稳定性 288

第十八章
期权与套利
289

什么是期权 289

期权卖方的地位 290

少额资本的投机 291

有限的风险 292

与期权相反的交易 293

从看涨期权到跨期期权的转换 293

期权的保险作用 294

期权卖方的动机 295

缩减购买规模 296

期权的卖方责任 297

长期期权 297

罕见的分离认股权 298

认股权证的不同期限 299

耐心的投机者 300

期权的缺陷 301

估价公式 301

套利交易 302

等价证券套利 303

重组套利 305

兼并套利 306

对 冲 307

第十九章

投机者应遵守的
12 条规则
309

奇妙的可能 309

企业管理 310

人、财、物 310

投机者的12条规则 311

偶然性的最小化 312

心理难题 313

耐心很重要 314

必须谨慎 315

四种股票 315

理论的验证 316

出乎意料的结果 317

股票的复利 318

股利不是终极目标 319

信息的重要性 320

愤世嫉俗的人 321

自己做决定 322

不要盲目用市盈率评估股票 323

折衷 325

避免过度交易 326

可以赚钱的业余爱好 327

第一章　何为投机

每种商业行为中都存在投机——投资者无法回避投机——投机的定义——有组织的市场的重要性——投机者给投资者指明了道路——投机者支持了金融机制——价值分析

关于投资，社会上并没有太大的争议，几乎所有人都能感受到现代社会中资本的重要性。投资者用自己积攒的财富进行投资，理应获取相应的回报，这一点毋庸置疑。比如，成百上千的投资者将钱投资于通讯系统，这些投资促使通讯行业不断发展，而投资者将从中获得8%的平均收益率，一般人都会认为这是正当的。再比如，一些复杂精准的金融工具如果可以将纽约某学校教师辛苦积攒的数千美元转变成加州一个水电站的设备，这种投资行为也会受到社会的认可和支持。只有经济"文盲"才会认为债券交易员、经纪人以及其他金融专业人士是"寄生虫"或者"游手好闲的人"。

然而，关于投机，社会的态度就不同了。一般人根本无法理解，成功的投机者通过其经济收益对社会福利也做出了相应的贡献。他们认为，只要一个人精于投机，他给社会带来的就是损失，而不是收益。从表面上看，投机行为对社会毫无益处，很多人都认为投机行为犹如赌博，成功者的收益就是失败者的损失。所以，杰·古尔德、丹尼尔·朱以及其他知名投机者，一直没能成为受欢迎的人物是有原因的。

小麦市场的投机者

很不幸的是，"投机"一词让大多数人想到的是"股票"。当邻居们打完高尔夫，在当地的城郊俱乐部聚会，讨论本地磨坊主亨利·罗宾逊的显赫财产时，他们谈到亨利时自然会说亨利是个精明的商人。尽管他良好的经济现状可能更多的是因为他在小麦市场上的判断正确，而非他生产或销售的技巧，但没人会说亨利是个成功的投机者。虽然磨坊运营过程中投机只是附带的，但它是确确实实的投机。

百万富翁之舞

不必深入调研就可得知，这种投机在很大程度上是所有商业运营的一部分。1920年，糖的价格一路高涨，最顶峰一度高达22.5美分一磅，世界上任何一个食糖生产商或者炼糖商都不可能逃脱这短暂的繁荣。这也引起了古巴的奢侈狂欢，被称为"百万富翁之舞"。在1921年的经济崩溃中，食糖的价格降至2美分一磅，没有食糖生产商还能盈利。诸如此类的极端事件幸好是不经常发生的，但是每种商品的价格波动是一直在发生的。在很大程度上，无论是钢铁生产商还是杂货店店主，每个商人都会受到他所经营商品价格波动的影响。

必不可少的投机

纺织厂的成功主要取决于经理购买原材料的的精明，以及他经营工厂的效能，两者并重。因而成功的棉纺织品生产商在一定程度上也是棉花原材料方面的成功投机者。如果他在错误的时间买入棉花，或是没能在正确的时间内买到棉花，那么他的利润将会减少，甚至没有利润。这件事被视为理所当然，甚至连那些反对股票投机者的人们也会这么认为。

立刻会有人提出股票投机者与商人有巨大的不同。他们认为，商人不是自主选择成为投机者的。商业天然存在一定投机风险，商人必须依靠良好的判断力将这种风险降到最低。相比于他的主营业务来说，投机只是附带的。纺织品生产商不是为了投机棉花而经营纺织厂，而是为了供应棉织品，投机虽然罪恶，但对于商人是必不可少的，而股票投机者可就没有这样冠冕堂皇的理由来进行他们的运作。他们只是买进卖出无形资产，在他们拥有这种无形资产时，其不会有任何形式的转变。如果投机者卖出的股票价格下跌，那么他不过是以不幸运购买者的损失为代价而赚钱。如果他买进的股票价格上涨，上涨的功劳也不在他。事实上，投机者是本该忙碌而无所事事的闲人，是本该更好利用其资金的资本家。

那些身边有非常沉迷股票的股民的人，会更加控诉股票投机者。一位律师，发现他的合伙人忽视自己的工作本分，将时间倾注在研究早报上刊登的股市行情上，甚至常驻经纪人行情室，那么这位律师一定对股票投机深恶痛绝与批判。一位商人，亲眼看着原本前途无量的下属因沉迷于股票对工作失去兴趣，那么这位商人如同前面那位律师一样，也会对股票投机十分厌恶。然后就出现了一些众所周知的数字，数字的来源没人清楚，但是数字的真实性却无人质疑。这些数字就是：95%的股票交易者，从长远来看都是亏损的。而股票投机的批判者们，正好可以利用这些数字。

投资者也必须投机

然而，难道就没有这样的人吗？股票投机对他们来说，就像棉花投机之于棉纺织品生产商一样，是其正常生意的必然伴随品。当然有这样的人。投资者如同其他任何产业的商人一样，也不可避免地进行投机。如果有投资者骄傲地说"我从不投机"，那么他只是一个无知的投机者，并且可能是个失败的投机者。正如商品价格时常波动对商人的财富会产生深远影响一样，证券价格的变动也有着同样的影响力。1914年，一位寡妇以950美元买入了面值为1,000美元、票息为4%的债券。过了一段时间，她要求银行向她解释"到期收益率"。银行向她解释说，除了每年40美元的利息之外，她的投资回报还包括她购买债券时的支付价格与债券面值之间的50美元差价。从理论上讲，她购买的债券在到期之前每年都会增值一些。她对此评论道："听起来很好，但是事实上债券的价格降低了。"[1] 这个寡妇通

---

[1] 编者注：此处应指的是债券的市场交易价格，如果市场利率上行，则债券的市场交易价格会下跌，反之亦然。

过这件事情大概能了解一点关于投资的真相了。即使最高级别的证券也存在不可避免的投机风险。像鸵鸟一样把头埋在沙子里，说"我从不投机"，这种投机风险也不会减少。

词典如何定义"投机"

究竟何为"投机"呢?《韦伯斯特词典》给出了诸多定义。其中有 :（1）从各个方面对事物的观点 ; 智力上的考察 ;（2）买入土地、货物等，预期其价格上涨然后在价高时售出的行为或实践。对于第二个释义，韦伯斯特增加了一条较为自负的观察，"少数人致富，但大多因投机而破产。"按照韦伯斯特的解释，动机是区分投资和投机的关键。如果有人在1915年抱着获利后卖出的心理以60美元的价格买进美国钢铁股票，即使他后来改变了主意，不再卖出，而是把这只股票放入长期投资清单，那么根据韦伯斯特，他也是个投机者。相反的，一位先生抱着享受高于8%的股息回报的心理，在1921年以95美元的价格买进美国电信股票，那么即使几周之后他屈服于10%的利润诱惑而卖掉了股票，那么他仍是一个投资者。

尽管交易结果可能与初衷背道而驰，但是在定义投机时无视动机因素显然是不可能的。根据本书的主旨，投机可被定义为"期待在价格波动中获益而进行股票或商品的买入或卖出"。买一箱鸡蛋分装成一打一打卖给最终消费者，一打赚几分钱的行为不是投机，尽管销售商可能从鸡蛋市场的上涨中获取投机利润。同样，6月买进一车鸡蛋，打算囤积整车鸡蛋到12月再卖出，这也不是投机。尽管在这期间鸡蛋市场的波动会严重影响利润。纯粹的投机是指不实施任何诸如分销、存储或运输等形式的服务，而在同一市场内买入或卖出的行为。

有组织的市场

尽管奶酪、纸张、椰子油或者其他任何可以想到的商品都可以用来投机，但是投机多数还是在股票以及有组织的市场的商品上。芝加哥商品交易所为小麦、玉米、燕麦、猪肉以及其他食物供给提供了市场，新奥尔良棉花交易所、纽约棉花交易所给棉花投机者提供了市场，纽约咖啡与糖交易所给这两样商品贸易提供了市场。为了省去投机者运输大量货物，甚至是寄送仓单的麻烦，这些交易所采取了远期交付合约的方式进行交易。因为这些合约必须是标准化的，交易所可以交易的只能是那些容易分等级的商品。例如像羊毛这样的贵重商品，并不容易分等级。因此，在羊毛贸易中，没有像棉花交易所这样的市场。

最重要的有组织的市场，是以纽约证券交易所为首的证券交易市场。超过一千只股票，以及更多数量的债券在纽约证券交易所这个最重要的交易所上市。还有数百只证券是纽约场外交易市场和各个州交易所的交易对象。这些交易所条例严格，比如对上市公司的公告有若干要求，对其成员向交易公众的收费做出限制，竭尽所能地保证市场的自由与公开。

一个民主的机构

证券交易所的机制适用于投资者，也同样适用于投机者。股票经纪人既不知道也不关心他的客户属于哪一种类。当然，他知道他的客户是用现金购买证券还是保证金交易。但是，即使是这种区别，也不能确定客户是投资者还是投机者。现金购买者的主要考虑可能是股票的增值，而使用保证金的购买方可能到后来会把借的剩余的钱支付给经纪人，购入股票，并长期持有以获取收益。可能有人会放心地推断，只买入高等级债券的人基本上都是投资者，即便他需要承担一定的投机风险，另一方面，在市场中频繁改变姿态、一会儿投资一会儿投机的保证金交易者，如果不是赌徒的话，那么也一定是投机者了。但是，在这两个极端之间，存在着无数种分级，证券的买家和卖家们，他们的动机都或多或少是混杂的。划出一条明确界限，称一边是投资者，另一边是投机者，这是绝不可能的。

希望还是判断

上面提到《韦伯斯特词典》给出的投机的两个定义，乍一看是没有什么关联的，但越看越会发觉这两者是紧密相连的。对要交易的证券或商品的相关情况进行"智力上的考察"，是投机者的第一步工作。请注意，韦伯斯特没有说"希望"价格上涨，而是说"预期"。有人在名叫"火花塞"的马身上下注100美元，赔率1赔10。他会希望这个经过严格训练的马可以在终点时拔得头筹。在任何像赌马一样不确定的事件中，期待如此幸运的结果是没有逻辑基础的。因此，这是赌博，而非投机。还是同一个人，如果他又是靠着希望而非判断，买入100股"马克卡车"或者其他股票，那么他还是一个赌徒。无论此种购买行为是因为熟读了股票推荐单，还是因为不明智地阅读了某知名经纪人的分析报告，都不能改变他赌博的性质。

事实上，在证券市场中，赌博是一项常见的活动。那些谴责股市投机的人们，实际上谴责的是证券市场的赌博者。真正的投机者，他们在给经纪人下订单时，既用脑子也用墨水，他们的行为对社会有重大价值。

投机者是投资者的先遣队

正如水在重力作用下总会往低处流，证券市场的价格也是趋向其价值水平的。投机就是实现这种价值调整的中介。是否出现了一个新兴产业？这个新兴产业是否满足了新的需求？是否能给社会增添新的财富？是否需要注入大量新的资金？警觉的投机者会发现这种产业，买入其股票，向投资大众宣传这种产业的繁荣前景。一个曾经辉煌的企业是否遭遇厄运？利润是否在缩减？管理竞争力是否有所下降？投机者会寻找这些市场中隐藏的弱点，并抓住这些弱点，将其面临的困难在股市行情自动收报机中进行公布，及时提醒投资者。投机者以这种方式成为了投资者的先遣队，他们总是努力使市场价格与投资价值保持一致，为成长中企业打开新的资金源，切断那些不能盈利的企业的资金供给。

增强市场流通性

股票投机和股票赌博带给投资者的一项重要好处就是它们增强了投资者所持有股票的市场流通性。在其他因素相同的情况下，一只证券，对它感兴趣的人越多，它的市场就会越好。市场流通性也许可被定义为一只证券在面对巨额发行量时，保持其自身价格水平的能力。在突然发行一万股股票的影响下，"美国钢铁"普通股的收益率，很可能会比一只知名的、高等级的铁路债券（比如"艾奇逊"铁路这种收益率为4%的债券）在发行100万美元债券的收益率还要低。股票的高度市场流通性主要是投机性活动造成的。

在投机者使价格与价值相匹配的过程中，其心理与想要获得高于平均回报率的投资者是相似的。聪明的投资者所获取的成功其中一定包含投机的利润。作为一名投资者，他可能不会像投机者一样迅速获得收益，但很显然，成功的投资者与聪明的投机者，二者的区别不在于种类，而在于程度。

投机和生活费用

"挣钱容易攒钱难"，挣到钱的人经常会感慨这一点，他们也或多或少会因为怎样能最好地保值而感到困惑。最近肯尼斯·范·斯特姆首次在《巴伦周刊》上发表了《购买力投资》一文。他的研究和其他关于这一主题的研究，不仅强调了资金保值的必要性，而且也强调了在面对持续波动的生活成本时，保持购买力的必要性。将债券和抵押债作为保守投资唯一工具的传统策略，遭到了他们的猛烈攻击。他们坚持认为，无论任何基金，合理稳健的投资策略都应包括普通股。这样的话，生活花费的持续增长就会被这些股票的增值及其股息收入抵消掉。换言之，保守的投资者如果想维持其财富的实际价值和名义价值，就必须给自己一个获得投机利润的机会。从这个角度也能再次看出，区分投资者与投机者是困难的。

当投资者充分认识到：至少偶尔要关注投机利润，这是必不可少的，那么他很可能会更进一步。为了既保护自己免受意外损失（即便是高等级证券也可能带来意外损失），又保护资金的真正价值，使其抵消可能不断增加的生活费用，投资者购买的证券必须至少有一部分是预期盈利的，投资者自然而然地希望在若干年内他就可以获取一些净利润。到此他已经跨过投资与投机的界限了，在某种程度上，他已经成为了一个投机者。他寻求收益的程度，一部分取决于他的性格，一部分取决于他能花在研究股票价值上的时间和精力。

投机的成功之路

通向投机的成功之路，就是对股票价值的研究。成功的投机者，一定会买进或者持有市价低于其实际价值的股票，并且要避开或者卖出那些市价高于其真实价值的股票。成功的投资者一定也追求一模一样的策略。有些人寻求价值被低估的证券，主要是为了在几年内回报能有所增长。还有些人则是寻求被低估的股票价格调整到其应有价值水平时所产生的资本利得。

股票价格调整到其价值应有的价格，这一过程所需的时间，对于投机者来说是非常重要的一个因素。而对于投资者来说，他们并不关心时间长短。因而在这一点上，投机者与投资者存在分歧，也正是因为如此，投机者的问题更加复杂。证券如同服饰一样，也存在流行款式。一只证券可以被低估，但是如果它同时也不再流行，那么投机者就会对它毫无兴趣。因此，投机者除了要研究股票市场的真实价值因素以外，还不得不研究股市心理。

股票与房地产的相似之处

影响股票价值的因素有无数种，一名想要成为成功投机者的非职业交易者，不会认为价值研究是非常初级的，相反，他会发现价值研究很有吸引力，很有赚头，但也十分复杂。股票的价值本质上是在比较中决定的，这和其他任何一个领域的情况相似。优秀的房地产估价师，会将一份房产与其周边最近售出房产的价格相比较。这些房产不完全相同，但是适当考虑这些不同之处，专家就能够对房产的真实价值进行合理的估算。同样的，证券市场中的优秀交易者，也会将一只股票与其他能找到的相似股票进行比较，然后考虑不同之处，并估计出其售价。此外，优秀的交易者也十分关心股市整体走势。对于这一点，他必须再将股票市场现状与过去某阶段出现过的相似情况进行比较，进而做出判断。

仅用一章的篇幅，即使是只讨论影响股票价值的最重要因素——价格趋势，也是不可能的。然而，就回答"何为投机"这个问题，这一章已经讲得足够多了。事实上，投机是投资不可分割的一部分。投资者必须预计到一定的投机风险，而聪明的投资者会寻求投机利润的方式。如果有时间、有兴趣、有能力，投资者可能会更进一步，更倾向于谋取投机利润，然后才是资本的股息和利息。这么做为投资者提供了很有价值的服务，充当了投资者的先遣队，去寻求最高利润的投资渠道，增加了投资证券的市场流通性，并为旨在服务投资者的金融机制提供了支持。

第二章　金融市场的机制

　　银行家和经纪人——发行新证券——债券是最频繁的新发行证券——普通股是如何产生的——证券交易所的历史——为什么证券交易所是可靠的——执行订单的机制——股票的销售情况如何报告——保证金交易——未上市股票的市场

　　走在美国任何一个大城市的金融区，随处可见门窗上醒目的牌子。在公司和事务所的名头下面，有着各种各样的说明。"纽交所成员"是最常见的。其他常见的用词还有"经纪人""投资证券""投资债券""银行家""交易员"各种证券的"专家"。两家事务所会使用完全相同的字眼来描述自己的业务，而实际上他们经营的业务，以及他们给客户提供的服务质量，可能会截然不同。众多为投资者和投机者提供服务的公司，是投资与投机机制中的一部分，这项机制将美国人每年约一千万美元的积蓄分送到利润或高或低的各种投资渠道，并维持着一个数十亿美元的证券流通市场。这个金融机制是如此之复杂，与个人接触面是如此之广，所以经常是盲目的机会，而非理性的选择，让带着钱的人们决定从哪扇门进入证券市场。

光荣的跑腿儿人

一般说来，从事证券交易的人群会被划分为两类：一种是证券商，又称投资银行家；另一种是经纪人。前者的公司用自己的账户批量买入股票，然后再零售给投资者。从根本上讲，这种和街角杂货店成桶批发食糖然后再按5磅一份零售的模式是一模一样的。而经纪人提供的是另一种完全不同的服务。经纪人类似于跑腿儿的人。他们一从客户那里接到买入或卖出的订单，就立刻寻找对他的客户来说最大利润的买家或者卖家。然后他们借此服务获取一小笔佣金。从这类交易中资金的金额来看，通常经纪人的佣金只是投资银行家合法所得利润的冰山一角。虽然事实上经纪人和投资银行家的功能迥异，但是许多公司都同时开展这两种业务。美国经纪人公司中的领军者，同时也活跃在券商中，包括债券和股票。美国券商中的佼佼者，同样也设有一个活跃的股票部门来执行各大市场中的交易订单，并获取佣金。

投资银行家

大部分经销证券的都是投资银行。几乎我们所有的市、镇、县、州，以及我们的铁路、公共设施和工业公司的资金募集等长期贷款，都是通过向国内大型投资银行发行债券而完成的。股票发行相对较少使用这种方式，不像债券那样分发给投资大众。因此，大批投资银行专门从事债券业务，其中数百个投资银行专业从事一到两种债券，比如市政债券、房地产抵押债券、公共事业债券等。投资银行派出数千名销售员，在他们的家人、商店、公司中寻找投资者，以便卖出他们已经买进，且必须加价售出的债券。这类销售员，以及他们所代表的公司，大多只对他们已经买入的证券感兴趣。而对于其他证券，他们则不太可能了解细节，也缺少有见地的观点。

业余的债券投资者

投资银行对投机者关心甚微，甚至漠不关心。它们所提供的证券大都是固定的回报率，资本增值的机会很小。可能有些时候，在市场上涨的情况下，一只债券的发行受到热捧，其市场价格会立刻上涨2到3个点。有一些投资者习惯性地获取这点小额利润，他们不是投资银行的理想客户。投资银行更喜欢那些为了获得投资回报、购买债券并基本上长期持有的客户。那些为得到快速利润而购买债券的人们，被戏称为"乘客"，他们很少在这种交易中获取可观利润，并且也不会招投资银行待见。这种类型的投机，是典型的业余债券买家的行为。他们所了解的只是相当肤浅的债券知识，却幻想自己是专业人士。

股票融资

一般的投资银行除了从事高等级的证券发行业务，也偶尔会承销优先股。优先股发行和出售的方式，如同公司在筹集新的资金时发行债券的方式一样。为了保持强健的资本结构，成长中的企业必须面对公众寻求新的资金，并且不得不出售一定量的股票——普通股或者优先股，来支持它们增长的长期债务的结构。近年来，一些公共事业公司发现，在很多情况下，它们可以直接向自己的客户出售它们的股票，并长期设有负责发行股票的部门。对于只是偶尔、间隔很长时间才需要新资金的公司，没有比发行股票更好的筹资方式了。

公司，尤其是在工业公司，对其盈利的业务不断地进行再投资，一般需要通过发行普通股。只有在特别有利的市场情况下，公司（那些少数的优秀公司之外的公司）才能够通过发行普通股来完成集资需求。在接近1924—1929年大牛市的顶峰时期，很多强大的公司有能力靠发行普通股，来全部或者部分地摆脱长期债务。但是，在1929年之前，这些公司中只有不到五分之一能有效地实施这样的计划。当这样的融资可实行时，公司通常直接将股票发行给现有的股东，而非大众。此类股票发行可能由投资银行包销，它们同意收取小额佣金，来买下所有没有被股东认购的股票。

普通股的起源

通常来说，投资银行大量售出普通股，一般是因为公司的大股东们转让其全部或部分的股票。比如，一个创建成功企业的人打算退休了，他想把资金从公司撤出来，再投资到多种证券中，从而提高他资产的流动性；再比如，两家相互竞争的企业决定并购，更弱小公司的老板因为并购而失去了控制权，可能也会有相同的想法。近年来，许多十几年前被称为"内部持股公司"的企业，在诸如此类动机的作用下，其股票得以广泛上市发行。当这些公司股东还没有意识到广泛发行股票的好处时，投资银行已经毫不犹豫地向其指明。

有组织的市场

有批发式认购证券，包括债券和股票，然后再向客户零售的公司，还有许多公司专门从事经纪人服务。大部分这种公司都是国内一个或多个证券交易所的会员，纽约证券交易所就是其中最主要的一个。除此以外，美国证券交易所，为不断增长的股票交易提供有组织的市场；在其他大城市，从波士顿到旧金山，都有大小不等的各类证券交易所。到目前为止，绝大多数的证券投机，都是以交易的形式、在这些证券交易所进行的。

梧桐树下

纽约证券交易所的历史，最早可以追溯到美国独立战争时期。如同所有的战争一样，这场战争紧跟着的就是国家债券融资。当时，国家发行了8千万美元、年利率6%的"股票"，并被投资大众购买。战争结束后，在费城和纽约，银行的组建也紧随其后，于是就有了政府证券和银行股票的交易市场；很快，有一批人就以担任经纪人为生，为证券卖家和买主服务。很偶然的机会，经纪人们养成了在一棵老梧桐树下开会的习惯，这棵树屹立的位置就是现在的华尔街68号。无疑，他们中有人企图通过降低收取客户佣金的方式来寻求商机，甚至将佣金降低至无利可图的地步。无论是因为何种原因，他们不得已形成了一些早期的组织。1792年5月17日，24位经纪人签署了如下协议：

> 我们，购买和销售公共股票的认购者、经纪人，在此向彼此庄严宣誓：我们真诚承诺，从今日起，我们将不向任何人，以低于0.25%的佣金，买入或卖出任何类型的公共股票。在我们的交易协商中相互之间要给予优先权。

从这个小小的开端之后，经纪人制度的进展缓慢。直到25年后，他们才发现有必要给自己提供片瓦遮头。关于证券交易所成立之初的情况，保存下来的只有少数的纪录。从中可以看到，初期的机构似乎曾经使用过很多场所，甚至包括一个干草棚里的火灾临时避难所。正是在这样卑微的起点之上，如今，拥有大理石宫殿般的壮观大楼，巍然矗立在百老汇和华尔街的上空。而在这豪华的大厅里，每个月都有数十亿美元的证券被转手交易。她的成长是美国发展的必然产物。这样一个提供信贷和所有权交易的自由市场，对现代文明来讲，必定是不可或缺的组成部分。

严格的道德规范

阅读证券交易所最初的组织协议时，我们会发现创始人的两个动机：一是保障佣金水平，二是保护会员免受外部竞争。如今，详尽的规章制度规范了佣金的比例，并且保护其会员拥有交易场内证券的专享权。与现代商业惯例一致，证券交易所也非常注重保护其会员经纪人的客户的利益。如今，可能没有什么交易活动，能比纽约证券交易所会员的道德规范还要高。

证券交易所也许会被顺利成章地当作是商会或者私人俱乐部。后者是更常见的一种比喻。证券交易所，一个拥有1,375位会员的组织。它为会员们的交易活动提供设施，同时也为他们之间的交易活动制定严格的标准。此外，证券交易所的另一个目标是"推动和倡导公正、平等的交易与商业原则"。证券交易所由一个具有特定管理权的管理委员会，以及各种分支委员会共同进行管理控制。如果大多数管理委员会成员都认定一名会员蓄意违反规定，或者是有任何违背"公正与平等交易原则"的行为，那么，这名会员就会被暂停职业资格，甚至是开除出市场。证券交易所的管理层不仅会对任何会员的不法行为给予迅速而严厉的惩罚，也会采取任何必要的措施来保证证券交易所是一个公平而自由的市场。如果有些人企图囤积一只上市的股票，管理层将会暂停这只股票的交易，从而让那个人囤积的股票没有市场。在1914年战争爆发后的几个月里，出现了一到两次的极度紧张的危机，当时证券交易所暂停了交易。

经纪人开张

一位证券经纪人，如果想要成为证券交易所的成员，那么他必须先从退出的会员那里购买一个"席位"。"席位"的价格由市场情况决定，最高时可达50万美元。然后，他必须说服三分之二的委员会成员相信，他是一个品格高尚，并且其他方面也合格的公民。通过了这些测试之后，他就可以在他办公室的门窗上，在他公司的名字下，贴上"纽约证券交易所成员"的字眼。同时，他也有了走进交易所的大厅、为他的客户处理订单的权利。如果他发现寻找订单比执行订单更有利可图，那么他可以通过"两美元经纪人"来处理所有客户的订单。所谓"两美元经纪人"，就是帮助会员执行订单的经纪人，他们会收取一小笔由客户支付的佣金。

经纪人的第一份订单

我们假设，通过詹姆斯·麦迪逊先生的入选，詹姆斯·麦迪逊公司刚刚成为证券交易所的会员。现在，麦迪逊先生正在交易所的大厅。与此同时，公司的第一位客户来到了办公室，递交了一份购买100股艾奇逊公司股票的订单。这份订单立刻从私人专线传到了公司设在交易大厅的电话亭。接线员收到后，会让麦迪逊先生的号码在交易大厅墙上的两个信号板上不停闪烁。麦迪逊先生看到自己的号码后，立刻冲到电话亭那里去取订单。然后，他来到艾奇逊公司股票专卖位。在那里，他可能会遇到另一位正好有一份卖出订单的经纪人，他也可能直接从艾奇逊公司股票专卖人那里购买股票。如果当时的市价与顾客限定的价格相差很多，那么麦迪逊可以把订单留在专卖人那里，专卖人会把订单记录在册，并最终以"两美元经纪人"的身份执行订单。这个专卖人可以不只是艾奇逊公司的交易员，他也可以是其他几只股票的交易员。他可以用自己的账户买卖股票，以赚取小笔利润，也可以以"两美元经纪人"的身份执行订单。按照证券交易所的规定，他以"两美元经纪人"身份执行的订单，应先于他执行自己的交易。此外，他也被禁止在同一笔交易中，既赚取交易利润，又获取佣金。专卖人的存在，保证了每只上市股票都有持续不断的市场。

零股交易

詹姆斯·麦迪逊公司接到的下一份订单，可能是卖出25股通用电气的股票。交易所大厅的接线员，立即将这份订单转给了与詹姆斯·麦迪逊公司交易的零股经纪行里通用电气股票专卖位的代表。诸如此类的专营零股的经纪行还有很多，它们随时可以买入或者卖出任何零股——少于100股的股票被称为零股。如果接下来通用电气股票的预计售价是82美元，那么零股经纪行就将以$81^7/_8$美元的价格买下这25股。对于定价更高或者活跃度更低的股票，这$^1/_8$的差价，可能会增加到$^1/_4$，或者更多，这个差价是用以补偿这家零股经纪行所承担的风险。因为当这家零股经纪行以这种零股的方式买入100股时，股票的市场价格可能已经跌破其购买时的价格。正是因为有了这样的零股经纪行，小投资者和小交易者才能够购买或者出售上市股票，并且与那些以100股为基数的客户相比，他们的劣势也被降到了最低。在扩大与稳定上市股票市场方面，零股交易是非常重要的因素，并贡献了相当大的一部分交易量。股票自动收报机只能处理活跃市场进行中的整数股交易，而由于设备限制，不能报告零股交易的情况。

在购买100股艾奇逊股票的例子中，卖家可能既不是专卖人，也不是另一位收取佣金的经纪人，而是一位场内交易者。场内交易者是证券交易所的会员，使用自己的账户进行交易，只追求少量而快速的利润。每天他擦亮眼睛，穿梭于交易所大厅，寻觅转手的机遇。但是，对于场内交易者来说，存在一个相当大的不利条件，那就是股票过户税。每卖出100股票面价值总计为100美元的股票，州政府和联邦政府就要征收4美元的税。因此，一笔毛利润为$1/8$的100股交易，纳税后其净利润仅为8.5美元。而如果一笔交易损失为$1/8$，那么其实际损失就是16.5美元。仅仅为了保本，场内交易者就必须达到在每三笔交易中正确判断两次。在这一税收项目开征之前，场内交易者曾一度多达200余人，而如今，这一人数已经大大地减少了。

严格的交割条例

当詹姆士·麦迪逊先生为客户买到大批股票之后，无论股票是从其他经纪人那里，还是从股票专卖人、场内交易者、零股经纪行那里，或者是从两美元经纪人那里买来的股票，在完成交易前，他都还有大量的工作要做。下一步就是交割。按照证券交易所的规定，卖家必须在第二天下午2点前，将股票交割给买家。这是"正常的"交割。另外，买家和卖家也可以采用签订合同的方式商定交割股票事宜。一位加利福尼亚的投资者，如果将证券存放在旧金山的银行保险柜里，那么很显然，他不可能在交易的第二天就完成股票交割。然而，他的经纪人所在的纽约办事处，有很多替其他客户持有的股票可用来交割，在这个西部客户的股票到达之前，可临时从其他账户中借出股票完成交割。如果这样的安排不可行，这笔销售可以按照"卖家7天"的约定来执行，即给予卖家额外的时间，让他能够将股票送至纽约。如果采取这种方式交割，那么价格显然要或多或少地不同于正常交割情况下的价格。在正常交割的情况下，如果股票不能按时到达，买家有权"按照证交所的交割条例"买进股票。在著名的"北太平洋囤积"[①]中，那些卖出北太平洋公司股票的，等着之后再与欧洲的股票持有者进行交割，最终按照证券交易所严格的交割规定，他们为这种行为付出了高昂的代价。

清算股票交易

为了将交割股票的实际工作量降到最低，1892年证券交易所搭建了一套交易清算系统：所有最活跃的上市股票，都由股票清算公司为会员进行清算。假设詹姆士·麦迪逊公司卖出300份美国钢铁公司股票给约翰·Q. 亚当斯公司，然后约翰·Q. 亚当斯公司卖出300份给B. 富兰克林公司。每家公司在当天交易结束时，都要将这一天中每笔卖出股票的交割票据、每一笔买入股票的接收票据送交到清算公司。交割票据将指令清算公司从卖家的账户中把股票交割给买家，接收票据将指令清算公司从卖家那里为买家账户拿到股票。将所有这些从清算公司成员那里收来

---

① 编者注：金融家希尔（James Hill）是大北方（Great Northern Railway）的总裁，并且拥有北太平洋（Northern Pacific Railway）的部分股权。哈里曼（Edward H. Harriman）拥有联合太平洋（Union Pacific Railroad）。这二人都想争夺伯灵顿（Burlington）。希尔竞价成功，让旗下的大北方和北太平洋控制了伯灵顿的100%的股权。其中北太平洋控制了伯灵顿49.3%的股票。由于希尔只拥有北太平洋的部分股权，所以，哈里曼发起了收购北太平洋股票的计划。如果控制了北太平洋，他就可以在伯灵顿任命董事。当希尔发现北太平洋股价上涨之后，立即联系摩根，让他调集资金，买入北太平洋股票。哈里曼、希尔、摩根，以及所有华尔街的炒家、经纪人、投资人，抛售其他一切股票，把所有资金都投入到北太平洋股票战役，导致其他股票纷纷下跌，形成北太平洋独股冲天而整个股市大崩盘的壮观景象。北太平洋的股价也上升到1,000美元。各路炒家使出所有可能的方法，有人包下整个列车从纽约州奥尔巴尼市往纽约市运股票交割，甚至不惜动用邮轮从英格兰往纽约运。这场空前绝后的股票囤积，史称北太平洋囤积（Northern Pacific Corner），又称1901年恐慌（1901 Panic）。

的票据进行比较，就会发现它们中许多票据可以被抵消掉。在上述的例证中，假设清算公司指令詹姆士·麦迪逊公司，直接交割300股美国钢铁给B. 富兰克林公司，中间的一笔交割就可以省掉了。而如果没有这个清算系统，中间这笔交割显然是必不可省的。

公告牌和自动收报机

我们已经简单描述了证券交易所大厅发生的故事，也了解了经纪人之间如何交割股票，现在，让我们回到经纪人的办事处。普通客户很少理解幕后的复杂机制。在一个典型的经纪人办事处，我们会看到一个行情室，里面有一块大黑板，上面写着主要几种股票的交易情况。一位书记员站在一台股票自动收报机旁边，这种机器可以将发生在证券交易所大厅里的交易情况实时打印在纸带上。书记员将主要股票的交易情况报读出来，然后公司其他职员将最新的价格情况标注在黑板上。顾客们只要站到这块黑板前，当天所有时间点上的市场情况，开盘价、高价、低价，以及股票的最新报价，就都可以一览无遗。黑板上展示的是证券市场每天的历史，而自动收报机就如市场的实时图片。证券交易所大厅的执行速度是如此之快，股票信息报告系统是如此之完美，以至于一位身处千里之外的交易者，在正常情况下，都可以在两分钟之内完成下订单、收到交易确认函、看到自动收报机最新打印在纸条上的交易情况。然而不幸的是，上市股票的数量激增，以及交易量的持续增长，远远超过了自动收报机对这个活跃市场的报告能力。在1929年10月到11月那些灰暗的日子里，自动收报机有时会出现滞后于市场几小时的现象。在这种情况下，准确信息难以获取，这就大大加剧了交易者们的情绪失控，并且毫无疑问地加速了市场下挫。

保证金交易

如果有一位客户提交了一份购买100股"美国钢铁"公司股票的订单，那么他可能是位现金客户，但更有可能是一位信用客户。某些落后的公众观点认为，用保证金交易是可耻的。非常不幸的是，只有保证金和证券关联时，"可耻"一词才会被提及。没有人会说谁用保证金买房子、车子、收音机是可耻的。然而，使用信用购买上述这些东西与使用信用购买证券并没有任何实质上的不同。这些情况都要求初始保证金。诸如汽车和收音机这类形式的财富，会迅速地贬值，因此卖家在向买家提供借贷时，要求买家以分期付款的形式偿还。房子是更持久的财富，将其价值的适中比例拿来做抵押贷款，还款期可能会无限期延长。当使用信用购买证券时，经纪人仅仅要求所购证券的价值与客户的融资之间保持合理的保证金比例。

兜售垃圾证券的奸商们，常常散布反对保证金交易的言论。那些涉世未深，又将投机与赌博混为一谈的人们，往往会被这样的言论蛊惑。他们之所以散布这样的言论，是因为他们想推销的股票不会被任何负责任的银行或者经纪人接受为贷款抵押物。

一位交易者以125美元的价格购买100股"美国罐头"股票，如果他是第一次购买股票，那么他必须首先在其经纪人那里存一笔最低额存款作为保证金。根据市场情况，要求缴纳的保证金从1,500美元到5,000美元不等，余额由经纪人提供，这笔钱的全部或绝大部分是经纪人从银行贷款来的。他收取客户的利率会略高于他从银行贷款的利率，因而经纪人除了佣金外还可以赚取一些利息。由于经纪人对银行贷款的需求总是在大幅波动，所以大部分都是活期贷款，利率每日更新。活期贷款更新利率每天在股票自动收报机上公布，它也是市场技术条件的重要指标之一，交易者对此密切关注。以证券交易所股票为抵押的贷款事实上是没有风险的，因此全国的银行和其他贷款机构都把它作为自己剩余资金的投资方式。尽管活期贷款为投机提供了大量资金，但是还有相当一部分的资金是按期偿还的，这种贷款的期限一般是60天或者6个月。

场外交易

投资者相对广泛持有的未挂牌上市证券，比在美国主要证券交易市场中上市的、数以千计的股票和债券，多出许多倍。正如有些经纪人只经营或者主要经营上市证券一样，未上市证券也有经纪人和经销商。在任何一本金融类的出版物中，读者们都可以发现这样的经纪人的广告，其出现形式通常是股票收购和股票出售的清单。如果一位经纪人在他所出售的清单中列出"大陆小物"公司的股票，那么他可能正在为他的客户寻找市场，也可能是他在出售自己账户下的股票。未上市证券的投资者和交易者应该谨记的是，未上市证券的经销商和经纪人，不受任何像是纽约证券交易所这类组织制定的严格规定的管辖。他们追求的是低买高卖。无论是他们的利润，还是他们所收取的佣金，都只受到来自他们的良心和竞争的制约。在未挂牌上市的证券市场中，"大陆小物"公司没有专卖席,也没有众多眼睛来审视所有关于这只股票的交易。"购者自慎",是未上市证券市场的唯一规则。

　　未上市证券的交易者,力求在其能力范围内挣一份诚实的佣金或利润。电话是他们的主要工具。通过从其他同行那里获得报价,交易者不断为自己正在销售的股票查询市场情况。如果他发现一位经纪人可以以81美元的价格向他提供"大陆小物"公司的股票,而另一位经纪人正想以82美元的价格买进,那么这样的情况对他来说最好不过。有时候,会发生这样的情况:一位纽约的经纪人从一位费城经纪人那里购买股票,然后再加价出售给另一位就在费城同一栋楼中的经纪人。普通的投资者,在和如此精明能干的专卖人打交道时,会处于不利地位,特别是在投资者不是老客户的情况下。同时,投资者或者投机者应该学会如何在未上市证券市场中交易,因为恰恰是鲜为人知的幽暗之处,才藏有真正的便宜货。

股票拍卖

　　在纽约、波士顿和费城,拍卖会为一些相对重要的未上市证券提供了一个公开的市场。这些拍卖通常每周举办一次。本地未上市股票的零股通常占到了交易额的大半。当有财产被清算时,拍卖会也会成为那些不出名且基本不值钱的证券的倾销市场。有时候,像是这样的证券的长清单会打包出售。这些拍卖会吸引许多专门淘便宜货的人,他们常常能够沙里淘金。这样的交易者偶尔能用5美元或者10美元的价格,买到后来价值数千美元的证券。而对于那些知名的未上市股票,其拍卖价格则可以为交易者的报价提供参考依据。

如何找到一位可靠的经纪人

美国绝大多数口碑良好的投资银行家都是美国投资银行家协会的会员。虽然这样的会员资格，并没有达到纽约证券交易所会员资格那么高的可靠性保障，但是它确实能保证其会员公司拥有合法足量的资本，至少从业两年的经验，并在其竞争对手那里享有良好的声誉。投资者有权质询某家投资银行为何不是纽约证券交易所的成员。上市证券的投机者，则要求他的经纪人必须是纽约证券交易所的会员。根据纽约证券交易所的规定，会员不能与非会员分享佣金。因此，对于非会员的公司来说，不存在通过专营上市股票盈利的合法途径。一位外地证券交易所的会员，可以和一家纽约证券交易所的公司制定互惠协议，外地交易所客户在纽交所的业务可以与纽交所客户在外地交易所的业务相交换。一家从事上市股票交易，但却不是任何证券交易所会员的公司，是没有可靠支持的。就像没有生活来源的人一样，这样的公司被合理地视为怀疑对象。如果业余的投机者对投机工具一窍不通，那么请他至少学会怎么区分经纪人和投资银行家，以免被"野鸡证券交易所"骗取钱财。

第三章　投机的工具

供选择的证券种类广泛——从矿业股到政府债券——总体而言债券获利的机会有限——可转换债券以最小风险提供利润——投机者很少青睐优先股——普通股是进行投机的广泛天地

投机者面对的是无尽的选择，所有商品都可能成为他们贩卖的对象。然而，如果投机者将其交易对象限定为债券和股票，那么这并不意味着他的商业活动范围被大大缩减。证券的价值和价格受到多种因素的影响。他对黄麻感兴趣吗？那么他可能会发现证券价值不仅受商品本身的影响，而且还受印度气候的影响。他自认为是棉花方面的专家吗？那么他会发现化肥板块、纺织品板块，甚至某些铁路板块的股票的上涨或下跌，都会受到棉花产量预测和棉花期货行情的影响。

投机者会发现，根据质量和增值的可能性，证券分为不同等级，从廉价的矿产股票到政府债券。经纪人时刻准备着按照投机者的指令购买任何证券。投机者不只购买债券和股票，优先认股权、看跌期权、看涨期权、认股权证等，都为他的投机活动提供了空间。至于债券，等待他是许许多多细分的种类：抵押债券、信用债券、收益债券、可转换债券、附有认股权的债券等。股票中也同样存在着丰富的品种：优先股、普通股、A级股、参与优先股等等。在真正尝试冒险投入金钱、买卖这些证券之前，投资者至少应该知道以上这些名称的含义，并且还要对每一种证券的风险和收益的可能性有一定的认识。

当利润是无限的

在证券领域，最基本的分类就是债券与股票，也就是债权与所有权之分。债券是在到期日支付固定本金和固定利率的承诺。通常来讲，债务人只需兑现这些承诺，无需再支付其他什么费用。而如果经营得好，所有权投资者的利润却是无限的。这就是古话所说的，债券本质上是投资，股票本质上是投机。即使没有盈利，债务人也必须兑现他的承诺，否则会招致法律的强制执行。

通常来说，购买债券的可能利润，就是买入价和到期日价格或者赎回时价格之间的差价，可能的损失也同样很容易计算，那就是销售价格减去零①。如果所投资的债券比较安全，且它的票面利率接近货币的市场利率，那么它就会以面值或者接近面值的价格卖出，因而购买它的获利机会就可以忽略不计了。如果同样是比较安全的债券，但是它的票面利率相对低于货币的市场利率，那么它将会被折价卖出。债券的市场价格

---

① 编者注：如果债券违约，就连本金也收不回来。

和票面价值之间的差额，并不代表潜在的投机利润，而只是对其票面利率低的一种补偿。一家尽责的投资银行，会很公正地将这种折价视为递延收益，并根据这一点计算理论收益，并告知客户。

违约债券的收益

当某种债券折价出售时的价格大大低于票面金额，并且两者间的差额在补偿其较低的票面利率后仍绰绰有余，那么这种差额显然就是对违约风险的补偿金。这种情况可能会为精明的投机者提供机遇。如果经过调查，投机者认为违约风险大大小于这个价格所暗示的，那么这种债券就值得一买。假设违约真可预期，甚至真实发生，这种债券的价格可能也仍然过低。有一个例子足以证明。1924年3月，弗吉尼亚—卡罗莱纳化工公司进入破产程序。在此之前，该公司的债券已经开始暴跌。这次下跌在公司破产之后持续了几个星期，到五月的最后一周，已经造成该公司利率为7%第一抵押权债券的价值跌至53.125点的低位。如果按照这个价格出售，该公司2,250万美元的第一抵押权债券，在公开市场只能卖到不足1,200万美元。而1919年投资大众对该公司的低价估值——1919年是化学行业繁荣的一年——就确定超过了5,000万美元。可是在当时，这家公司已经完全丧失了它在1919年时的盈利能力，也丧失了很大一部分的在1919年时的运营资本，但是它的固定资产毫发无伤，它的产品也仍然是商品市场中不可或缺的基础性产品。我们可以合理地推断，在一个基础性的行业里，一家拥有大规模固定投资，并已经建立了庞大的业务量的公司，应该可以找到恢复运营资本的方式,并且最终恢复它的盈利能力。

弗吉尼亚—卡罗莱纳化工公司就是这样的一家公司。事实证明，这家公司不仅验证了我们的合理推断，而且它的利率为7%的第一抵押权债券的价格不仅回升，甚至涨到1924年低位时的两倍以上。

当需要耐心时

上述案例中的投机者，在弗吉尼亚—卡罗莱纳化工公司的第一抵押权债券上花费了不到两年的时间，就获得了丰厚的回报。但是，如果他买入的是另外一只第一抵押权的工业债券，比如美国书写纸公司，年利率6%，1939年到期的第一抵押权债券，那么他就需要更多的耐心。美国书写纸公司比弗吉尼亚—卡罗莱纳化工公司早几个月进入破产程序，但是当后者的化学公司已经胜利地走出低谷、重组资本、再现江湖的时候，美国书写纸公司的重组还仍然是前途未卜。这其中的事实表明，当大量固定资产的抵押债券以远低于其成本，甚至是远低于其财产的公平价格出售时，并不一定表示投资者可以快速获利。公司还必须具备迅速恢复盈利的能力，以及以有利条件重组的前景。

一个破产公司在重组的过程中常常会发行债券。事实证明，这样的债券往往是非常有吸引力的投机工具。起初，破产的事实会给投资公众造成心理阴影；而事实上，这样的阴影也掩盖了同样重要的事实，那就是这家公司已经在进行"外科手术"，并且正在逐渐恢复健康。如果进行重组的银行家们是富有竞争力的金融界的"外科专家"，那么他们一定会建立新的资本结构，从而使公司能够轻易赚回所有债券的利息。例如，在布鲁克林快速运输公司的案例中，该公司在重组时发行了一只新的次级抵押债券，面值总计9,200万美元、45年到期、年利率6%。尽管新重组后的公司在前几年就已经赚足了债券的利息，但这只债券在1923年的价格还是徘徊在65.25美元到74.375美元这样一个范围内，按照这些价格平均算下来，该债券的收益率只有不到9%。但在之后两年的时间内，这一债券的价格就攀升到90美元以上，并且从此之后一直高于票面价值。

收益债券的起源

对于那些不能确定在重组中支付利息费用之外还剩多少收益的重组者来说，他们最喜欢采用的工具，是将新发行债券的一部分或者全部，发行为收益债券。这种债券的利息，只有在公司盈利且董事会宣告支付利息的时候才支付。当然，有些时候债券协议中会规定，公司董事会必须宣告收益支付利息的最小比例。这种类型的债券是真正债券和优先股的混血儿。它像真正的债券一样，有着明确的到期日，并且有时还有抵押处置权。此类债券可能会在几年的时间内成为高级投资。年利率4%、1995年到期的艾奇逊调整性债券，尽管它现在仍只是收益债券，即从理论上讲，它的利息支付与否完全取决于董事会的决定，但是它现在已经名列"金边证券"之列。这种类型的收益债券常常是极好的投机机遇。1922年，密苏里—堪萨斯—得克萨斯铁路公司重组，在重组过程中，发行了价值5,582万、年利率5%、1967年到期的调整性债券。在被破产监管时，该公司1921年的收益率相当于调整型债券的7.88%，但这些债券在1922年的售价低于50美元。但是在三年之后，这些债券的价格涨到了90美元以上。

在密苏里—堪萨斯—得克萨斯铁路公司的案例中，它的调整性债券存在一个有利因素，那就是这种债券带有可转换权，它可以转换为该公司同等面值、年收益率7%的优先股。像这样带有可转换权的债券，在广大的投资者中越来越受欢迎。这种可转换权允许投资者可以选择继续做债权人，也可以选择成为公司的合伙人。如果该公司的业务发展蒸蒸日上，那么从理论上讲，投资者可以通过行使权利将优先股转换成普通股，从而无限扩大自己的收益；如果预期的繁荣景象未能实现，那么他也可以选择继续做一个债权人，享有优先于股东按时收取利息和本金的权利。债券可转换为优先股的权利，与可转换为普通股的权利相比，确实是局限得多，因为在通常情况下，优先股只有固定股息。然而，有时候，比如在密苏里—堪萨斯—得克萨斯铁路公司重组的案例中，这样的转换权是有价值的。

从债券发行公司的立场来看，可转换债券提供了一种极具吸引力的融资方式，原因主要有以下几点：我们经常看到这样的情况，只有次级抵押权，或者根本没有抵押权作为保障的债券，只要是添加了可转换的条件作为"甜头"，都可以被卖掉。但是相反的，如果没有可转换权，只有次级抵押权的债券则根本卖不出去。因此，这种债券形式在紧急状态下为融资提供了良好的机会。此外，如果最终这些债券得以转换成股票，那么就会消除公司一笔可观的固定费用，并且可以改善公司的资本结构和信贷状况。

有成功把握的投机

从投机者的角度来看，购买可转换债券可被称作"有成功把握的投机"。如果购买可转换债券，那么投资者购买的是固定收益，安全又可靠，而他发生损失的风险不比购买其他任何不带转换权的债券大。与此同时，他还获得了普通股中含有的所有收益的可能，即转换价格和股票当前价格的差价，就是其可能的额外收益。因此，在最小的风险范围内，投资者获得了无限盈利的机会。

从公司的角度来看，通过债券转换，它们的资金债务可以减轻，甚至可以完全消除，这真是令人向往不已的前景。附认股权证债券，是可转换债券的一个变体，它与可转换债券不同，但有时却能带来更多好处。附认股权证债券附带的认股权，是一种其持有人可以在指定时间内、按照确定的价格或者确定的价格区间，购买特定种类、特定数量股票的权利。对于发行债券的公司来说，这是一种比可转换债券更加灵活便利的选择。例如，一家公司的股票售价大概在15美元左右，那么将1,000美元的债券转换成不到50股的股票，这对于投资者来说，基本没有什么吸引力。相反的，每1,000美元的债券附带可以以20美元的价格购买10股股票的权利，那么这样的条件足以使得发行的债券一售而空。后一种情况的股票供给增量只是前一种的五分之一。增加股票发行量会对公司控制权有影响，因此后面这种情况会大大降低公司控制权受影响的程度。

可转换债券只是给公司带来了发行债券而筹集到的资金；而对于附认股权证债券来说，如果债券持有人执行认购权，那么就会为公司带来更多的资金。在这两种债券的选择中，相较于可转换债券，投资者可能会更青睐于附认股权证债券。因为后者让债券持有人既可以保留债券作为投资，又可以把认购权所代表的所有利润收入囊中。而如果是可转换债券，投资者如果想获取转换后的利润，就必须放弃（债券）投资。

过去，曾有人从可转换债券和附认股权证债券中赚取过非常可观的利润，收益高达债券原始发行价的好几倍。当然，事情并不绝对，并非所有这样的债券到最后都证实是赚钱的。投机者必须谨记，他正在购买的是一种债券，只是附带有转换成股票或者购买股票的权利而已。在首先考虑债券的风险性之后，投机者可以再考虑转换权和认股权是否能够带来获利的机会，债券的价格是否足够接近如果没有任何附加权利而理应售出的价格。做到以上这些，投机者就不会为转换权或认股权多支出额外的昂贵价格。这种类型的债券很适合被称为"有成功把握的投机"，因为从理论上来讲，它可以在最小风险的范围内带来无限收益的可能。但是很明显，如果一位投资者只是因为某债券叫做"可转换"，或者仅仅是因为它附带认股权，就购买这只债券的话，那么这和只是因为某债券冠有"第一抵押权"就购买一样，都是不理智的。

20只可转换债券的记录

1922年，共有20只可转换债券公开发行。举个例子，假设有一位投机者购买了每一只可转换债券，那么在接下来的三年中，这位投机者可能会经历很多紧张的时刻。在这20只债券中，有4只在三年内就变成了违约债券，不能履行支付义务，还有2只债券的发行公司自愿发起重组。这样的"失败率"已经远高于债券市场的平均水平。尽管如此，到1925年12月31日，这20只债券的价值总和也超过了它们最初的发行价格。这一计算结果的前提，是假设1925年底前赎回的债券要么是以约定价格赎回，要么是已经转换成了股票，挑选二者中收益更高的方式进行计算。如果债券已经转换成了股票，则股票的价值就被当作债券的价格。基于这些假设，我们可以看到，发行价格合计为19,667.50美元的债券，到1925年末时价值为19,740.00美元。这20只债券发行价格的范围，从88美元到101.75美元不等，到1925年12月31日，这一价格范围变为33美元到181.125美元不等。

只是纯粹粉饰的可转换债券

事实上，任何一个有经验的投资者都会认识到，1922年发行的可转换债券中很多都没有投资价值。20只债券中有7只债券只能转换或者主要转换成优先股。这就说明，转换权只是纯粹的粉饰，其目的在于协助发行公司出售这些债券，而不是给债券持有者提供真正获利的机会。排除这7只债券后，我们从其余的13只债券中各算一份，合计发行价格为12,877.5美元，而在1925年12月31日，这13只债券的价值总和是13,647.50美元。此处的盈利绝对称不上可观，但是请注意，这里选取的债券都是随机抽取的，此外，这20只债券的实际收益率为7.06%，这已经大大高出了1922年债券的保守投资者们的预期。因此，那个在1922年购买每种可转换为普通股的债券投机者，在没有对这些债券进行仔细研究的情况下，在这期间依然获得了不错的投资收益。

在上述这种理论方面的研究中，都会遇到同样的实际困难，那就是这些研究没有把涉及的心理因素考虑在内。例如，1922年发行的这些债券中，包括弗吉尼亚—卡罗莱纳化工公司的可转换债券，年利率7.5%，1937年到期。到1925年12月31日，这只债券的售价为99.75美元。然而，假设这些债券的最初的买家持有这些债券一直到1925年底，那么他一定具有极强大的勇气和耐心。随着该公司进入破产被监管程序，弗吉尼亚—卡罗莱纳化工公司的债券价格也一路跌至27美元。这只债券的持有者，可能会理所应当地认为，一个大大低于72点的涨幅，就已经是从这个毫无把握的投机阵地撤出的绝好机会了，他们很难等到99.75美元这么高的价位。

直接购买股票

在购买可转换债券时，交易者实际上相当于是在进行一场相当谨慎的投机。因为只有当债券转换后的股票价值大大超出转换价格的时候，这才是一场成功的投机。而通常在债券最初发行时，转换价格是高于股票的市场价格的。如果预期这些股票的价格会上涨，那么为何不直接购买股票，并获取买卖股票的差价收益呢？事实上，普通的交易者都是这样做的：直接购买股票，而不是购买附认股权证的债券。他们选择直接成为公司股东，而非间接地作为持有债券的债权人。

当然，股票市场上可供投机者选择的股票多种多样。然而，一般说来，购买一家公司的股票就会成为这家公司的股东，并对公司债务承担有限责任，也许在管理层有一定的发言权，并且常常有一定的参与分红的权利。因此，股票持有者的地位与债券持有者在很多方面都大相径庭。

种类繁多的股票

过去，人们通常都将股票分为优先股和普通股。然而，最近几年来，公司融资的方式变得越来越复杂。如今，在已发行股票中，除了优先股和普通股，我们还会发现有参与优先股、有优先权的普通股、A级股、创始人股、管理层股等不同的类型。两种不同的优先股，可能在优先权利以及限制条件上有很大差异。因此，从投机者的立场出发，不能按照是否存在吸引力而对任何一种股票的好坏一概而论。每只股票的鉴别都应该按照其各自的优缺点，单独进行判断。

典型的优先股，具有比同一公司的普通股优先获得股利的权利。董事会必须在支付所有普通股股利之前，宣告固定股利率的优先股股利。通常来说，优先股的股利是可以累积的。如果一家公司在某些年度发现其自身已经无力支付全额优先股股利，那么在随后的几年时间内，该公司必须将拖欠的优先股股利全部偿还之后，才可以分配普通股股利。另外，在资产清算中，相对于普通股股东，优先股股东通常享有对资产的优先权。然而因为公司自愿清算的发生概率比发生日全食的概率还要小，所以这一特权并没有什么实际意义。优先股常常设定一个高于股票面值的赎回价格。虽然很少，但是确实出现过发展繁荣的公司想要赎回它的优先股，所以这一赎回条款还是具有一定的重要性的。

通常来说，投机者对优先股的兴趣比对债券的兴趣要小。如果某只优先股具有长期良好的股利和收益支付记录，是一只非常不错的投资股票，那么它的价格就会非常稳定，很少浮动。由于股利率通常都是固定的，那么发行股票的公司再怎么繁荣兴旺，也和优先股的持有者没有什么关系，除了股利的安全有保障之外。

举个例子，在1924—1929年的牛市中，美国罐头公司股利率7%的优先股，由于它不可赎回的特点，从最初109的低点很快上涨到145点的高位。对于保守的受托人来说，这已经是令人满意的升值了。然而，在普通股的表现面前，这点涨幅就是小巫见大巫了。即使考虑到50%股利的发放，以及票面价值的降低，这只次级股票还是从1924年16美元的低价飙升到1929年184.125美元的高位。在企业的繁荣时期，普通股持有者的优势是显而易见的。

另一方面，在发行公司遭遇困难、生意下滑的情形下，优先股出现损失的可能性和普通股是一样多的。除了在美国法律规定下负有双倍负债的银行股票之外，无论是购买优先股还是普通股，投资者的损失都不会超过其投入100%。

可转换股与参与优先股

优先股如同债券一样，可以附带转换条款，或者是附带认股权。在这种情况下，购买者只是获取了购买普通股的认购权，这与直接购买普通股相比，风险相对较小。而享有参与分红特权的优先股则有些不同，参与优先股的持有者，不仅享有固定股利率的股利支付，而且在一些规定情况下还可以获得额外的利润，比如，当董事会想要给普通股股东发放高于既定股利率的股利时。那么市场对这种优先股的青睐就如同对普通股一样，都反映出发行股票公司业绩的蒸蒸日上，但是优先股的持有者还可以同时保持自己优先权的地位。当然，如果这种优先股有可赎回条款，那么它上涨的空间就非常有限了。

参与优先股或称A级股的实质是优先股的一种，也可看作是第二或者第三优先股。投机者必须认真研究这些股票的具体条款，理解这些股票在发行公司资本结构中所占的真实地位。美国现金出纳机公司的A级股，事实上就是一只没有投票权的、股利3美元、完全参与分红的优先股。在每年支付每股3美元的固定股利之后，他们如同普通股一样仍享受后续的利润分配。福克斯影业的A级股与B级股的不同之处，仅在于其投票权的差异。这两类股票都享有4美元的固定股利支付，但是只要持有发行量较少的B级股，就拥有选出董事会大部分成员的投票权。

受欢迎的优先股

投机者不仅对参与分红的优先股以及可转换的优先股感兴趣，当某些公司出现暂时困难导致股利无法发放时，投机者对这个公司的普通优先股也会感兴趣。例如，在芝加哥—密尔沃基—圣保罗&太平洋铁路公司的案例中，优先股成为了比普通股更受欢迎的投机工具。在许多其他的案例中也出现过同样的情况。特别是当未支付股利的优先股是可累计优先股的时候，它就更有可能成为一只活跃的投机股票。如果这样的一只股票在50美元以下的价格出售，并且被拖欠的股利已经累计超过其市价的大部分，如果投机者能从这家公司找出一些复苏的迹象，那将是非常好的投机机会。事实上，这种拖欠的股利很少以现金形式支付，股东通常更愿意接受新股票来替代现金。在牛市的上升阶段，对于热衷于股票的人来说，现金支付股利的替代方式前景如何，通常是个很好的话题。

普通股的利润不普通

普通股，是常见的投机工具。它代表着一家公司的股东权益。它是资产，是公司在支付完所有债务、满足了所有优先股股东，以及其他高级股股东的权益后，所剩余的资产；它是权利，是普通股持有者获得企业在支付过利息、税收、租赁资产的租金，以及优先股股利之后，支付所剩余的净利润的权利。由于普通股股东对资产和公司收益的要求权的位列最后，所以当公司经营遭遇困难时，他们将首当其冲地遭受损失。作为补偿，在公司繁荣的时候，在付清债权人利息和优先股股利之后，普通股股东将独享公司的繁荣兴旺所带来的厚利。资本世界的历史，充斥着成功企业的例子，它们从不温不火的起点，发展到炉火纯青的阶段，赚钱能力惊世骇俗。某家生产安全剃须刀的生产厂商，见证了自己在不到十年的时间里，资产从1,600万增至超过2亿美元的发展历程。当然这样巨大的成功十分罕见，但是伴随着财富的增长和文明社会人口的不断增加，许许多多的企业在几年的时间里，就将自己的资产翻倍甚至是三倍。只有普通股的股东，不是债权人，也不是优先股股东，才能在企业的这种成长中获利。

管理层绝不会自愿清算

普通股股东，不仅享有在支付债权人和优先股股东的固定股利后的全部资产和收益，从理论上看，他们还控制着公司的管理层。优先股可能有投票权，也可能没有。普通股按照投票权的不同，可以划分为不同种类，但是通常来说，公司的管理层是由普通股股东投票选举出来的。对于公司股票被分散持有的情况来说，这种投票权的理论重要性大于其实际重要性。小股东们通常是投票维持现有管理层。在实践中，管理层的决策常常与普通股股东的利益相对立。在公司的繁荣期，普通股股东可能更希望获得更多的股利，而管理层则恰恰相反，他们更倾向于保留利润，以便实现公司更强、名声更显赫的野心。多年业绩惨淡的公司，其普通股股东可能理智地想尽快对公司进行清算，尽可能多地收回他们的投资，以便在更有利的领域进行再投资。但是这样做就会令管理层解散，所有人员，从董事长到办公室小职员，都要重新找饭碗。这也许就是自愿清算几乎不可能发生的原因。

猜测管理层的政策

在预测股票价格走势时，投机者必须考虑的因素之一就是管理层可能会采取的政策。例如，投机者不能大胆地假设公司会把所有的收益都用来当作股利分配。投机者还必须假设该公司绝不会自愿清算。因此，关于公司账面价值和市场价值之间关系的假设，是没有逻辑基础的。要确定某种普通股的市场价值，绝非仅仅是从公司账面资产减去债务和其他优先股股利那么简单。

投机者的主要兴趣都集中在普通股上。他们应该对债券和优先股有所知晓，并且积极寻找这些领域的可观投资机遇。然而，投机者的大部分交易会在数以千计的普通股上完成，这些普通股在全球各大城市的证券交易所上市。还有大量的经纪人进行场外交易。

第四章　股市的波动——涟漪与波浪

一个简单的计划及其缺陷——隐藏的买家和卖家——"内部消息"不总是正确——不盈利的联合操纵——短线交易者没有胜算——长线交易需要耐心

对于股票市场的研究者来说，有一个事实众所周知，那就是证券价格总是波动起伏的。在一次股价持续下跌期间，一位股市的初学者问拉塞尔·塞奇[①]是否认为股市会反弹，他简短地回答道："股价总会上涨的。"

让我们假设，几年前这位初学者曾经偶然对"美国电信"这样的老牌股票的市场记录进行过调查，他会发现，多年间这只股票的价格最低时约为90美元，最高时约为150美元。在近20年的时间里，该股票只有在市场恐慌的情况下才卖到100美元以下，在其他正常年份，其价格通常

[①] 编者注：1816— 1906，美国金融家。

在低位时115—120美元，到高位时135—140美元这个范围内波动。"真是简单啊！"这位新手可能会说，"我在120美元的时候买进美国电信，然后等它涨到135美元时就卖掉，这样的话，除了可观的股利之外，我还可以在几个月内赚到12.5%的利润。"

7年与15个点

理论上看，诸如上述这样的计划看起来是无懈可击的。然而在实践中，这样的计划很快就会出现问题。按照上述计划操作的投机者，在1917年以120美元的价格买入美国电信是毫无困难的。然后，他要等上7年，才能收获15个点的利润。与此同时，他已经收到了6.67%的回报，要想获得15个点的利润，他必须持有这些股票经历一次世界大战、一次强烈的通货膨胀，以及一次严重的经济衰退。用不了7年，他可能就会放弃他的投机计划，至少是大大改变了他的投机理论。如果他能够坚持熬过这些困难，那么他也很可能在史上有记录以来的最大牛市的初期就卖掉了那些股票。

这位初学者很快就会明白，诸如上述案例中的这种简单的操作计划是行不通的。然而，他的经历并没有动摇他所相信的真理——股票价格是持续波动的。这位初学者的下一个阶段（许多交易者从来没能超越这一阶段）所观察到的是：股票价格每天、每周的浮动都很大。如果这位初学者买入了比美国电信波动更大的股票，他很快会发现，这只股票可能在几天的时间里就波动5到10个点。这显然是获利的机会。然而，在纽约证券交易所挂牌的活跃股票有数百只，更不要说还有那些在场外以及其他证券交易所上市的股票了。交易者应该选择哪一只股票作为操作对象呢？应该买还是应该卖呢？

大学教授的答案

一位大学教授在处理这种问题时，可能会首先尝试分析影响股票价格波动的因素。接下来，在满意地确定了影响因素后，按照条理清晰的调查步骤，他采取的第二步，将是对众多股票中的每一只股票进行状态分析，以发现其中哪一只股票处于购买或者卖出的最佳时机。很明显，这样的调查会牵扯太多的时间、思考、精力和知识，甚至还不止这些，这就大大超出了普通交易者可能投入的程度。通常来讲，一位"现实的"商人是不屑于用这样费劲的方式来解决投机问题的。他的邻居，乔·史密斯，不就是根据通勤伙伴的闲谈，去年在股市赚了10,000美元吗？大家对乔做生意的能力评价很低，但是如果他都能够在股市赚到钱，那么，股市投机一定是件很容易的事。

在下定决心跳入股市之后，我们的这位初学者走进了一间经纪人事务所，并且介绍了自己的情况。他决定把口袋里的钱都拿来在投机中冒险，并且他想要马上出手。如果他不是一个乐观主义者，他就不会从事这样的冒险活动。因此，我们可以稳妥地估计，他的第一单将是买入股票。也许他将买入某家公司的股票，因为在他商界熟人那里听到过一些闲谈，让他相信这家公司会生意兴旺。也可能是在阅读一份财经类报纸或者杂志时，他发现其推荐的股票非常有吸引力。如果这些资源都没有，那么他还有一种可以获取信息的渠道，那就是以每年40美元到5,000美元不等的价格订阅众多"服务"中的公告。如果交易者决定寻求经纪人给予这方面指导，那么可以肯定的是，他的经纪人可以提供很多建议。

活跃股票的优势

当这位初出茅庐的交易者下定决心后，他将开始观察自动股票收报机上的交易记录。他会注意到，一些符号出现的频率要远远高出其他符号。在一个正常的交易日，六百或七百只股票中，最活跃的10只股票的交易量可能占到总交易量的30%到40%。集中对那些最活跃的股票进行操作，当然会有一些显著的优势。外行的人更喜欢活跃股票，可能仅仅是因为这种高活跃度可以让购买者能够频繁看到代表他股票的符号，因而使他产生满足感。更重要的是，这种股票的市场流通性非常好，并且所有对这种股票价格有影响的重要新闻，都必定会发表在报刊的显著位置。

这位新客户也许会选择通用汽车这只股票。当他拿起股票自动收报机上的交易纸带时，他可能会看到这只股票的一些交易记录：通用汽车，$3.48\ 5.48^1/_8\ ^1/_4$。他的接待员会很乐意向他解释这些神秘的符号所代表的意思：成交量为300股，价格48美元，接下来，成交量500股，价格为48.125美元；成交量100股，价格为48.25美元。他提交了一份购买100股的订单，很快得知他也以48.25美元的价格买入了100股。如果他又看到晚报上刊登出通用汽车当日收盘价为49.25美元，那么他会非常高兴，但他不会认为这种市场波动有何异常。

价值变化能有多迅速

当我写下这些文字时，通用汽车有大约4,300万股股票在市场上流通。该股票1.25个点的上涨，就预示着市场对该公司的固定资产、流动资产、管理层、盈利能力和未来前景的估价提高了大约5,400万美元。没有人会认为这个公司的真正价值会在短暂的几小时内发生如此巨大的变化。那么，每天的股价波动究竟意义何在？

隐藏的买家和卖家

股票自动收报机的交易纸带，可以详细地显示出一只股票在一个交易日内的成交数量，以及每笔交易的成交价格。投机者只能想象或者猜测这些买家和卖家的动机。1,000股通用汽车股票的买家可能是一家投资信托公司，这家公司的管理层在全面研究了通用汽车的收益、现状和前景之后，正在批量购入这只股票。而另外一家投资信托公司，也许和前者相比，也是同样的信息灵通，但是在同一天它可能选择清空了所持有的通用汽车，以便投资更好的股票。一位个体投资者，用到期的债券变现购买了100股通用汽车，原因只是因为他偶然了解到该公司实力强劲，并轻易地相信这家股票的股利收入有保障。一位交易者也购买了100股通用汽车，他寄希望于汽车销量的季节性增长可以带动这只汽车第一大股的行情上涨。与此同时，另一位交易者却决定售出该股票以获取投机利润。一位富商的遗嘱执行人往往会卖掉富商保险箱内的所有证券，以便用现金支付遗产。这些都是买卖股票的例子，举不胜举。

对于通用汽车或者任何公司的股票来说，小幅波动是供需比例持续变化所导致的。对于铜这样的商品，消费者的需求量超过产量的情况持续一天甚至一个月，可能也不会对价格造成影响。但是在股票市场上，即使市场供应与市场需求之间出现很小的失衡，都足以影响到股票行情的变化。多数的供过于求，或者供不应求，都可能是偶然性的和临时性的事件，但也可能预示着大波动的趋势。没有人知道具体在什么时间，到底会发生什么。

罐头股票的上涨

股市，如同大海一般，从来不会风平浪静。每天都有因为神秘莫测的原因而起的涟漪朵朵，还有更多的是持续的跌宕起伏，探究这些波动的原因，可能会得到更加有利可图的机会。在1930年2月4日至14日的11天里，全部工业股的价格从最低点到最高点波动幅度不超过2%。相反，在同一时间内，美国罐头公司的股价上涨幅度却超过了13%。即使一位交易者只抓住了这一涨幅的一半的机会，并且这样的上涨每隔11天就出现一次，那么他每五个月就可以将自己的投资至少翻一番。对于富有数学头脑的人来说，这种计算方法就精神健康层面而言是非常有害的，甚至如同染上毒瘾一样危险，因为这种计算就是会让人上瘾。

回顾这个阶段的财经类新闻，我们可以发现，并没有什么重要的事件影响到美国罐头的股票价格。然而，令人好奇的是，在美国罐头股票上涨超过13%的第三天，一件非常重要的事件见诸报端。那就是美国罐头公司1929年的年度报告，其中给出的数据显示，该公司的盈利几乎高达

1929年牛市顶峰时的超高估值。这项简单的调查表明，在公司利好公布前两周购买美国罐头股票的交易者，可以赚到盆满钵满。而等到公司发布年度报告后才下手的交易者，就不得不保持耐心，等将近5周后，才能获取一点点利润。无论是否有用，至少这个结论非常有趣。

"内幕"并不总是正确的

有人可能会从上述这个单独的例证中得出结论：对于交易者来说，真正的"内幕消息"是无价之宝。但是同样是在1929年，我们可以找到大量与这一结论不符的例子。1929股市恐慌时，那些靠借贷来大量持有他们所在公司股票的企业高管人员，遭受了巨大损失，酿成了悲剧。他们中有许多人，一生的积蓄都因此而付诸东流。这些人拥有的关于股票价值的信息比其他人要多，却遭受如此惨痛的损失。

无法解释的上涨

高级—鲁美利公司普通股的上涨比上文中讨论的波动更加壮观。该公司的普通股从1929年1月50美元的低位飙升到1929年5月1日104.875美元的高位。这只普通股在之前的六年都没有表现出任何盈利能力，也没有任何理由指望它在1929年能取得实质性的进步。正如几个月后所披露的那样，这家公司在1929年的盈利甚至比之前六年中的任何一年都还要少。这只股票的价格在1929年上半年的陡增，可能被解释为一次大胆的联合操纵的结果。这只股票只有137,500股在流通，很容易给这种操作提供便利。不了解操纵计划的交易者，不可能预计到该公司股票的上涨。即使知道了这样的操作计划，交易者也需要很强大的信心，才会按照这一消息采取行动。

联合操纵

上文刚刚提到了联合操纵。联合操纵一般分为两种：最常见的一种，是维稳型联合操纵，它旨在为某只股票一直维持市场，而非以盈利为目的。如果一个市场容易在没有征兆的情况下出现突然剧烈的价格浮动，那么投资者会被吓跑的。与某个特定公司有利益关系的银行家、大股东，以及管理层，常常会雇用一位精明的经纪人来进行联合操纵，以阻止这样的股价波动。在市场对该股票的需求非常大的时候，联合操纵者就会卖出，以保持股票价格的稳定。同样的，一旦大量的股票抛售会引起股价的大幅度下跌，联合操纵者必须随时准备买入。通过这样买进卖出的操作，一个有序的市场得以维持，确保投资者总是能够以接近其最新报价的价格买入或者卖出股票。这样的联合操纵通常可以维持运营，但是并不赚钱。

历史上著名的罗克艾兰操纵

第二种类型的联合操纵，就是有组织的、以盈利为目的对特定股票进行的操作。如果某只股票当前市价过低，而整个市场状况却是普遍利好，那么这种联合操纵就是大量囤积该股票。当他们获得了足够多的股票后，该股票的流通供给就会大大减少，再继续购买可能会促使股价上

升。这种价格变动本身就会吸引投资公众的注意。如果一家公司的股票
正在进行这种联合操纵的运作，那么关于这家公司利好报告的广泛流传
就会推动该公司股价的上涨，特别是当联合操纵者们出售其所持有的股
票时。从根本上，这种联合操纵行为与小交易者通过买入他认为价值被
低估的股票以此获利是一样的。相对于买卖几百股，囤积或出售几千股
却不引起股价上扬或下跌，显然是更加困难的。但是这两者间只有程度
的不同，没有本质的区别。1926年上半年，对德沃&雷诺兹A股的联合操
纵一度使该公司的股价飙升至104.125美元。然而，由于向大众抛售股票
的行动失败，在三周的时间内，该股股价就跌至40美元，甚至是联合操
纵雇用的一些经纪行也在此次暴跌中损失惨重。几年前，一位知名的投
机人组织联合操纵罗克艾兰铁路公司，参与行动的邀请被广泛发布，许
多小交易者也都竞相参与其中。最终，这次联合操纵以惨痛的损失收场。
即使看行情纸带的人可以从一只股票的行为中推断出它正在被大量囤积，
他也不敢确定购买这只股票是不是一个好的选择。

业余投资者如何交易

在前文中，我们假设的那一位最初购买了通用汽车股票的交易者，
他可能不会立刻懂得预测股市小幅波动的困难。但是，他很快就不可避
免地发现了投机的另一个难处。在他买入通用汽车的第二天一早，刚到
办公室他就可能不由自主地想要马上赚取利润，并提交了一份成交价格
为49.25美元的售出订单。他可能默默庆幸自己在本金大概1,500到2,000
美元的情况下，一天之内就赚到了100美元的利润。

在接下来的一天，这位初学者将有机会查看经纪人所提供的买入卖出报表。他会立刻发现自己并没有赚到100美元的利润。他必须从毛利润中扣除买入和卖出双向收取的经纪人佣金，按每股15美分计算，此外，还要扣除卖掉股票时要缴纳的每股4美分的证券交易税。在这笔交易中，以上这些费用的总和为34美元。因此，这笔交易的净利润为66美元，而不是100美元。如果股票下跌了一个点，而非上涨，那么他的损失同样也不是100美元。因为即使是股票下跌，顾客仍要缴纳经纪人的佣金和证券交易税。那么，他的净损失就会是134美元。按照这种方式进一步计算，我们很容易看出，如果交易者满足于一个点的利润，并且力求把损失控制在一个点以内，那么他在三次交易中就必须有两次正确，这样才能不赚不赔。这还不包括经纪人对客户借方余额收取的利息。由于股票市场中一两个点之间的波动可能是在上千种因素的影响下产生的，根本无法预测，因此，在这种浮动范围内进行股票交易，如同赌博一般。没有赌徒能在高达二比一的成败比例下赚到钱。

10个点的波动需要时间

投机者追求的利润越大，对他征收的经纪人佣金、证券交易税和利息所占的比重就越小。对于十个点的波动来说，交易者只需在100次交易中正确52次就可以保本不赔。正确预测出十个点的波动的希望多大呢？一个点的波动可以比作股市中的一朵涟漪，许许多多的因素都可能会影响它的出现，因而无法预测。十个点的波动则可以比作股市中的波浪，它们可能是由更强有力的力量造成的，这类力量数量较少，因而相应地更容易预测。但是绝不是说预测这种程度的波动易如反掌。就在我撰写本节的前一天，股票市场可以被称为相对稳定。出现在收报机纸带上的631只股票中，有429只上涨，79只没有变化，123只股价下跌。更为深入地进行分析后，我们会发现，有80只股票的涨幅范围是从2个点到8个点。一位交易者如果随机从中选取股票，那么他只有略高于八分之一的几率可以选到一只上涨幅度相当高的股票。即使他能够选中，由于第二天绝大多数股票都下跌，他也只能看着大部分收益都打了水漂。股价连续五个交易日持续上涨的情况极少出现。股票市场更可能是同向波动三到四天，然后再反向波动一两天。今天表现特别强劲的股票，多半在接下来的一两天内就会被另一组股票所取代。十个点的利润不太可能在一周内赢得，除非交易者鸿运当头。

长期趋势

这位新手先生很快就会明白，股票可能会在很长的一段时间内保持一个上涨或者下跌的趋势，中间穿插几次很小的中断。通过每天计算的主要股票的价格平均数，可以了解股票的波动。道琼斯公司，《华尔街日报》的出版商，多年来每天汇编二十只主要铁路股，三十只主要工业股——之前是二十只，再早是十二只——的平均价格的一个数值。构成这一平均值的股票不断更新，从而保证参与计算平均值的股票名单具有代表性。虽然整个市场可能向一个方向波动数月之久，但是有时某只股票的股价却有可能向完全不同的方向波动，又或者其波动时间集中在几个星期，然后在其余的时间内保持休眠。例如，1922年，股票市场一直保持总体上扬，到第二年的3月时，涨势达到顶峰。作为对比，让我们来观察下海湾国家钢铁公司股票的情况。总的来说，这只股票确实与市场上行走势保持一致，从1921年25美元的低位上涨到1923年104.625美元的高位。然而，这80个点的涨幅中有超过一半是在为期两周的时间内完成的，到1922年1月21日截止。在此期间内，该股股价从45.5美元升至90.5美元，上涨了45个点。

面对利润时的胆怯，面对损失时的顽固

就个股走势与股市总体相比较而言，上面这个例子是一个相当特殊的例子。如果一位交易者能够选择一只将在一到两周内成为明星股的股票，并且从中获利，然后再转向下一只股票，那么他就真正找到了股市的致富之路。这位交易者怎样才能从数千只股票中选到那只在一两周内涨幅最大的股票呢？也许只有上帝才能帮助他。然而，这正是数以千计的交易者孜孜以求的结果。他们不耐烦地从一只股票跳到另一只股票，在这儿小赚，又在那儿赔钱。从长远角度来看，他们这么做几乎等于只是在给经纪人赚佣金。他们之所以有这种交易行为，是由于存在这样的心理因素：普通交易者对于购买股票的理由不是很坚定，很多时候只是听到别人的闲谈，因此他们缺少勇气，很容易被吓得只敢赚取一点小利就撤离。另一方面，他们又固执地认为，他们购买的股票至少值得他们所花费的价钱。因此，他们很可能在惨淡下行的股市中坚持不懈，等到了年底结算才发现，要用很多个5个点到10个点的盈利，才能抵消一些20个点到25个点的损失，以及经纪人佣金、证券交易税和利息。

无名小卒的遭遇

人们通常认为，华尔街就是股市精英们的聚集地。基于这一点，这个新手可能要好好看看这段摘自1926年4月7日《纽约时报》的一段话，这段话就证券交易所权威人士写给其会员的信中可能存在的暗示进行了讨论。在这封信中，权威人士号召会员们注意以下这条禁令——禁止证券交易所的公司接收其他会员的雇员、银行以及其他类似机构的雇员的账户。《纽约时报》评论说："根据在金融区流传的报告来看，此举是源自最近一些传言——在近期的清算后，某些证券公司的雇员陷入财务困境。这些报告中还提到，华尔街上许多公司的办事员和小职员们，都因为最近股市的大跌而彻底被股市扫地出门。"

对未知事物的恐惧

每一个熟悉华尔街以及美国其他金融中心的人都明白，在股市亏钱的人远不止"办事员和小职员们"。在银行高层、投资银行的合伙人，以及公司高管的队伍中，可能会有很多人都一直涉足股市，买进卖出地赚些小钱，然而亏损更多，经年累月下来，辛苦工作获得的薪金或者是大部分的投资基金都损失殆尽。与1929年的股灾相比，1926年的股市大跌显得如同和风细雨一般。1929年大恐慌中的受害者，遍布华尔街的所有阶层。前文谈到过普通交易者在面对利润时的胆怯，以及面对损失时的顽固。出现这种情况的原因，可能就是人的大脑进行自我调整以适应价值改变的速度太过缓慢。假设某个交易者以70美元的价格买入某只股票，在这之前该股票已经从49美元的低位一路上涨至今。基于这位交易者以前的经验，以后每一个点的上涨，都是踏入未知之地的一步。股市中出现任何犹豫的信号，尤其是当他用于操作股票的大部分钱都是借款时，都会让他采取谚语"双鸟在林不如一鸟在手"所建议的行动①。另一方面，为这只股票支付了每股70美元的这一事实，在普通交易者的脑海中，会自动认为这一价格代表了这只股票的真实价值。尽管这只股票可能在错误的方向上偏离了自己的真实价值，但是普通的交易者可能会很迟钝，认识不到赚钱的预期是值得怀疑的。

股市中的赌徒

针对困扰那些想以短线操作获利的投机者的主要难题，我可能已经讲得足够多了。从实用性看，股价波动中的涟漪和波浪都是无法预测的。在这样的股市波动中交易纯粹是赌博，且交易者几乎没什么胜算。令人震惊的是，成千上万的精英们却对用这种方式赚钱孜孜以求。一个被普遍接受且经常被引用的，虽然其出处有些可疑的统计数字显示，在股票市场中，90%到95%的保证金交易者是亏损的。然而，根深蒂固的赌博本能将一批又一批的新股民源源不断地带到经纪公司。他们信心勃勃，相信在波澜壮阔的股票市场一定有赚钱的机会。但其中只有少数人能最终学会在股市中真正能赚钱的方法。

---

① 编者注：多得不如早得。

第五章　投机的潮汐——经济周期

牛市与熊市——繁荣为何不能永存——一次著名恐慌的起源——一位银行家及时的警告——旧金山地震在大恐慌中的作用——股票如何反映大恐慌——长线交易的可能利润

任意选取二十只活跃的股票，每天将它们收盘的价格相加，然后除以二十。坚持十二年，然后将这些数据绘制成表格，纵坐标反映这一平均数的波动，横坐标表示时间跨度。更好的方法是用道琼斯的二十只铁路股票、三十只工业股（最早是十二只，然后是二十只，现在是三十只）的股价平均数，该指数从1897年后从未间断。这样的一个图表可以显示股票上升和下降等一系列非常规则的波动，这就是所谓的投机的潮汐。图中的上升趋势，按照华尔街的说法，称之为牛市，通常持续18到24个月；下行趋势，或者称为熊市，则通常为期12到21个月。其间偶尔出现过最长为期4年的间隔时间，在这期间股市在相对小的范围内无目的地波动。然而，总体上说，一个方向的长期波动后紧跟着其相反方向的长期波动，是规律性很明显的。

《圣经》中的经济周期

每个主日学校的孩子都知道约瑟史诗般的故事。他被自己的哥哥卖到埃及为奴隶。在上升到埃及宰相职位后，他极富远见地修建了大粮仓，储藏了七年的优质且过剩的粮食，从而挽救埃及人民于饥荒，帮助埃及人民渡过了长达7年的粮食危机。按照《圣经》作者所讲述的戏剧化的情节，储粮还救了约瑟的哥哥。在这种人类的早期记录中，我们发现了对现在所谓的经济周期的认识。

与拳击的类比

许多对于经济周期的解释都在不断发展进步。一位著名的经济学家，甚至想把经济从繁荣到衰落的波动与太阳黑子的出现关联起来。一个简单且不失合理性的解释就是，大多数人无法在安逸的生活条件面前仍然坚持努力工作。正如在拳击界里，几年安逸的生活让邓姆普西这位世界重量级冠军轻易成为滕尼的手下败将。与之一样，繁荣时期蕴含着对自身解构的种子。奋斗松懈，相对容易赚取的薪金花费在奢侈品上，商人忘记了创业的艰辛，沉浸在盲目的扩张计划中；还有一些人缩减了工作时间，却花更多时间在打高尔夫球上。1919年和1920年的大繁荣之后就是1921年惨痛的大萧条，这样的周期性循环充斥着整个世界的历史。

美国的历史可以说是一部战争史，一部总统与政治家的编年史，一个牛车与铁路征服大陆的故事，一部工业发展的历史，银行业发展的历史，政治与经济相互影响的历史。在最后这部历史中，有一些重要的时间，每个学生都应该知道：1814年、1837年、1857年、1873年、1884年、1893年、1907年、1921年、1929年。这些是我们恐慌与萧条的年份。

在这些大萧条之间，又有一些小的经济衰退，即有更短周期的繁荣与衰退的更替，它们比大萧条与大繁荣的更替更加频繁。历史上较严重的大萧条每14～20年发生一次。

布莱恩主义是如何被打败的

影响所谓的"整体经济"的因素数不胜数。在战前抱怨生活成本很高的人，从来没有听说过发现了氰化法①的两位化学家。然而，他们的发现导致了持续20年下跌的商品价格在1896年触底，并且在面对布莱恩主义②的情况下稳固地建立了金本位制，并开启了商品价格长期的上涨时期。现在的文明社会是相互影响的，一个区域经济发展的疲软势必会影响其他区域。印度的人民正在遭受经济萧条吗？那么英国兰开夏郡的棉花工厂必然缩减生产，美国的棉农也要低价出售他们的棉花，肥料生产厂商也会因此遭受损失。类似的，阿根廷的一次小麦大丰收可能也会引起全世界范围内的反应。再比如，1914年发生在巴尔干半岛某个不起眼的角落里的一次刺杀行动，几乎摧毁了一些货币，破坏了一些工业，同时在千里之外创造了一些工业，开辟了新的贸易路线，关闭了许多老旧路线，

①编者注：从矿石中提取金、银等贵金属的一种重要方法。
②编者注：反对金本位。

打破了国际收支平衡，并形成堪萨斯州麦场新的土地价格标准。

规则的例外

整体经济的繁荣或者萧条，当然并不意味着每个企业或者甚至每个行业都处于相同的境地。流行款式的变化可能会导致生产条纹棉布的工厂生意萧条，但是与此同时，生产人造丝的厂家却正夜以继日地开工，以满足市场需求。尽管大多数行业都处于困难时期，但是糖类作物的短缺却造成糖价上涨，制糖业也因此获得超乎寻常的高额利润。在1930年第二季度的经济萧条中，专业生产管材的钢铁工厂，从天然气运输管道建造商那里接到了最大生产能力的订单。与此同时，相邻的生产汽车钢板的钢铁厂，却只有一小部分产能正常生产。在同一时期，电冰箱的生产商正在享受他们历史上最辉煌的三个月，而收音机厂家却正在为了生存而进行激烈竞争，备受煎熬。这些例子都是繁荣与萧条可能并存的有力证据。然而，大多数行业会共同经历相同程度的繁荣和萧条。

一个著名的经济周期

回到过去，讲讲前些年的一个著名的经济周期的历史，应该会是一件有意思的事，这个周期的最低点是1907年的恐慌。从现在这个时间去观察，与1927—1930年这个更为壮观的经济周期相比，这一周期反而能以更好的视角来审视。总体来说，这个世纪开端的几年出现了一段时间的繁荣。虽然1901年5月，北太平洋囤积事件造成了一场股市恐慌。在之后的1903年，又出现了一场被称为"富人的恐慌"的熊市。但是，这期间经济持续活跃，一直到1907年。在这段期间内，美国农民种植了大量的农作物，并且售出了好价钱。在行业整合的进程中，发生了一起重大事件，即美国钢铁公司的组建。在哈里曼和希尔的领导下，铁路建设继续保持活跃，美国铁路的公里数稳步增长。到1906年的11月，希尔非常认真地断言，美国"迫切需要"再建造115,000英里的铁路。在接下来的21年里，实际增加的25,000英里铁路大大满足了美国交通增量的需求。农业、工业和铁路的共同繁荣，自然伴随着银行资源的增长。按照现在的标准来看，在这个世纪最初的几年里，商业贷款利率低得非比寻常。

揭发黑幕的年代

从政治的角度来看，二十世纪开头几年是非常平静的。1896年在布莱恩失败后，一个繁荣时期紧随其后，并且消除了激进主义。1900年，麦金莱以压倒性的票数再度当选。在他遇刺后，西奥多·罗斯福，这位与华盛顿、林肯齐名的美国总统就任。他在几乎毫无反对的情况下于1904年连任总统。在他的第二任期中，一场政治动荡席卷全国。揭露他人丑闻成为风尚。伊达·塔贝尔的《美孚石油公司史》以及厄普顿·辛克莱的《屠场》这两本书披露了企业管理的方法，引起了公众对"利润"的敌意。铁路公司盛行的给大托运人秘密回扣的做法遭到了曝光，更是激起了公众的愤怒。在纽约，阿姆斯特朗调查案揭发了大型人寿保险公司管理层的腐败，就更是火上浇油了。

一位银行家的真实预言

1906年开始时，工商业异常活跃，但是政治形势明显动荡，公众对商业领袖的态度充满敌意。货币市场开始出现紧缩的迹象，四五年之前极低的利率消失了。由于积极修建新铁路以及其他形式的固定资产，国家的流动资金消耗殆尽，从而致使利率升高。一月份，经纪人以纽交所股票为抵押向银行借贷的活期贷款利率已经高达60%。鉴于借款利率的螺旋式上升，以及当时被鼓动的货币改革提议，著名的银行家雅各布·H.西弗，在一次公开演讲中提出，"除非货币体系进行改革，否则迟早会造成恐慌，并且与这次恐慌相比，之前所有的恐慌都是小儿科。"没有人注意到这次演讲，也没有人注意到其他的警告。繁荣继续它疯狂的脚步。在先前三年时间内新建造的13,500英里的铁路以外，全国的铁路系统又增加了另外5,400英里的铁路。在这一年中，生铁的产量创下新高，经济方面，企业的倒闭率也达到了1881年来的最低点。1906年，对外贸易总量达到了历史最高值，而国内贸易总值，按照银行票据结算的总额计算，也达到了历史第二高。农作物也获得了丰收，并且卖到了好价钱。

尽管1906年的经济一派繁荣景象，但是对于商业利润的敌意还是在很多方面展现出来。《赫伯恩铁路定价法案》赋予州际商务委员会管制铁路运价的权利，最终该法案在国会得到了通过。此外，国会还颁布了肉类产品检验和洁净食品法，这些法案现在看来非常正常，但是在当时已经被认为是很激进的了。在纽约，公共服务委员会制定了一条降低天然气定价的法令。在芝加哥，法院做出了不利于公共运输行业特许经营的判决，从而削弱了经营者的信心。美国政府依照长期休眠的谢尔曼反托拉斯法，对美国烟草公司、美孚石油公司以及食品包装生产业公司的诉讼取得了进展。

旧金山之灾

旧金山，一座美国重要的城市，它永远不会忘记1906年。这一年的4月18日，旧金山几乎被地震和火灾毁灭，财产损失约3亿5千万美元。这场巨大的财富损失必然会产生深远的影响，但是这些影响并不是马上可见的。在财政部的刺激下，货币市场的压力暂时由于从国外进口的大量黄金而得到缓解。此外，政府还筹集了3,000万美元的巴拿马运河贷款。在报纸上你会读到财政部长说"用尽一切方法来帮助市场"。到10月，包括英格兰银行在内的几家欧洲主要银行，都提高了贴现率以阻止黄金外流。货币市场的状况，可以通过10月份商业票据来证明——商人和制造商通过票据经纪人出售给银行的短期票据——利率被规定在6%到6.5%之间，而一年前的利率水平为4.5%到5%。

整个1906年的商品价格都在上涨，并且一直持续到1907年的7月。按照银行票据交换显示的总贸易量来看，贸易持续活跃至1907年的恐慌，并且在1907年3月达到顶点，然后开始逐步衰退。一直到1907年12月，铁路公司每个月的总收入都持续超过1906年的同期水平，其中4月与前一年同期相比增长幅度最大。货币状况持续恶化。大量铁路公司为了满足其需求的融资也并没能改善货币的状况。一、二月份，仅纽约中央铁路公司和宾夕法尼亚州铁路公司就售出了三年期、总额一亿一千万美元的铁路债券，与此同时，其他大多数铁路公司也都尝试了大规模的融资操作。事后看来，承销这些融资的银行被"困"于此类证券的发行，因为社会投资大众在货币紧缩以及反对铁路公司的情绪下，拒绝购买这些证券。1907年，南方各州和西部各州都在忙于通过固定铁路运价的法案，以及其他对铁路公司怀有敌意的立法。南方铁路公司的总裁芬利就是因为违反了这样的法律而被捕的。阿肯色州企图没收罗克艾兰铁路公司的财产，明尼苏达州控告大北方铁路公司和圣保罗公司，密苏里州想要解散密苏里太平洋铁路公司、瓦巴喜铁路公司和铁山铁路公司被控非法的合并。与此同时，州际商务委员会正忙于调查哈里曼铁路公司，罗斯福总统称，哈里曼是"不受欢迎的公民"。

货币市场银根不断紧缩，公众对铁路公司的价值以及其他投资对象的信心不断下降，这些都预示着暴风雨即将到来。6月，大量债券承销商解散，留下大量的没有卖出去的债券。同样是在6月，纽约市尝试卖掉2,900万美元的债券，但是以失败告终。两个月之后，波士顿发行了390万美元的债券，却只收到20万的报价。而与此同时，政治状况并未得到改善。对铁路公司的攻击司空见惯，总统继续提倡激进的措施，美孚石油公司被处以2,900万的罚款。使恶劣的情况达到顶峰的是粮食产量的预期毫不乐观，并且黄金开始流向国外。在仲夏之时，商品价格开始急剧下跌，尤其是在铜市场。

历史性的大崩盘

灾难在10月降临。这次风暴的标志性事件是尼克博克信托公司的破产。这是纽约的一家大型银行，不久前这家银行的股价还高于1,000美元每股。许多其他银行也成了挤兑的受害者，在纽约有大量的小银行破产。有一段时间几乎不可能借到钱，活期存款利率高达125%。只有少数信用极高的商业借款人能够申请到16%的票据利率。纽约和其他一些城市不得不求助于票据交换所发行单据的方式来供给短缺的现金。在纽约和内地城市的银行和证券交易所公司倒闭之后，一批商业破产也紧紧相随。这其中最为重要的就是"西屋电气制造公司"的破产。贸易也随即瘫痪。到10月份时，纽约以外的所有城市的银行票据交换总量——将纽约排除在外可消除股票市场活动的影响，从而更真实地反映工商业的情况——仍然超过1905年的同期水平。然而恐慌的影响是立竿见影的。11月，该指标下降了17.6%；12月，这一指标又下跌19.8%。

　　大恐慌带来的后果自然就是严重的萧条。工厂关门，贸易处于低潮，移民入境暂时被移民出境所代替。破产数量多得不正常。商品价格的下跌，一直持续到1908年，并在这一年的6月达到历史最低点。直到11月，以银行票据交换总量计算的贸易总量，才稍微超过了前一年的同期水平。至于铁路公司的总收入，以上这种现象到12月才出现。生铁的月产量在1907年10月的恐慌月时达到最高点，到1908年6月，生铁产量仍不足其高峰产量的一半，但是在此之后，生产稳步恢复起来。在恐慌期的银根紧缩之后，随着闲置资金开始积累起来，货币利率慢慢降下来，降低至一个较低的水平，但是经济仍是萧条。在1909年轻微的经济复苏中，利率又有所提高。大约到1909年底，按照以上提到的各种指标计算，经济复苏达到了顶点。与1906年和1907年年初的狂热状态相比，1909年的繁荣显得自然而又平静。

股票市场与经济恐慌

对于所有超过50岁的商人来讲，上文中的经济周期在记忆中生动得犹如昨日。完成了对这一经济周期的回溯后，现在要做的是追溯与其相伴的股票市场的周期。在20只活跃的铁路公司股票的价格基础上计算出的道琼斯指数，在1906年1月到达历史最高。从这一高峰开始，该数值开始徐徐下降，在5月降到了该年的最低点，但是与高峰值相比，最低点也仅仅低了18个点。旧金山地震带来的庞大的财产损失，使得保险公司必须卖掉其市场上一大部分的有价证券，以支付总额超过2亿美元的赔偿。按照这一考虑，可以预期证券市场会有更大的下跌。然而相反的是，股票市场恢复到接近顶峰时的水平，并且将这一水平一直保持到12月。12月，铁路股平均指数高达137.56点。然后出现了一次大幅下跌，到3月25日跌至98.27点。值得注意的是，当时的商业仍然很兴旺。4月一次微弱的反弹之后，市场再度开始沉闷，并且直到10月份都在一个小范围内徘徊。然后，最终的崩溃还是发生了，市场跌至最低，到11月时，铁路股平均值跌至81.41点。可以看到，股市下跌更多的部分，发生在明显的经济下滑之前。大体上看，工业股平均指数经历了与铁路股几乎一样的过程。20年前，大部分投机活动都集中在铁路股票上。

从1907年11月的低点开始，股票价格开始稳步恢复，并且在1908年整个一年和1909年的大半年中都保持相对迅速的增长。在这期间，铁路股平均指数回升至与最高值仅差几个点的范围内。1908—1909年的牛市顶峰出现在1909年8月14日，铁路股平均指数高达134.46点。与此同时，8月工业股平均指数是99.26点，11月达到了100.53点。因为11月的铁路股

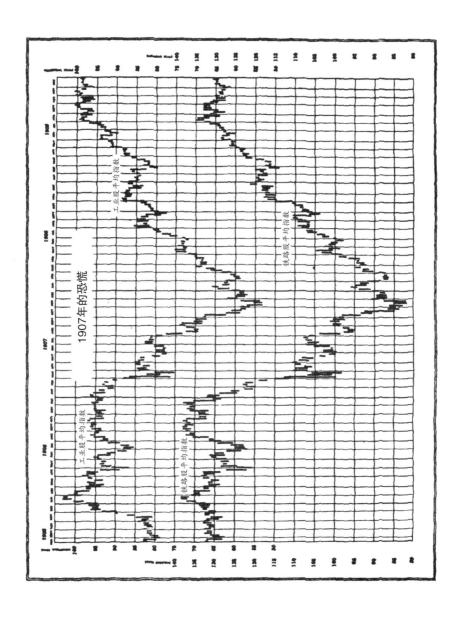

平均指数比8月的最高值低4.5个点，所以我们可以合理地认为，牛市的顶峰出现在8月。我们已经看到，经济活动的顶峰出现在年末，所以股票市场的变化再一次比经济活动的变化提前了几个月。

上述对经济周期和股票周期的比较足以表明，两者之间存在一种密切的关联性。对于那些想要得到一些指导，告诉他们何时买进、何时卖出的投机者来说，很不幸的是，股市变化要么是早于经济变化好几个月，正如1906年所发生的那样；要么是两者发生的时间特别接近，像是1929年那样，甚至连专业观察家也都可能被蒙骗。因此，经济总体状况并不能预示股票价格的走势，除非是以明显矛盾的方式存在，比如大繁荣为卖出股票提供大好时机，而极度的经济萧条却带来购买股票的好机遇。在过去的20年中，出现了大量基于特定经济状况指数来预测总体股票市场走势的方法。这个题目非常大，足够单独用一章的篇幅来讲。

对股票长期波动的研究可以清晰地表明，无论准确性有多高，只要能够预测股票长期总体趋势的交易者，都能够因此而挣到相当可观的利润，预测的精准度越高，利润就越高。我们可以设想一下，一位投资者从1904年开始，以足够的钱一次性购买了铁路股票平均指数中每种股票各10股。进一步假设，从他购买的那天起，这位投资者每次都可以正确预测到超过25个的波动，只是他的预测有些迟缓，以至于每次都与顶点和最低点相差10个点。另外再假设我们虚构的这位交易者在熊市期间把钱都存进了银行。最后，让我们假设1912年后，这位交易者转而投资工业股，而非铁路股。

1903年熊市的最低点出现在9月份，当时铁路股平均指数为88.80点。到1月，这位交易者认为牛市即将到来。按照我们之前假设的前提，届时他将以19,760美元购买铁路股平均指数中的每种股票各10股。到1906年4月，市场已经从最高点下跌了10个点时，他将以总价25,672美元的价格卖掉这些股票。然后，他退出股票市场，直到1908年的1月才重新进入。到那时，他的资金足以购买每种股票各14股，平均价格为91.41美元，还有77美元的余额。这些股票将在1910年1月被最终出售，平均价格为124.46美元，总金额为36,848美元。加上之前的余额，现金总额为36,925美元，这些钱被再次存入银行，直到1915年。在此间歇期间，股票市场波动幅度相对较小。

虚构的交易

1914年，股票交易市场重新开放之后，最低点的工业股平均指数为53.17点。按照我们的假设，那位虚构的交易者届时会购买工业股平均指数中的每种股票各29股，总花费为36,639美元，余下209美元存在银行。在这一点上，有必要做个与事实不符的假设，因为直到第二年，工业股平均指数中的20股才替代了之前的12股。然而，没有必要把计算的数学问题复杂化，因为这对最终结果并没有严重的影响。第一次世界大战中，牛市最高点出现在1916年11月，工业股平均指数的峰值为110.15点。如果那位交易者的股票在接下来的一个月中以低于峰值10个点的价格出售，他将获得58,087美元。再加上之前存在银行的余额，总计58,296美元。按照之前的方式，在接下来的13个月中，这些钱将都存在银行。

1917年12月，战争期间熊市触底，工业股平均指数为65.96点。在接下来的一个月中，那位交易者将购买工业股平均指数中的每种主要股票，各38股，银行剩余金额为574美元。他将持有这些股票经历缓缓上涨的1918年，以及之后涨幅壮观的1919年。1919年11月，股市波动达到最高点，指数为119.62点。按照我们的假设，这位交易者将在几天内以低于平均价格10个点的价位卖到所有股票，将他的银行存款增加到83,885美元。至此，让我们简单地假设这位虚构的交易者去世了，并给他的继承人留下了一小笔财富。他的继承人们会对他以聪明才智所换取的结果满意吗？

投资者 vs. 交易者

如果将那19,760美元在1904年1月用以投资，年利率6%，每季度复利计息，并且利息不断加入到本金中，那么到1919年11月，这笔钱累计总额为50,901美元。在这期间的大部分时间内，都存在一个实际的困难，那就是不可能获得6%的回报率。这样，在16年的时间内比较投资与长线投机的结果，自然就让投资占了一些便宜。由于在计算投机结果时，没有考虑到股息和银行利息，投资所占的便宜就进一步被扩大了。构成道琼斯平均指数的股票，都是因为其本身就是活跃的投机对象，且它们中的大多数都是支付股息的。如果把股息和2%的银行利息计算在内，那么那位虚构的交易者的收益，将远远超过只靠市场增值的83,885美元。

在我们的假设中需要这个交易者聪明到什么地步呢？我们不要求他选择股票，只要求他当主要的市场动向已经在进行时能够识别出它们，并进一步要求他在16年的时间内，把认识转化为决策，共8次。显而易见的是，相比于短线交易者为了赚钱必须每隔几天就做出新的决定，且正确率要高达75%来说，在16年中做出8次正确的判断，要容易得多。而且，那位交易者的长线投机，并不需要像普通投机者的日常活动那样，付出大量的时间和精力。

第六章　预测大涨或大跌

道氏理论——一些正确的预测——将物理定律应用于股市——钢铁工业股的暗示——股利的因素——一种新的价格指数——勇气指数——所有指数的指示从来都不是一致的

交易者如果能准确预测股市长期走势的话，利用小学生都会的加减乘除，就能够计算出将赚到多少利润。那么问题来了：有可能做出较为准确的预测吗？为了回答这个问题，仅仅运用"经济萧条时买进股票，经济繁荣时卖掉股票"这样一般性的规则是远远不够的。因为经济周期从来不会原样再现。从许多方面来看，当下的经济萧条与1921年的萧条有所不同，而下一次经济萧条也不会是1930年萧条的翻版。

不同的繁荣时期在许多方面表现不同，其区别主要体现在类型和程度上。1905年经济开始繁荣，之后繁荣景象持续了好几年。如果一位投机者在1905年夏天就卖掉了自己所持有的股票，那么当他看到股市持续上涨6个月，并继续维持了10个月的高位后，他一定会感到羞愧。1928年的仲夏，前所未有的繁荣盛极一时，但许多小心谨慎的交易者选择在那时卖掉股票，因而错过了美国历史上最大牛市的大部分进程。

并没有出现的经济萧条

现在，我们来观察一下最近一次股市周期：1923年早春时节，总体经济状况比两年前有了很大改观，并且持续繁荣。如果一位长线投机者只知道上面所说的一般性规律，没有其他的指导，那么他在股市上的表现会如何呢？可以肯定的是，在那个时期卖掉股票的交易者，正好碰上了市场的高点。而如果他想等着经济萧条期来临然后再购买股票，那么他就错过了整个1925年的大牛市。按照那些长线交易者的设想，1923年的夏天和秋天经济即将走向低迷，购买股票的时机就会到来。然而，事实上，1923年的夏天和秋天并没有出现经济萧条。显而易见，想要预测股市重要的变化趋势，我们需要更好的方法。

道氏理论

查理斯·H. 道最早发明了一种能预测经济走势，并顺带预测股市的方法。他既是《华尔街日报》的创始人，也是道琼斯平均指数的发明者。由于他去世很早，他的道氏理论由威廉·P. 汉密尔顿归纳整理做了进一步的阐述。威廉·P. 汉密尔顿曾是《华尔街日报》的编辑，他所著的《股市晴雨表》值得每一位对投机感兴趣的人阅读。此处只对道氏理论进行简要阐述。

　　大部分有经验的交易者都十分熟悉这套理论。其主要内容是：在相当长的一段时间内，股票在一定的小范围内波动代表着吸筹或者派筹的行动，超出这一小范围的变动则预示着相当大的波动即将到来。这种波动可能是不明智的操纵者造成的，也可能是偶然的。然而，毫无疑问的是，作为一个整体而言，股票市场太过宽广，操纵并不会对整体市场造成重要影响。个人或者小团体，在有利的环境下，通过精明的操纵和精心的宣传，或许可以造成某只股票价格的大幅波动，但要想把所有在纽约证券交易所上市的价值数十亿美元的股票作为一个整体来进行操纵的话，那绝对是超出人类能力的事。多年以来，有关经济和股市的研究无可置疑地证明，股市中的大部分波动都不是偶然的。股市与经济的相互关联性不同寻常。

熊市之底

　　排除操纵和偶然性后，股市的整体行为是非常重要的。例如，在经济萧条时期，如果道琼斯指数或者其他任何一种代表性的平均指数，在相当长的一段时间内都在小范围内波动，那么一旦它们有超出这个范围的动向时，投机者就要给予极大的关注。然而，传统道氏理论的追随者认为，只有当工业股指数和铁路股指数都出现这种波动，两者得到互相印证时，这种波动才很重要。鉴于当下铁路股与工业股的市场行为存在极大差异，我们在运用该理论时，用公共事业股平均指数来代替铁路股平均指数，应该也并不为过。

　　我们在1921年找到了一个熊市谷底的典型例证。从1919年11月起，股票市场总体开始下行，并一直持续到1921年。1921年的夏天，股市似乎已经到了彻底清盘的地步。4月，铁路股平均指数低至67.86点，6月，这一指数又进一步下跌到65.52点，到8月，其"三重底"指数为69.87点。在此期间，铁路股平均指数的高点为75.38点。6月，工业股平均指数低至64.90点，到8月进一步跌至63.90点。在这三个月内，工业股平均指数的高点则是73.51点。之后，这两种平均指数出现了为期18个月的下跌，且下跌都维持在小范围内波动，当时经济状况也极其萧条。之后，工业股平均指数首先超出了原先的波动范围，于10月29日达到73.93点，11月9日超过75点。在当月晚些时候，工业股平均指数上涨到76.66点，铁路股平均指数也有所上涨。从此股市开始了缓慢上涨的过程，并于1923年3月，形成了两个平均指数的高峰。在一次适度的回落后，股市于1924年再次开始上行，并在1926年的冬天，工业股平均指数达到了前所未有的高峰。

预见牛市

也许有人会说，这明显是事后诸葛亮，但在那个时候，真的没有观察家根据已有的数据预测到牛市的出现吗？汉密尔顿先生于1921年11月5日在《巴伦周刊》上发表了一篇文章，就包含了以上问题的答案，其中有一段这么写道：

曾经有人向我发起挑战，要我为股市晴雨表的预测价值提供证据。当前，由于战争带来了通货膨胀，欧洲金融正处于混乱状态，这些问题给美国经济蒙上了一层阴影，但股票市场的表现却仿佛是好景在望。有人说，熊市开始于1919年10月底到11月初之间，最低点出现在1921年6月

20日，当日20只工业股的平均指数为64.90点，12只铁路股的平均指数为65.52点。

预见市场崩溃

还是这位权威人士，1926年1月25日在《巴伦周刊》上发表了另外一篇社论，预测到牛市顶峰的到来，彰显了他更为难能可贵的预测能力。文中提到：

目前，有一项关于股票市场价格变动的研究。从1923年10月开始，股市的牛市状态持续至今，20只工业股已经展示出明显的大双顶。因此，即便这项研究是实验性的，仍值得我们好好关注。1925年11月6日，此次上涨达到顶峰，创下159.39点的新高。此后，又出现了一次较大程度的股市回落，与其他回落一样，这次回落使股市于11月24日跌至148.18点，下降了11个点。随后又回升至159.00点，1月21日，再次回落至153.20点。

如果20只铁路股的价格波动能与工业股的价格波动相互印证，并且两者能更接近平行，那么这个信号将是极其重要的。然而，铁路股并没有像工业股那样出现11个点的回落，只是稍稍回落了一个点左右，但在1月7日那天上涨到了113.12点这么一次高位。之后，股价又出现了不到5个点的回落，并在1月21日跌至108.26点。

如果完全依靠之前的经验来进行判断，由于大牛市的回归，工业股就必须以高于11月份的价格出售，铁路股也必须以高于1月7日的价格出售。但是，因为工业股已经出现了一次重要的大双顶，铁路股平均指数已经恢复到接近113.12点的位置，基本可以表明长期的牛市已经接近尾声了。

果然，铁路股平均指数恢复到接近113.12点之后，随之而来的是2月发生的回落。在随后的一个月中，股市陷入了严重的下跌时期。

巴布森的XY曲线

罗杰·沃德·巴布森是最早专门从事现代商业市场和股票市场预测的典范人物之一。他在普及"经济周期"这一概念方面，可能是贡献最大的一个人，其经济状态图已为数千位商人、银行家以及投资者所熟悉。该图概括展现了一系列数据，包括银行票据结算、企业破产、闲置铁路车皮、贸易差额以及其他很多数据。图中显示了一系列黑色的波峰和波谷，并由一条代表国家经济增长的"XY线"一分为二。该图的绘制原理以及巴布森的预测方法都是基于这样一个理论，那就是"作用力与反作用力大小相等、方向相反"，这一物理定律也适用于经济金融领域。在巴布森图表中，线下的黑色区域表示经济萧条，线上的则表示经济繁荣。在相当长一段时期内，萧条区域与繁荣区域的面积应该是相等的。一次严重的经济萧条会被疯狂的经济繁荣抵消；一段平缓的经济活跃期，同样也对应着平缓的衰退期。假设这种理论是正确的，那么只需要判定经济萧条的区域何时达到了之前经济繁荣区域的一半，就可以预测经济恢复的时间了。在此周期中的最低点也应该是购买股票的绝佳时机。

一次不幸的选股

关于绘制XY线的方法，巴布森的预测机构从来没能向外界大众做出令人满意的解释。有时候，会有人毫不客气地说，XY线的方向是为了适应作用力与反作用力的理论而绘制的。但在战争通货膨胀时期，繁荣与萧条的区域明显不能保持相等。从逻辑的角度来看，我们很难理解为何要将作用力与反作用力的理论应用于经济上。如果在人类活动中，萧条与繁荣真的可以完全抵消，那么破产接管人将会特别受欢迎，因为他的出现预示着不同寻常的繁荣即将到来。事实上，正是作用力与反作用力的理论，导致巴布森预测机构在1921年错误地建议投机客户购买那些被彻底"清盘"的股票。换句话说，这些股票就是那些已经损失很多钱的公司所发行的股票。按照这种推荐方法，皮革和化肥业的股票是投机时的上佳选择，连锁商店的股票则不建议购买，但结果按照这种方法投机的人都损失惨重。

在讨论巴布森理论时，必须提一下巴布森先生在1929年9月5日的演讲，那天正好是股市达到历史性高峰的两天之后，巴布森先生说，"股市将会崩盘，并且会相当严重。"可惜的是，在此之前，巴布森先生还加上了一句："我去年、前年和今年一直这样认为。"那些在1929年9月第一次听从这些有关熊市的建议的客户，比那些1927年听从熊市建议的人更加心怀感激。

虽然巴布森机构的工作人员曾经在1921年失败过，但他们对低迷的工业股仍然抱有信心。1928年7月3日，他们在一份给客户的报告中写道："追求那些受欢迎的高价股票是没有意义的。从长远发展的角度看，可以谨慎购买一些优质的股票，比如'费城和雷丁煤炭与钢铁公司'的股票。让股市慢慢平静下来吧。虽然已经发生了大幅的下跌，但之后还会有更大下跌。"

当天"费城和雷丁煤炭与钢铁公司的"股票售价为29.25点。在上一周最为活跃的10只上市股票中，有5只股票价格最高，分别为通用汽车、蒙哥马里沃德百货公司、美国无线电公司、西尔斯罗巴克公司和美国钢铁公司，它们当然可以被认为是"最受欢迎的高价股"。如果5只股票中各买一股，就要花费787.13美元。14个月后，同样是这5只股票，在考虑到股票分割和认股权后，总价值达到了1,512.25美元，而"费城和雷丁煤炭与钢铁公司"的股价却跌到了23.75美元。

观察钢铁工业走势

在当代关于股市的研究中，对于股市波动与其他经济现象之间关系的研究，或许没有谁会比克雷弗兰信托公司的副总裁科隆·莱奥纳多·艾尔斯更透彻的了。通过研究，科隆·艾尔斯发现了股市波动与其他经济现象之间的诸多关系。由于科隆·艾尔斯居住在钢铁工业中心，因此他最早研究的是钢铁工业活动中的变化与股市周期之间的关系。钢铁行业当之无愧的是所有工业中最为基础的行业，铁路、汽车、建筑物的建造和维护都离不开钢铁，农业中也广泛使用到钢铁。大家所乘坐的交通工具是钢铁做的，所处的建筑是用钢铁建造的，甚至操作的机器都是钢铁铸造的。因此，钢铁行业活动的变化在整个工业活动中最具典型性，其变化程度也最剧烈。因此，我们可以从钢铁行业的活动趋势中一窥整个工业总体趋势的全貌。

高炉指数

在科隆·艾尔斯研究钢铁行业的许多年里，克雷弗兰信托公司的统计学家发现，生产生铁的高炉活动状况与股票市场的趋势之间明显存在着关系。在经济繁荣时期，如果开工的高炉数量上升到全国高炉总数的60%，那么这通常标志着股市上涨高峰的到来。相反，如果开工的高炉数目下降到60%以下，那么则标志着买入股票大好时机的到来。高炉指数不是永远绝对可靠的。例如，在1901和1904年，高炉指数发出的卖出股票的信号就为时过早了。在1907年和1920年，它再次过早地发出了购买股票的信号。

1929年的高炉指数案例

在1929年大牛市的后期，再也听不到关于高炉指数理论的任何声音，这是不可思议的。这种理论被忽略的原因可能是它在1926年早期表现非常糟糕，或者是因为1926年之后该理论的创始人又提出了一些质疑。此前一年，这一理论的盲从者可能在股市严重下跌之前将股票全部抛出，并且在股市几乎触底时收到并遵从了购买的信号。高炉指数略微过早地预测到了1926年3月的股市回落。1月1日，在历经多个月的时间后，开工的高炉数量第一次达到总开工能力的60%。此时股票市场也接近了高位，比6周后的顶点只差一点。不幸的是，在股市到达顶点之前，开工的高炉数再次跌到临界值以下，比临界值低了1个百分点。很明显，对于任何一种预测方法都不能要求其精确到每一个点。然而，作为预报工具，高炉

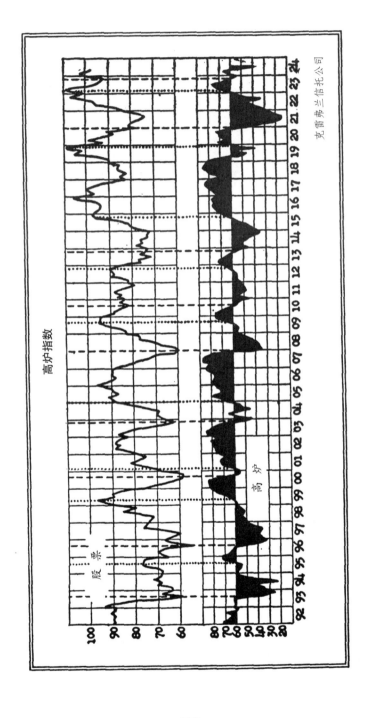

指数又发生了一次更为严重的预测失误，它在3月1日再次看跌股市，直到7月1日才发出另一次购买的信号，而事实上股市在此之前就已经回涨到了2月时曾经出现过的高峰值。

除了1927年4月、5月表现不佳外，高炉指数从1927年到1928年持续指示牛市。假设介于60%—61%之间的增长对投机者来讲是非常重要的，那么其重要性就体现在高炉指数一触即发的敏感度，而事实上高炉指数所缺乏的恰恰就是敏感度。1927年的4月、5月，股市并没有回落。相反的，1928年的6月、12月，股市剧烈下跌时，高炉指数也并未发出任何警告。直到1929年2月，高炉指数这一股市晴雨表才给出了一次明确的卖出信号。因此，一位完全依赖高炉指数来进行交易的交易者会在牛市的大半进程中都把持有股票捂在手中。在所有基于经济统计数据的预测工具中，高炉指数作为过早预测到牛市结束的工具，没有其他工具会比其更早了。

高炉指数的价值

很明显，仅仅依靠高炉指数就想从股票交易中盈利，基本是不可能的。只有与其他指数结合起来，才可以达到这种效果。当市场出现如道氏理论所讲的那种状态时，如果高炉指数、总体经济状况以及以下将要讨论的任一指数，全都指向同一结论，那么没有哪个交易者可以无视这种结论。高炉指数尤为有用，每个月的月初都会在钢铁贸易期刊上公布高炉指数的具体精准数据。

经济活动

我们已经注意到，"在经济不景气时买入股票，在经济活动活跃时卖出股票"，这样一句简单总结并不足以构成投机策略的基础，我们还应注意到各类经济活动指数的存在。商务部、美联储、哈佛经济协会、标准统计公司，这些都是编发经济活动数据的知名机构。为了发挥出最大价值，这样的指数应该既考虑到短期的季节性波动，又考虑到正常的长期增长。如果将以上因素考虑在内，那么1929年5月和1930年3月的标准工业生产指数则表示美国制造业在前一个月中比正常水平高出16%，在后一个月中比正常水平低7%。在编发这样的指数时，及时性显得非常重要，因此，每周一公布的指数特别受欢迎。《分析家》最近开始发行经济活动指数的周刊，这对于研究股市的人来说是非常有用的。

指数的预测价值

股市的波动预示着经济活动的变化，这在以前被认为是一条真理。比如，1919年11月的股市在登顶后转而下跌的时间，足足比经济活动登顶的时间早了4个月。在最近10年里，股市似乎已经丧失了其作为经济预报工具的价值。1929年，主要指数显示，经济活动将在5月至7月期间达到高峰。然而，事实证明并非如此，股市指数并没有想象中那么大的预测作用。9月23日，所有股票暴跌，标准数据统计公司的"交易与证券服务部"却还坚持："对于本身很优秀的股票来说，这只不过是偶尔的技术性下跌罢了。总体来看，经济形势将会继续保持十分令人满意的状态。"

股利收入

从完全不同的角度出发，科隆·艾尔斯发现了股票价格与股利之间存在着有趣的关系。将道琼斯工业平均指数中涉及的股票总价除以支付股利的总额，我们会得到一个指数，实际上就是这些股票收益率的平均数。当然，在牛市状态下，卖出股票会获得小额回报，而在熊市时，卖出股票则会赔掉许多钱。在过去30年里，这一指数几乎在所有牛市时，都超过了20，只有一次例外；而在所有熊市中，该指数都低于17，没有例外。根据这一事实，一旦看出股市总体趋势时，我们就可以设定该指数的一个最低值。

值得注意的是，根据股票总价格除以总股利得出来的"倍数曲线"图非常有趣，它与平均指数图相比有很大不同。倍数曲线指数历经多年后，于1906年达到最高点，当时工业股的总售价是总股利的26倍以上。按照这种方法计算，1919年的牛市，以及1925—1926年的牛市，并不像是道琼斯平均指数显示的那么"牛"。甚至连1926—1929年的牛市，即使其在道琼斯指数中拥有"一览众山小"的高度，但其价格除以股息的倍数也不过是接近30而已。虽然打破了之前的纪录，但并没有显现巨大的差距。

费雪指数

对于研究股市的人来讲，另一个极其重要的指数就是费雪商品价格指数，它由耶鲁大学教授欧文·费雪创造而成。他创造的费雪指数可能是所有商品价格指数中最好的了，它最大的优点在于能够每周发布。因此，这一指数发布的是及时的新闻，而不是陈旧的历史资料。商品市场价格上涨时，贸易和工业就会比下跌时盈利更多。物价的大幅上涨在1920年5月达到顶峰，这使得当时所有生意都可以轻松获利。但在接下来的20个月中，价格急剧下降，几乎跌至原来价格的一半，这种暴跌造成了贸易活动的瘫痪。在此期间，只有特别幸运或者是经营管理特别好的公司才赚到了钱。

价格波动如何影响经济

如同过度使用兴奋剂一样，商品价格的过度上涨最终也会造成一些负面影响。因而，商人们不喜欢他们所经营的商品价格大幅度地迅速上涨。在过去，大家认为适度的上涨趋势会为经济活动提供理想的条件，通常，贸易利润会因为存货的持续增值而略有增长。但是直到1929年夏天，物价一直在不断地无规则地小幅度下降时，美国经济却出现了史上时间最长的一次繁荣期。似乎只有剧烈的价格变化才会扰乱经济秩序。大多数的物价下跌往往比经济衰退和股市下跌持续的时间更长，这就造成商品指数在一定程度上丧失了预测价值。

看到这里时，可能会有读者感到失望，因为关于股市大幅度波动，并没有人能够提供绝对可靠的预测法则。然而，换个脑筋想一下，如果在预测股市大波动方面真的存在绝对可靠的方法，那么就不会有大波动出现了。如果交易者知道，或者通过半小时的研究就可以发现股市将会大跌，那么就没有人去购买股票了。从来没有出现过所有因素都预示证券价格上涨的时候，也没有出现过所有因素都指向熊市的时候。最多能够预测的是，各因素抵消平衡后，最终上涨或者是下跌的趋势。

勇气指数

在前面的内容中，我们已经大致描述了经济活动与股市走势之间的复杂关系。范·斯特鲁姆在倾心之作《预测股市走势》中详细地介绍了更多经济类数字的统计方法，这些方法都是针对投机行为的，而且都有详细的分析。所有这些方法，也许都很有用，但在本质上也都存在一定的缺陷。股市趋势反映的是成千上万的人们买进和卖出股票的情况。无论是有意识的还是潜意识的，这些交易只能反映部分交易状态。这些人们在某一时刻的希望或担忧，都会比钢铁生产量、铁路货运量及其他经济数字，对股市的影响更大。

1929年5月，著名经济学家保罗·克莱先生在美国统计协会的晚宴上发表演讲，他说，股市的持续上涨已经超越了所有基于经济统计数据和经济学基本原理而得出的最佳卖出时机。他进一步指出，只要普通交易者有足够的钱或者借贷能力，以及勇气，股市就可以继续上涨，他还声称，只有"勇气指数"能够预测拐点，而这个拐点在劳工节（9月的第一个星期一）之前就会来临。事实证明，他这一特别的预测与实际情况只相差一天。

诸多因素之间的平衡

投机并不简单。如果一个业余交易者想把投机当作一种副业，每天花15分钟时间来操作几千美元的资本，就能获得比任何其他生意都更大的利润，那就只是痴人说梦罢了。事实上，与其他一般的行业相比，投机要求更广博的知识，更严密的关注，以及更准确的判断力。纽约证券交易所中的股价会受到法国政治、德国银行业的状况、战争以及近东战争的传言、中国货币市场、阿根廷小麦产量、墨西哥国会的倾向以及许多国内因素的影响。成功的投机者必须小心谨慎地衡量所有这些影响的效果，确定正反两方面的因素，辨别市场更偏向哪一方，然后得出合理的结论。而完成这一切也才仅仅是一个开端。如果他得出结论，市场偏向于上涨，那么他还必须决定购买哪些股票才能最大限度的盈利。

股市波动的永恒性

当证券交易者先确定好股市未来的总体走势后，他不仅需要仔细分析眼下的形势，还要定期审视自己所处的局势。牛市和熊市都可能持续很长时间，所以普通交易者常常忘记了在股价接近高峰时，什么形式的波动都有可能发生。在这种时候，普通商人的沉稳对于此时的判断没有任何帮助。牛市通常在经济普遍繁荣、形势普遍大好的时候走向尾声。而在这种时刻，前景一片大好，许多商人正在制订扩张计划，商界领袖正在乐观地高谈阔论。在这种情形下，卖掉股票需要相当的魄力。对于股票所有者来说，手中的股票总是比那些没有购买的股票，看上去更有升值空间。当牛市即将开始时，情况却恰恰相反。那时经济低迷，经营不善的企业数不胜数，似乎形势正走向崩溃。如果还有人痴迷于牛市之说，或者按照牛市走势来操作的话，他通常会受到周围人的质疑。

第七章　投机的生命之源——融资

投机者通过融资能提高利润——金字塔式交易法的魅力与危险——股票与货币的相互关系——经济低迷时的货币宽松政策——牛市可能自我毁灭——预测人士的一些经验法则

借入资本是投机的生命之源。不融资进行投机也是可能的，但通常来说，投机在很大程度上都是用融资进行的，并且通过融资，一旦投机成功的话，其利润将大大增加。因此，即使对那些本身不融资的投机者而言，货币市场也是影响投机活动的一项重要因素。

我们用简单的数学计算来证明一下，成功投机的利润是怎么由于借款而大大增加的。假设一位交易者购买了100股的某种股票，每股100美元，用自己的钱支付其中2,000美元，其余8,000美元都是融资的。不考虑佣金和利率的话，当以每股125美元的价格卖出时，他将盈利2,500美元，是本金的125%。如果他当初没有融资的话，就只能买20股，而资本回报率就只有25%。

金字塔式交易法

让我们对上述的假设稍微做些改变，假设该股票的价格从100美元涨到200美元。再进一步假设，这位交易者每隔一段时间就融资购买更多的股票，使他的股票资产净值从未超过股票市值的20%。按照这一假设，当股价达到125美元时，他可以再购买80股股票，那么他就拥有了180股、总市值为22,500美元的股票，并负有欠款18,000美元。当股价达到150美元时，他可以用18,000美元再购买120股，这样他的股票总持有量将增加至300股，总价值为45,000美元。而此时他的欠款为36,000美元。当股价达到175美元时，他可以花费24,500美元再购买140股，将他的股票总市值增至77,000美元，同时欠款额增加到60,500美元。当股价最终涨至200美元，他可以卖掉他所有的440股，换取88,000美元总市值。在付清所有欠款后，他会有27,500美元的余额，资本回报率为1,275%。如果他按照这样的借款速度，每涨10个点就购买股票，那么他的资本回报率更会高得令人吃惊。

繁忙的保证金业务员

毋庸赘言，在实际操作中，这种金字塔式的交易永远不可能实现。经纪人可能十分愿意以20%的保证金与客户做生意，但证券交易者需要承担的下跌风险仍有可能高于20%，而且这也意味着他必须确保有不少于20%的保证金。一旦某一特定股票下跌严重到超过了资产净值的20%，经纪人就会要求更高的保证金。如果客户没有提供更多的保证金，经纪人就会卖掉部分或者全部客户持有的股票，以保护他自己的利益。由于客户都是依靠经纪人的资本完整性来保护他们的账户，因此经纪人必须这么做，才能对其他客户公平。有经验的证券交易者更喜欢坚持要求足够保证金的经纪人，而非那些在这方面太过不拘小节的经纪人。

现在我们假设一个交易者以金字塔式购买和运作股票，当股价为150美元时，出现了15个点的回落。现在他所持的300股股票的总市值就由50,000美元变为了40,500美元，其中他自己的资产净值只有4,500美元。如果他不能或者不愿意提供更多的现金，经纪人就要卖掉其中的150股，以保证他的资产净值达到总借方余额的20%。更严重的下跌也有可能会把他之前的利润归零。这种现象经常发生在那些普通保证金交易者身上。他可能在牛市中不断买入股票，结果却在股市回落或者是在标志牛市结束的第一次暴跌中利润归零。

银行盈余资金的去处

某些证券交易者存在滥用信贷的行为，但这一事实不能否定在股市投机活动中使用信贷。对于那些适度融资的交易者来讲，信贷是一种非常有用的工具。上市公司的股票和债券的借出也是银行、公司以及富人们盈余资金的一种最为有用的去处。纽约银行一度从其本行、其内部代理银行以及"其他"账户中发放了高达近70亿美元的贷款。作为抵押贷款市场中的一项重要因素，其他账户主要是指公司、投资信托公司以及拥有大笔闲置资金的富人的账户，发放贷款是最近发展而成的一种贷款形式。其中大部分贷款都是活期贷款，一经要求即需偿还，并且在实际操作中，借款经纪人通常是按日续借的。例如，一家位于堪萨斯的地方银行，可以将其金库中的闲散资金转运其他在纽约的代理银行，对外发放活期贷款，赚取3%—6%的贷款利息，并且确保一经通知，资金能在24小时内到账。这样的贷款不仅是闲置资金流动性最强的一种投资形式，而且也没有什么实际风险。1929年，一场严峻的考验证明了经纪人还款的及时性。在短短几周时间内，30亿美元的贷款都按通知时间返还了，没有一天延迟，贷款人也没有任何损失。

融资除了能够使投机者用相同的自有资本持有两倍到五倍数量的股票，从而赚取利润之外，还可以使投机者赚到另外一种利润。例如，如果在经济萧条时期，某种正在卖出的股票按季度支付股利，收益率为8%，而融资利率为5%。购买这种股票的人，甚至在股票一个点都不涨的情况下，依然能用自己的本钱赚取一大笔利润。我们假设，这种股票的售价为100美元，股息率为8%，那位交易者以5%的贷款利率从银行融资7,000美元，购买了100股这种股票。他所获股利可以达到800美元一年，支付贷款利息将去掉350美元，剩下的余额将会是他从股票中赚取的纯收入，即450美元，或者按照他自有股本3,000美元来计算，其资本回报率为15%。

货币市场是否控制了股票市场

在某种程度上，由于贷款利率水平和个体投机者盈利两者之间存在明显的相互关系，货币市场直接控制股票市场的理论赢得了股票市场研究者们的广泛认同。人们通常认为，贷款利率低会促使股价上涨，贷款利率高则会造成股价下跌。在欧文斯和哈迪最近出版的关于这一主题的书《利率与股票投机》中，这一传统理论被概括总结为："短期的利率波动是影响投机性股票股价水平变动以及股票成交量变动的主要原因。"该书的部分结论是："没有任何证据能够证明，货币市场是带动股价上涨和下跌的主导因素。"

股票价格的走势

在用贷款购买股票所赚取的利润中，有一部分直接取决于股息率与贷款利率之间的差价。既然如此，我们可以合理推测，如果投机者寻求这种利润，那么从根本上讲，该利率完全取决于货币市场的状况。如果贷款利率上涨到一定高度，使得他买不到既可靠又能支付股利，且股息率超过贷款利率的股票，那么显而易见，他就会从股市中退出。可能没有几个交易者会以5%的利率贷款去购买回报率为8%的股票，仅仅是为了赚这部分的利润。对于普通的证券交易者来说，除非他相信这种股票的价格很可能会上涨，否则他不会以这种方式去购买股票。相反，正如1929年夏天所发生那样，成千上万的交易者对股价上涨充满信心，即使贷款利率高达10%，他们还是义无反顾地贷款投机。从股利收入和利息支出的观点来看，股票自我升值的事实使得交易者更加坚信自己的观点。然而，当入不敷出时，这种信心就会减少。当股价高到收入不足以支付利息，或者当贷款利率高到同样这种入不敷出的结果时，新手交易者就不再会对自己的观点那么有信心了。如果出现股市可能下跌的迹象，那么明智的投机者就会考虑卖掉股票。在最后的分析中，明智的投机者卖出股票的行为在很大程度上造成了牛市的终结。

是原因还是巧合

利率的浮动到底会不会引起股价水平的波动呢？不管经济理论学家对这个问题再感兴趣，股票投机者都没有兴趣知道。这个问题的答案可能是否定的。也许货币市场没有"造成"股票价格变化，但如果有证据表明，过去货币利率的上涨经常出现在股价下跌之前，而货币利率下跌之后又会发生股价上涨，那么，对于股票投机者来说，研究货币市场就很重要了。

季节性变动

现在，我们有必要讲解一下专业统计学家喜欢用的两个词汇了，它们就是"季节性变动"和"长期趋势"。前者的意思不言自明。每位家庭主妇都熟知新鲜鸡蛋价格的季节性变动。餐桌上对新鲜鸡蛋的需求是相对稳定的。然而，母鸡们对人类的食欲相当无视，它们产蛋量的多少随季节变化而变化，自然就有了鸡蛋价格的波动。银行家们都知道这样的一个事实：贷款利率常常在夏末秋初开始上涨，并且在第四季度达到一个高峰，之后在来年1月份陡然下跌，因为此时商人们都喜欢偿还债务，以便让他们的年度报告看起来尽可能的体面一些。每年的早春时候，利率会有一个季节性的上涨，并且在3月份达到顶峰，然后就会下降，到6月份下降到一年中的低点。

联邦储备系统对股市的影响

以前，贷款利率的季节性波动比现在还要频繁得多。在联邦储备系统建立之前，美国货币体系完全是没有弹性的。我们的货币包括黄金、辅币、由黄金和白银储备担保发行的金币券、银币券、国家券或者绿背纸币，以及某些政府债券担保的银行券。货币只有当黄金被开采并被铸造出来后，才能增加发行。银行信贷必然也是没有弹性的，因为按照要求，银行必须保持法定货币的最低储备量。在过去的货币体系下，每隔15年或20年，国家货币就会出现不适应经济发展的情况，造成大恐慌，贷款利率也会暂时性消失。这种荒谬的体系终于在1913年让位给了联邦储备系统。如今，有12个联邦储备区银行有权向它们的成员银行发行联邦储备券。其成员银行则将它们客户的联邦储备券或者政府债券作为抵押。按照这种方式，银行可以灵活地提供货币，来满足国家经济不断变化的需求。假设繁荣景象开始走向不计后果的发展，那么通过对贷款成员银行提高再贴现率，可以在一定程度上制止这种过度扩张。这不仅可以通过提高投机成本来制止投机性贷款，而且对经济发展态势也会产生巨大影响。总体上看，由于我们的货币供应量可以随商业需求扩大或者缩小，所以从理论上看，现在应该不再有贷款利率的季节性变动。而事实上，贷款利率似乎仍然存在季节性波动，只不过其变化幅度只有1913年之前的一半左右。

"长期趋势"是指不受季节性因素影响的长期发展的趋势。例如，如果按月绘制鸡蛋产量的图表，那么此图不仅会显示出随季节的波动，还会显示在几年的时间内，随着母鸡数量的增长以及孵化和饲养水平的提高，鸡蛋产量增加的趋势。在绘制经济统计图时，都要考虑季节性波动和长期趋势，这样才能显示出这些数字的真实意义。当然，也有一些种类的数据不会发生这样的规律，比如，贷款利率就没有可识别的长期趋势。

活期贷款利率

从表面上看，对于投机者来说，在各种贷款利率中，最重要的似乎是提供给纽约证交所经纪人的活期贷款利率。事实上也正是如此，活期贷款利率是一种非常反复无常的利率，它每天随市场形势的变化而呈现大幅度的波动。60天到90天期限的经纪人抵押贷款利率，始终是一个较好的货币市场形势指数。然而，显示货币市场形势真正重要的利率却是60天到90天期限的主要商业票据的现行利率。票据经纪人打折收购制造商和批发商的票据，然后再转卖给有盈余资金的银行，商业票据的供给由此形成。这种商业票据的利率反映了具有良好信誉的大额借款人的资本成本。银行承兑汇票，是由信誉良好的银行承兑的远期支付汇票，它通常与它们客户的经营活动相关联，是一种流动性很强的短期投资方式。因此，票据贴现率也是货币市场的另外一个指数。然而，就此目的而言，可能应用最广泛的还当属商业票据利率。

股价和利率之间的关系

现在，我们应该可以判断利率与股价之间到底是否存在相互关系了。

上文中提到过欧文斯和哈迪的著作，在这个问题上他们已经进行了详细的研究。他们的结论是："股票价格与利率之间的关系并不是随意的。"通过运用"皮尔逊相关系数"这个深奥的数学概念，我们可以从统计学上衡量两个不断波动的指数共振的程度。如果它们的波动完全同步，那么这一相关系数就是1；如果完全没有任何关系，那么这一相关系数就为0。当其中一个指标的一系列数据比另一指标落后一定时间间隔时，两者间的相关性程度也可以被测试出来。两位作者利用身边的例子发现，同一时间内的贷款利率与股票价格之间只存在非常弱的相关性。而当利率晚于股价9—12个月时，两者间的相关性则大大增加。如果用较少的技术性语言来表达，那就是说："通常来讲，利率上涨6—9个月后，股票价格就会下跌，反之则上涨。"股价发生相似变化后的一年左右，利率则会上升或下降。

当股票下跌时

利率与证券价格之间存在关联性，可以描绘出一段以经济萧条为开端的经济周期。经济活动逐渐放缓，货币需求会逐渐下降，并出现利率下降这一衰退标志。股价下跌一般比经济活动的顶峰略早或略迟出现，因此，当经济活动正在衰退时，股价已经跌得相当严重了。此时，股价下跌、经济活动衰退，都已经严重挫伤了投资者和投机者的信心。更糟糕的是，很多人的资金已经缩水。在不断缩水的存货价值和可能发生的坏账损失面前，即使是很乐观的商人也会发现他们不得不卖掉一些股票来维持自己的运营成本。那些在牛市中待得太久而错失赚钱机会的投机者们大半被自动淘汰了。

物美价廉证券的寻觅者

这时，总有一些精明的投机者还有流动资金。而且，虽然经济发展变得更加缓慢，但他们的资金还是可以一点一点累积起来。有资金在手的投资者和投机者发现，现在他们可以投资一些可靠的债券和较高级别的股票，从而获得高额回报。由于证券价格和贷款利率都在下降，收益的吸引力开始快速地成倍增长。假设一只优良的股票收益率为7%，并且支付股利，在贷款利率为4.5%、股价为90美元时购买会比在贷款利率为5%、每股100美元时购买的收益大大提高。因此，在萧条的初期就开始了优良股票的吸筹，并且之后不久，股价就会停止下跌。由于购买者的信心也处于低谷，所以最高等级的证券自然而然成为首选对象。也正是因为这个原因，债券价格通常比股票价格上升得要早。同理，投资型股票通常会比更具投机性的股票更早上涨。

不断增长的商业利润

经济萧条时期初期，大多数行业的利润处于最低点，甚至为零，证券购买者对商业预期利润和股利几乎毫不在意。他们更关心的是像"美国电信""通用汽车""艾奇逊"这样的股票能否继续支付股利。对以上此类的股票的投资，最终阻止了股市的下跌，贷款利率的进一步下跌促使购买股票变得更加有吸引力。对于密切跟踪股市的人来说，很明显的是，虽然个别股票或者一批股票会偶尔出现爆发式的抛售，但从总体上看，并没有迹象显示股价将会继续走低。股市自身的稳定性会激发证券交易者的信心，使他们相信不久牛市就会到来。

此时经济开始复苏，一些行业的复苏时间也会比其他行业要早一些。除了优质的高股息率股票可以赚到高额的回报外，股利开始随着商业利润扩大而增长，这也提高了股票的吸引力。在许多行业中，大公司的收益月报表和季度报表为有关股利的传言提供了依据。这些传言通过经纪人的电话和金融杂志的版面，在大城市的金融区广泛流传开来。萧条时期中具有标志性的、普遍缺乏信心的状态，现在被人们自然乐观的状态所取代。市场本身的表现就是经纪人最好的广告，老客户和新客户们被牛市吸引而来，并分享市场价值总体上升所带来的利润。

牛市的自我破坏

这种在股市上涨中进行投机的行为本身，最终会促使贷款利率中止下行，因此对其自身也造成了伤害。随后，经济复苏会增加对货币的需求，利率开始上涨。至此，货币市场已经不再是促进证券价格上涨的有力刺激了。虽然伴随着繁荣的回归，实现股利增长这一希望得以实现，但这只是抵消了不断增加的投机成本。此外，股价上涨的势头非常迅猛，势不可挡，想要让它停下来需要强大的阻力。通常情况下，当股市的大型波动进行到这个阶段时，业余的投机者都会忘记股市也还可能朝着相反的方向波动。要消灭一次真正的牛市，贷款利率的大幅上涨是必要的。

最终牛市达到了这样一个点位，此时卖掉股票所获得的收益只是股价在上涨之初的一半或者三分之二，考虑到实际股利和贷款利率之间的比例，股票的价格已经不低。投资诸多类型股票的交易者们已经不再预期在接下来的几个月中获利或者股利增长，并停止了购买行为。多数情况下，他们认为今后10年内，股市的光明前景都将不容乐观。这里面有两个陷阱，就连聪明的交易者都可能难逃其害。第一，证券交易者目睹过某些领域的股票，比如1916年的战争股、1929年的公共事业股，这些股票价格的上涨远远超出对其最大可能价值的合理判断，以至于他们认为一般的价值规律不能完全应用于某些备受厚爱的领域的股票而买入这些股票，没想到一到手，股价就下跌了。第二，有相当多的股票由于缺少市场或者其他的原因，没有赶上股市总体上涨的步伐，交易者因而抱有一种危险的幻想，认为这些股票一定会上涨，并会一直上涨到符合总体上升的趋势后才会停止上涨。

如果随着商人和制造厂商对资金需求不断增长，融资利率也会不断上涨，且收益率随着证券价格的上涨而不断下降的话，那么融资投机立刻就会变得无利可图。此时，大多数商人们都会出售证券，从而换取扩大经营所必须的更大资本。精明的投机者都在卖出那些表现不再优秀的股票。这种卖出行为对于股票的上涨来说是致命的一击。股市一旦开始下跌，其势头必将不可遏制。正如投机者在股市上升时能够如金字塔式地买进股票一样，在股市下跌时，顽固的投机者也被迫如金字塔式地卖出。他们的保证金被股票下跌的价格所耗尽，经纪人会把他们的股票都卖掉。强行卖出股票会继续导致股价继续下跌，进而继续耗尽其他投机者的保证金。这个过程会一直持续到收益再次超过融资成本，然后那些准备好现金的投机者会再次出现，并终结股票抛售大潮。

有时即使利率仅是微幅波动，也会出现股价的大幅波动，这是不违背前面提到的利率与股价的负相关关系的。如果牛市进行的时间足够长，股利也足够低，那么即使融资利率并未大幅上涨，牛市也会自我消亡。类似的，如果股价已经跌到足够低，即便是8%的融资利率降低一点点，也能促使股价反弹。

哈佛指数

一张关于股价和贷款利率的关系图可以非常清晰地展示出两者之间的关系。几年前，经过仔细研究数据，哈佛经济协会的经济学家和统计学家们发现，为适应季节性变动，优级商业票据的月平均利率从明显的低位开始上涨，每当上涨了1.25%时，往往就是卖出股票的大好时机。与之相反，当这一利率从顶峰开始下跌1.25%的时候，则预示着买进股票的盈利点已经到来。这就是我们发现的一条非常有价值的预测股市波动的法则。它并不是绝对正确的，也并非总是奏效，但当它与其他指数关联起来使用时，就会是一个非常有用的投机工具。

短期贷款和债券收益

在金融市场上，存在这么一种关系，它看上去似乎对股市具有重要意义，那就是短期贷款与高等级债券收益之间的关系。科隆·艾尔斯曾经指出，在过去的30年中，当为期90天的抵押贷款利率低于高等级债券的收益率时，股市将可能上涨；当同样的短期贷款利率高于高等级债券的收益率时，股市则可能下跌。下页的图清晰地展示了这种关系，当短期贷款利率低于高等级债券的收益率时，我们用实线表示股票价格；当短期贷款利率高于高等级债券的收益率时，我们则用虚线表示股票价格。该图只截止到1928年的夏天，图中显示，1928年1月这一晴雨表发出了卖出股票的信号，这比实际情况足足提前了18个月。而在1930年3月它则发出了购买信号。

为何所有晴雨表都失灵了

在1929年的牛市中，没有任何一个基于经济活动或者金融市场统计学的指数能够令人满意，所有的指数都过早地预测了拐点。那些盲从于这些指数的交易者会卖掉所有的股票，并且收获一笔可观的利润。然而，当他们看到股价后来还是继续上涨时，就很难对自己的收益表现满意了。

为何所有这些指数都失灵了呢？因为股价会受不可预测的人的冲动的影响。大多数的交易者天生都是乐观主义者，因而他们是股票的买家，而非卖家。一次长期持续的牛市，既培育了股票交易公众的乐观主义情绪，也为乐观主义者提供了更多可以运用的资源。牛市获得的动能越强大，就需要越长的时间才能终止它。

1929年牛市在几个月的时间里，其表现似乎都与"股市上涨建立在低贷款利率基础之上"的理论相冲突。然而，值得我们注意的是，1929年牛市的疯狂出现在美国历史上为期最长的低贷款利率之后，纽约的活期贷款利率连续6年从未超过6%，这也创造了货币宽松的新纪录。另外一个关于高利率迟迟未能终结1929年牛市的说法是，高贷款利率并不意味

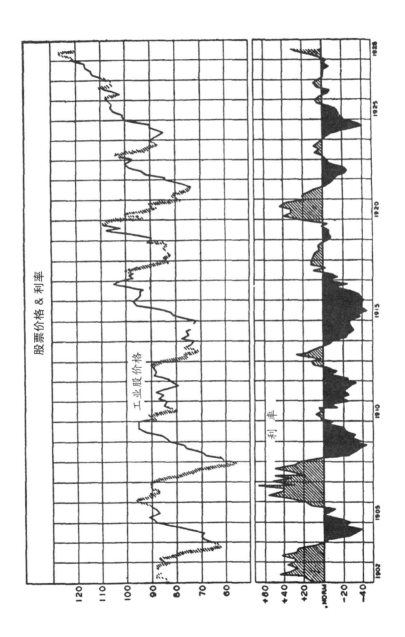

股票价格 & 利率

工业股价格

利率

着缺少贷款。当时，美国出现了金融史上第一次信贷高峰，当时的信贷很多，既能同时支撑起创纪录的经济繁荣，又能满足破纪录的股票牛市。那些操作不受银行权威部门控制的"其他"借贷者，对此现象的产生负有很大的责任。

牛市意外的延长

一项研究表明，有时股票交易者在标准经济指数已经发出警告信号后继续持有股票，并且依然能够盈利。很明显，牛市不会按照教条的经济学家和统计学家认为的终止时间一点不差地停下来。在超过了那个被他们确信的下跌临界点之后，牛市就如同八九十岁老人的寿数意外延长，可能还能持续几个月，但越来越具有风险。

第八章　技术因素 vs. 经济基本面

"复合预报员"——"弱手"与"强手"——钢铁公司的股东——经纪人贷款数字中暗含危险信号——股票走势图的绘制——解读图表的局限性——再谈道氏理论

在前几章，我们阐述了经济活动水平、货币市场状况与股票价格趋势之间存在着明确的关系。虽然1929年夏天，那场火爆的牛市可能会使人们错误地认为旧的经济理论已经不再适用。然而，接下来的事件却清晰地证明，那些久经考验的原则依然有效。

历史记录表明，经济基本面影响股票市场的方式是不规律的。对于那些希望找到一条发财捷径的乐天派来说，这是个打击。1923年，一系列的调整性措施终结了交易与股票价格早期膨胀。而6年之后，银行等权威机构的矫正型措施被完全忽视，汹涌的牛市几乎是自寻终结。

复合预报员

如果说没有一个的统计性指数能准确无误地预测股市的走向，但将这些指数综合起来，可能得出想要的结果。多年来，统计学家们一直致力于建立某些复合型指数来解决这一预测问题。其中，最花费心血，也是最具学术性尝试的，要数纽约大学的维尔福特·金博士。金博士作为行业翘楚，在近期宣布他已经设计完成了一个由44个统计数列组合而成的"复合预报员"工具，并且公布了该预报员过去30年的记录。

通过分析"复合预报员"在过去30年的买卖研究纪录，我们可以清晰地发现，如果一位投资者按照该预报员的指示对道琼斯工业平均指数中的股票进行买卖操作，那么他的收益将会远远超过那些在1900年购买同样股票并且一直没有卖出的投资者。这一分析结论强调了一个很明显的事实，那就是在每次熊市谷底买进那些最主要的活跃股票，并且在每次牛市最顶峰时卖掉，比长期持有这些股票的盈利要多出很多。金博士的"复合预报员"在1929年1月发出了抛售股票的信号。因此，这一预测工具和高炉指数等简单的指数相比，对于1929年拐点的预测效果并没有明显的优势。

令人兴奋的上涨

我们需要注意的是，证券交易者买进的是具体的股票，而不是市场平均指数。一位接受金博士"复合预报员"的人，应该会很有兴趣回顾"标准燃气与电力公司"股票的那段历史。该股票1928年夏天的买入价是64

美元，1929年9月的卖出价是221.75美元。如果这只股票的持有者在1929年的1月，而不是9月卖掉股票，那么他的卖价只介于82美元到99.875美元之间。他只有等到下一年秋天恐慌期中的仅10天时间里，才有可能以低于这些价格均价的价位再次买进这只股票。

我们已经花了相当大的篇幅讨论有关金博士的"复合预报员"。我们可以这样合理地假设，如果连这样一位杰出的统计学家呕心沥血创造的工具都不过如此的话，那么我们真的可以放弃追求以经济基本面为基础来创造出令人满意的预测工具了。即使这样的预测工具可以被开发出来，即使它可以出现在每一份美国报纸的金融专栏，我们也可以肯定，当下一次该预测指数发出卖出股票的信号时，那些普通交易者一定会说："这次一定又错了。"

关于股市走向的预测问题，如果经济基本面只能提供部分令人满意的解决方案，那么我们还能从哪里继续找寻答案呢？答案在经纪人的市场报告书中十分重要的"市场的技术性位置"这句话里吗？这句话真的意味着什么吗？或者它只是疲惫不堪的市场报告研究者，用以掩饰自己对市场走向一无所知的一句术语？关于这些问题，我们无法给出清晰的答案。然而，可以这么说，"市场的技术性位置"确实是有意义的，确实是重要的，并且它为我们的问题提供了剩下一部分的答案。

"弱手"与"强手"

什么是"强手"？随意举例来说，亨利·斯普瑞格·琼斯先生，这位两家银行以及多家工业企业的总裁，拥有一辆劳斯莱斯和一辆游艇，住在公园大道上①的顶层豪华公寓里。当他购买了500股联合调味公司的股票时，这批股票就会被说成是到了"强手"手中。相反的，普通人威廉·史密斯，一个根本不认识董事会成员和社会名流、出身卑微的郊区居民，如果他购买了25股同样的股票，那么可能很容易就被认为是到了"弱手"手中。这些假设并不一定正确，因为事实上，如果斯普瑞格·琼斯先生是一位保证金交易者，而史密斯先生是一位直接用现金交易的交易者，那么史密斯先生才是一位真正的"强手"。无论斯普瑞格·琼斯先生的交易量有多大，都不会改变这一结论。

在下订单购买股票时，现金投资者并不会比保证金交易者更有优势。情况恰恰相反，由于保证金交易者通常会向经纪人缴纳更多的佣金，因此他们的事务性费用就会占更小的比例。在持有股票方面，现金购买商具有巨大的优势。无论其持有的股票是多还是少，都没有人能够从他那里拿走这些股票。而且只要他愿意，就可以卖掉这些股票，他并不受制于外界的利益。与此相反，保证金交易者则在股市的股掌之中。无论何时，一旦其持有的股票价格缩水到某个点，保证金交易者就必须给经纪人提供更多现金，或者卖掉一部分股票。

高比例保证金的危险

现在我们暂且说，保证金交易者组成了"弱手"群体。其股票资产规模的大小不会影响他们被定义为"弱手"。在1929年的股市恐慌中，那

---

① 译者注：美国纽约市街道，街上多大公寓，常作奢华时髦阶层的代表。

些持有价值数百万美元股票的保证金交易者基本上被洗劫一空，但没有哪个现金投资者遭受过类似的损失。1929年，其中有一件愚蠢的事，就是人们认为在当时的金融状况下，要求保证金比例达到40%才能保证财务状况安全。随后，在股价已经一路惨重下跌的情况下，40%的保证金自动为这种持续性的下跌划定了界限。由于每次追加保证金都会强行导致抛售更多股票，其他账户的利益也受到了损害。当大部分的此类账户被消除时，股市恐慌也就结束了。而现金交易者，除了他们自己愿意以外，没有任何人拥有权力能从他们的保险柜里拿走他们的股票。显而易见，他们构成了真正的"强手"，他们的买入常常受到称赞，并会给每一个经纪人行情室带来欢乐。

在解释了"强手"与"弱手"的概念后，现在可以定义"技术性位置"了。简单说来，它就是"强手"所持股票与"弱手"所持股票的比率。当"强手"所持股票比例高得反常时，就可以称为"技术性位置强"。当股票离开"强手"，逐渐转入保证金交易者的账户时，市场的技术性位置就被削弱了。

钢铁公司的股东

虽然大量关于股市的统计数据正把股市研究者弄得晕头转向，但能拥有这些数据，我们还是很庆幸的。但不幸的是，现在还没有关于保证金和现金购买股票的统计数字。假设要找一个替代品的话，那最好就是美国钢铁公司普通股由经纪人持有的股东数量以及百分比。这些统计数字每个季度都会发布在《华尔街日报》钢铁公司专栏的开头部分。

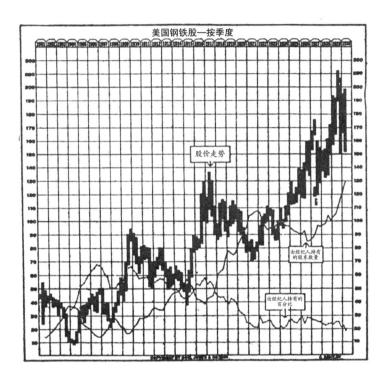

上面的这张图告诉了我们一些有趣的事实。其中之一就是，在近30年里，现金交易者的人数在股市下跌时超高，而在股市上涨时却很少。实际上，经纪人手中持有的普通股代表了保证金账户的股票，也就是"弱手"手中的股票。我们可以清楚地看到，这一数字在股市价格上涨时趋向增加，在股市下跌时趋向减少。1926—1929年的牛市中，普通股股东数量的增长，也许是因为人们已经开始逐渐接受把普通股作为长期投资工具的这一理念。市场下跌时，这些现金交易者可以更加自由地买进。这一点在1929—1930年熊市的前9个月中表现得尤其明显，在这一期间，普通股股票持有人的增长量几乎等于之前27个月增长量的总和。

检查钢铁公司的记录后，我们发现并没有什么经验法则可以用来评估股票市场在某段时间内技术性位置的强弱状况。但我们可以从中得出一个关于熊市的定义，那就是股票从弱手转移到强手的时期，并验证了之前提到的一种猜测，那就是从长远看来，许多小的现金购买者比少数大的信贷买家更强有力。以上这些结论的确有用，但也没有为成千上万的股民们苦苦追寻的问题提供现成的答案。

经纪人贷款和技术性力量

另外一个用数学指标表现市场状况的方法就是近年来发布的经纪人贷款数字。联邦储备委员会每周都要汇编并发布纽约的各大银行向经纪人和证券经销商们发放的针对股票和债券的抵押贷款的总数额。这其中不仅包括给地方投资银行的贷款，也包含给经纪人的贷款，但不包括经纪人从纽约各大银行以外的渠道获取的贷款。尽管如此，这一数字还是可以大致显示出"弱手"所使用的信贷金额的情况。这一数字每周四下午晚些时候都会公布，提供截止到前一天结束营业时经纪人贷款的数额。

如果可以把经纪人贷款数额作为保证金交易者融资余额的一个大致估值，那么接下来，经纪人贷款数额的增长率或者降低率就可以粗略地作为一个衡量技术性力量下降或者上扬的指数。如果经纪人贷款数额的增长速度比股票价值的的增长速度快，那就强烈预示着市场的技术性位置遭受到了损害。1929年9—10月，股票市场的平均指数没有怎么上涨，然而经纪人贷款数额却增长了几亿美元，这是一个非常危险的信号，当时有一些评论家也注意到了这一点。相反，从1929年11月中旬到圣诞节前夜，经纪人贷款总额持续缩水，总计跌幅超过8亿美元。这一数字，本应该说服最胆小的人，让他们相信从大崩盘的低位至1929年圣诞节期间的反弹，仅仅是后续大幅上涨的序曲。

真正危险来临时的信号

在公布经纪人贷款数额的这为数不多的几年时间里，经纪人贷款急剧增长，其间经纪人贷款增长率远远超出股市涨幅的情况发生过4次。每次出现这种情况之后的60天内，股市都会暴跌。1928年的6月和12月，1929年10—11月，以及1930年5—6月，这几个时间段内都出现了这种经纪人贷款迅速上升之后，股市在6周内跌幅超过10个百分点的情况。更值得注意的是，1929年1月，经纪人贷款迅速增长之后，股票价格也出现了同等增幅的增长。因此，依赖这一指数的证券交易者在当时并没有卖掉股票，而当时绝大多数的预测工具都明确且过早地预告了熊市。这一指数存在还不足5年，没有足够的记录显示其价值如何。尽管如此，逻辑推理和实际经验都告诉我们，在6周或者不到6周的时间内，如果经纪人贷款增长幅度大于或等于10%，但主要的活跃股票没有发生同等幅度增长的话，那么真正的危险已经不远了。

成千上万的证券交易者们都相信，主要的股票在几天或者几周内的活动与交易量之间存在某种关系，这种关系具有重要的预测价值。还有一些人则期待从交易规模、交易量，以及波动方向中寻找到关于股票未来走势的线索。当然，这种想法的逻辑基础是，股票是唯一一种所有交易都有公开记录的交易工具。如果存在一份关于可可豆销售时间、销售额和销售价格的详细交易记录，即使没有买卖双方的身份信息，对可可豆感兴趣的进口商来说，它也是非常有价值的，但这样的交易记录并不存在。而对"通用汽车"股票感兴趣的证券交易者来说，获得这样的交易记录并不困难。

联合操纵进行式

一位持有"通用汽车"股票的交易者通过证券行情收报机，不但能清楚地看到他账户下的纸面利润或亏损是多少，还可以看到对该股票进行联合操纵的所有买卖记录，这些记录中也混杂了成百上千条与联合操纵无关的个体交易者和投资者的交易记录。当然，在任何特定时间，都不能确认对某只股票的联合操纵是否正在进行。证券交易者们普遍认为，"股票不是涨上去的，是被炒上去的"。这种愤世嫉俗的观点也导致来往于经纪人行情室的交易者们经常怀疑任何活跃的股票都存在联合操纵行为。假设联合操纵确实存在，或者是在市场中存在多种力量的合力，足以强大到产生大规模的市场波动，那什么样的市场行为能够提示我们出现了这种操纵，或者这种力量何时会出现呢？

笃信上面这种观点的交易者常常会是一个读图者。制作这样的图表很简单，每天每只股票只需半分多钟。在图表的主体部分中，纵轴表示股票每天的价格波动。在该图的底部，一条纵向的曲线表示成交量（通常将周六的成交量乘以2，以保持记录的连贯性），横轴表示时间。看这种图表，绘图者只需要瞄一眼，就可以知道某天内他最喜欢的股票价格的最高点和最低点，例如，高点是80.25点，低点是79点，成交量是14,000股，第二天，股价略高于前一日，价格范围是从81.5点到79.75点，成交量为18,500股，等等。

如何读走势图

在这个交易者读一张走势图时，会急切地想要找到"吸筹"和"派筹"的迹象。他也许会发现，在三四天的时间或是几周时间内，股票价格都在一个相对较小的范围内波动。不断减少的交易量表明，联合操纵在不大幅提高购买价格时，他们已经越来越难吸筹更多的股票。股价突然上涨，超出之前交易价格范围的上限，并且其交易量开始不断增加，这就意味着联合操纵已经完成了吸筹阶段，并试图将股票价格推向更高的水平。如果我们进一步假设接下来的联合操纵管理得当、操作及时，那些忠实的跟随者就可以购买该只股票，并从中获利了。

现在让我们重新回到"特定市场的走向是由联合操纵造成的"这一假设上来，如果股价急剧上涨后出现了一段时间的小范围波动，这可能预示着联合操纵正在遭遇投资者大量的抛售，使得操纵者无法继续推高股价。如果现在联合操纵者开始抛售，那么该股可能会放量跌破之前交易价格区间的下限。这种价格行为在读图者看来，就会预示着股价大幅度的下跌。

走势图分析案例

我们可以通过雷明顿·兰德公司在1929年上半年的表现，来了解如何读走势图。那段时间里，雷明顿·兰德公司普通股的价格一直在28—

35.75美元之间波动。我们可以看到，该股在5月涨至35.25美元，并且每日的成交量都很高。随后回落到28.125点，每日成交量骤减。6月中旬，该股股价再次上涨至35.375点，每日成交量也大幅度提高。在6月的最后9个交易日中，该股的售价在33.375—35.5美元之间。7月1日，更大的成交量推动股价上涨至超过了之前全年的最高水平。在此期间，一位之前一直研究该股的交易者出手大量买进。凭借对走势图的正确解读，他在一个月的时间内就收获了35%的资本回报。

雷明顿·兰德公司

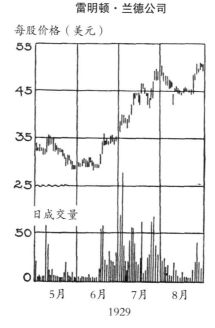

1929年春，雷明顿·兰德公司以普通股35美元的股价到达了所谓的"阻力位"。在2月和5月，股价两次超过35点，但始终没有达到36点。从读图者的角度来看，7月1日，该股股价能够超过36点，绝对是一次关于牛市的预告。1930年初期，博登公司股票的走势图也出现了类似的阻力

位。在大恐慌后的首次反弹中，博登公司的股票价格在12月达到了72.75
美元，然后又跌回刚过60美元的水平，并在60美元到68美元之间徘徊了
两个月。快到2月底时，该股突然涨到70.5美元，在两天时间内，以高额
成交量上涨了6.5个点。从读图者的角度看来，在接下来价格下跌的几天
中，交易量急剧下跌，形成了牛市态势。如果这位读图者还为72.75美元
的阻力位所烦恼，那么他只需等上几天，这一情况就会自动消除。令人
好奇的是，利好的年度报告发布后，仅三天时间，阻力位就过去了。自
此，该股开启了一次几乎无间断的飙升，直到三个月后，股价已经达到
了90.375美元。这一表现与前几章提到的美国罐头公司股票的表现形成
了鲜明对比，这也表明华尔街确实存在很多看起来前后矛盾的现象。

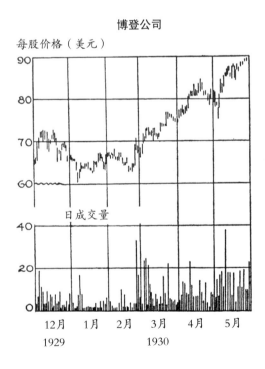

博登公司

　　1930年春天，联合碳化公司股票的走势图就是这样一个表现反常的例证。在3月下旬，该股在恐慌期过后迅速回升至106.375美元。在随后的15个交易日中，该股三次超过105美元，但再没能触及106美元的高峰。同时，在此期间，该股价格也没有回落到101美元。在这段时间的后半段，成交量还显著上升。这种不祥之兆之后紧跟着一次更为惨烈的下跌。4月21日，该股跌破票面价值。随后，在几乎没有中断的情况下，该股又直线暴跌了40个点。

联合碳化公司

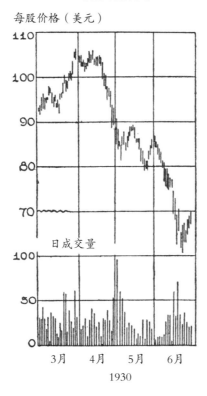

走势图的局限性

文到此处，持怀疑态度的读者可能会问，以上例证是否是经过精挑细选的，是否只是事后诸葛，而并非先见之明，这种怀疑在很大程度上是正确的。关于技术性位置，走势图往往不能给出像以上例证中那么清楚的指示。此外，对于那些通常日成交量不足几千股的股票来说，这种走势图毫无意义。而且这种走势图只限于短期交易，使其实用性进一步被削弱。如果一位交易者，按照走势图中的指示购买了股票，等股票上涨了10%或者更多后还犹豫不决，那么他因为想长线持有而遭受的损失与这个走势图就无关了。当交易者在将该走势图的理论应用到单只股票时，如果分析得出的结论与该股票的内在价值及股票的发展趋势都相吻合的话，那么他会自然而然地更加有安全感。

让我们转向更为广阔的领域，思考一下，根据当前市场的变动可以预测出总体市场的走势吗？事实上，想找到联合操纵的痕迹是不可能的。没有那个庄家能够强大到独自一人就能左右整个股市的走向。我们要寻找的不是庄家，而是大众对股票的偏好，以及上文中提到的勇气指数。市场行为能否揭示这一指数的状态？

再谈道氏理论

这一问题的答案有很多，首先可以在道氏理论中找到。如果两个平均指数，铁路股平均指数和工业股平均指数（或者是公共事业股和工业股）都打破了范围较小的交易价格区间，那么就暗示着下一步大的波动非常有可能发生。牛市高点不太可能是平顶，那些在1929年秋天一直等到平均指数跌破其8月低点的交易者，都错过了大部分股价高峰。虽然如此，他也避免了一大部分下跌。1930年6月前夕，股市回落，道氏理论表现得更加出色。6月的第一周，两个平均指数都跌破了5月底形成的交易价格底线。因此，在一次急剧的下跌前做出了准确的预测。一年以前，两个平均指数仅在一次小小的回落后，都轻松突破了5月下跌以来的第一个反弹点。这一表现正确地预示了1929年5月股价的下跌，并不是像很多经济基本面研究者认为的那样是熊市的开端，而仅仅是牛市的一次回落罢了。

抛售高峰

成交量和价格走势之间的关系是研究技术指标的人应该关注的另一个话题。1929年9月，成交量在股市回落期间呈现增长趋势，这是当时股市不利的一个外在表现。这一趋势绝不能与股市暴跌后的"抛售高峰"或"清仓日"混为一谈。在长期的价格下跌之后，如果某天出现了大额的成交量以及严重的疲软，通常都标志着市场的低点。这种情形出现之后，通常就是至少要持续两到三天的强烈反弹。在1929年的恐慌期中，当股市处于超卖时，这样的小插曲就重复了很多次。

热衷于读走势图的证券交易者们将很多注意力都放在那些主要的活跃股票上，像美国罐头产品公司、通用电气、通用汽车、美国钢铁等等。如果将此类股票组成一组，其中大多数都能显示出其能突破阻力位，或者不能突破阻力位的话，这些方向性指示情况对于大盘走势来说就是非常重要的，这也是道氏理论的一项重要修订内容。

是艺术，而非科学

技术因素不能被简化成任何一套简单的规则。与投机学大多数分支相比，对市场行为的解读更像是一门艺术，而不是一门科学。通常来说，技术因素的研究者主要对短期波动感兴趣，即使是只关心长线操作的交易者，为了盈利，也可以考虑技术因素。否则的话，他就只能依靠经济和货币市场的基本事实作为买卖股票的指导。长期来看，具备准确解读这些事实并从中得出正确结论的能力将会带来优厚的收益。如果还具备了掌握技术分析的能力，即使是长线交易者，他获得的收益也会大大增长。

第九章　卖空

卖空通常是一种"专业"的交易——股票缺乏与资金充足——卖空对于有序市场来说非常重要——卖空者不会损害多头——卖空很少会导致囤积（囤积是卖空很小的风险）——普通交易者很少能通过卖空获利

在华尔街流传着这样一句话，"如果你卖的不是自己的东西，就必须卖得好，否则会坐牢。"业余的投机者听闻此话之后，经常会打消卖空的想法。然而，投机者还是很有必要理解卖空的机制、经济意义，以及卖空的道德规范的。

普通的交易者一般都是多头。人类的自然本性更喜欢乐观主义，而不是悲观主义。财富的获取通常是通过价值的升值，而非破坏。华尔街上的人们总是将财富的获得与市场的上涨相关联，而将失败、破产、萧条、恐慌与市场的下跌联系在一起。熊市并不受欢迎，但是卖空与前几年相比，却变得越来越司空见惯。仅仅在前几年，卖空还是基本上只限专业交易者操作。普通大众要想留在市场，就必须做多头。

理论上来讲，卖空交易本身并没有什么神秘的。用保证金购买股票的交易者，股票充足而资金较少。他欠经纪人钱，经纪人欠他股票。如果他卖掉不属于他的股票，那么他就会有充足的钱，但是股票很少。那么就变成经纪人欠他钱，而他欠经纪人股票。卖空就是这么简单，没有什么复杂的操作。

交割规则

卖空交易的复杂性集中体现在纽约证券交易所的交割规则上。在交易大厅签订的常规合同，通常要求卖家在第二天下午2点15分之前交付股票。当然，合同也有以现金交割，也就是当日交割的，或者是延迟交割，"卖方7日"，意思是交割将在7天内完成。交割规则的重要性，早在1901年著名的"北太平洋囤积"事件中就得以展现。套利交易者在伦敦购买了股票，然后到纽约证券交易所交易大厅卖出。即使他们在伦敦购买的证券可能当时就在寄往纽约的途中，但为了履行合约，他们还是被迫需要现金交割，为此付出了极高的代价。

经纪人的权力

显而易见，那些卖出不属于自己的股票，并且期待能在晚些时候以更低的价格回购的交易商，并没有实物股票进行常规的交割。当然，他可以按照"卖方三十天"的规则卖出股票，其卖出的价格可能低于按常规交割的股票交易价格，并且希望能够在一个月内以常规的方式购买该股，但这会是一个繁琐的过程。为了避免这种过程，股票短缺的交易者会去借用股票，以保证可以按照常规的方式完成交割。他经纪人的保险箱里可能会存有做多头的保证金客户账户下的这种股票，或者他的经纪人可以从另外一位经纪人那里借到这种股票。在以上任何一种选择中，借出股票的经纪人都没有必要向客户解释这些股票事实上到底属于谁的账户。在开设账户时，保证金交易者与他的经纪人签订的合同赋予了经纪人很多权力，其中就包括经纪人有权借出其账户中的股票。

一家纽约证券交易所成员公司在与客户签署协议时，大多数都会规定这么一条：

"……本人所有的证券，除了代为保管的以外，从现在或即日起，归贵公司所有，归贵公司支配，本人在贵公司账户上的所有余额，随时都可作为本人所欠贵公司债务的担保；任何股票都可由贵公司从事借贷、单独或与任何其他证券一起对外抵押，支付与本人欠贵公司债务无关的费用，且无需通知本人；如果所有本人欠贵公司的债务以及本人账户所承担的责任，不能达到贵公司满意的安全程度，贵公司可在不通知本人的情况下，随时在任何交易所出售，贵公司也可公开或私人地销售任何或者所有贵公司所持有的股票，并且购入证券以偿还本人账户所有的卖空……"

在和客户签订了这样一个无所不包的合同之后，经纪人就可以随时将客户多头账户下的股票借给卖空的客户，或者其他经纪人。假设约翰·史密斯是"亚当斯&杰斐逊公司"的客户，他持有100股"美国钢铁公司"的普通股。现在，假设亨利·琼斯认为该股的价格现在过高，所以他给"亚当斯&杰斐逊公司"下单卖空这只股票。经纪人此时就将约翰·史密斯的股票交给执行亨利·琼斯卖空该股票的经纪人。这样，这笔交易就按照证券交易所的规定进行了常规的交割。

卖空的核算

如果"亚当斯&杰斐逊"公司的客户的账户下都没有这种股票，不能用于为另一位卖空的客户进行交割，那么此时就有必要从其他经纪人那里借用股票了。当然这种情况基本不可能发生在诸如"美国钢铁公司"普通股这种流行股票上。借出股票的经纪人在交付股票后，有权收到一张接近该股最新整点股价等同价值的支票。借入股票的经纪人所持现金的数量将随着股票价格的波动而每天做出相应的调整。由于股票的借出者也是通过融资购买股票的人，他要支付借贷利息。对于那些供应充足的股票，股票的借出者需支付的利率接近规定的活期贷款利率。如果某种股票有些难借到，那么这个利率就更低些。如果某种股票非常难借到，那么他的融资可能就是"无息的"。在这种情况下，股票的借出者就不用对他收到的钱支付利息了。在极端情况下，除了可以使用与股票等值的资金外，股票的借出者甚至还可以收取一笔额外的费用。例如，在我写下这些文字的当天，"美国羊毛制品公司"优先股的借出者就可以得到每股每天$1/_{64}$美元的额外报酬。因此，100股"美国羊毛制品公司"优先股的卖空交易者，除了要无偿提供等同于股票价值的资金外，还需要为借入股票每天支付1.5625美元。最终，股票的借入者还必须向借出者支付所有股票借出期间内的全部应计股利。

卖空的作用

做空有什么价值呢？这是一个很大的问题，足够写一篇完整的论文了。但我们完全可以说，投机在保证证券和商品有序、便利地交易这一方面发挥了重要作用。现在，我们就来谈谈做空这一投机行为的作用。

遥远的客户

如果某种卖出股票的行为不是普通意义上的投机行为，就经常会用到卖空的机制，也许这种行为只是操作层面上的卖空罢了。假设某位在欧洲旅行的投资者，或者居住在佛罗里达州或者得克萨斯州或者加利福尼亚州的投资者，决定卖掉一些他持有的"艾奇逊"铁路股票，他会向在纽约的经纪人发送一份电报来下单。经纪人当天会卖掉股票，按照合同规定，他必须在第二天下午2点15分前完成交割；但他的客户可能一个星期或者一个月后才能把证券寄给他。而经纪人自己也缺少这种股票，于是他会借用其他人的股票完成交割，正如当他的客户是一个卖空投机者经纪人所会做的一样。他借贷该种股票的需求会产生与卖空同样的效果。市场中大部分卖空股票都属于这一类型。

再比如，一家上市公司的重要股东想要抛售他持有的部分股票。如果他卖掉了股票，并把自己的股票交割出去，那么关于"内部人士抛售股票"的消息就会重挫甚至毁掉这只股票的市场。为了避免这种情况的发生，他指示他的经纪人按照交割的需要去借股票，并等到他的抛售完成后再把他自己的股票提供给经纪人。在以上两个例子中，股票的持有者在卖出股票时，既不是投机者，也不是卖空者，尽管经纪人借入股票，并要持续很长一段时间。

零股市场的本质

现在，让我们来讨论一下百分百真正意义上的卖空，即当事人在卖出股票时并不拥有股票，并且他卖出股票的动机是期待不久之后可以用更低的价格购得。正如其他正在交易中的业务一样，大部分已有的以及那些蒸蒸日上的投资业务之所以能够在纽约证券交易所的大厅里生存，都是因为存在这样一批纯粹的卖空者。零股订单（不足100股）之所以能够以略高于最近一次整数股的售价立即执行订单，就是因为零股经纪人随时准备好了进行卖空。如果有需要的话，他们还可以以高于整数股市价$1/_8$的价格卖空任何主要的活跃股票的零股。而对于市场中的其他股票，卖空的价格要比市场价高出更多。零股经纪人通过以低于市价同等比例的价格购买当期零股，并在必要时以市价购买整数股，以此来平衡卖空。

维持有序市场

卖空的另外一个作用就是通过稳定股票价格来维持股市持续的流通性。股市中存在这样一批机警的场内交易人，他们对任何临时性的供需矛盾都保持警惕，当一些他们盯上的股票价格小幅上涨，他们随时准备卖空，并期待获得适当的利润。如果不是因为他们的存在，那些没有抛售订单的股票，即便是一份100股的购买订单，都会让股价毫无根据地上涨。因此，卖空是维持市场秩序的一个重要因素。

在很大程度上，卖空操作者的行为将股市的波动幅度降到了最低。当牛市接近尾声时，投资者会完全不顾股票的价值，疯狂地将股价推到令人头晕目眩的高度。此时，卖空可以让市场冷静下来，暴露其弱点，并及时向投资者发出警告。当市场走向另一个极端时，消极情绪四处蔓延，胆小的投资者因为担心价格会更低而延期购买股票，这时，卖空操作者如果能保持自信，购买股票，并完成合同责任，这种行为透露的信号就会成为有力的，有时候甚至是唯一的稳定性因素。

场外交易股票的难题

通过将上市交易股票市场与非上市交易股票市场做对比，我们可以更加清楚地看到卖空的作用。1925年12月，众所周知，在南明尼苏达股份制地产银行的账面上，拖欠贷款所占比重过大，而且由于还款违约，银行还失去了赎回抵押品的权利。这家银行是股份制地产银行中最大的银行之一，它的股票在几个月之前还被作为高等级证券出售给投资者。股份制地产银行作为一个单独类别的出现时间还不足十年，而引起投资公众注意的时间也只有短短两年的时间。因而，对相关投资者来说，这一新闻无疑是一记沉重的打击。然而，在1925年秋天，股份制地产银行股票的出价购买量要比该类股票的市场供应量多出很多，所以造成了其价格的上涨。现在情况逆转了。新的投资者已经对股份制地产银行的股票失去了信心，显然不会急于增持这种股票。在这种已经混乱的状态下，投资公司的销售无法找到该股票的新买主，而投资公司自己显然也不会抽出资金来回购他们已经售出的股票。因而，已经没有人出价购买这种股票了。事实情况是，在1925到1926年的冬天，曾经有过数周的时间，无论是多低的价格都卖不出股份制地产银行股票。而这绝不是场外交易者在非上市证券市场中遇到困难的唯一例证。

在1925年到1926年的那个秋冬，如果股份制地产银行股票可以卖空，那么它会对市场造成怎样的影响呢？当第一次发现不利的发展趋势时，那些利益相关者会毫不犹豫地卖掉股票，甚至还会卖空这种股票。当不利的消息传到普通公众那里时，由于进一步卖空的推波助澜，股票价格十之八九会发生骤降，正如事实上真正发生的一样。然而，随着股价的持续下跌，卖空的交易者们将会产生很大的动机，想要去赚取利润。而他们只有买进股票才能赚取利润。因此，股市上总会有购买股票的订单，真正的投资人也从不会陷入完全不能抛售持有股票的窘境。

恐慌期中的空头

如果说1929年的股市大恐慌能提供一点教训的话，那就是大家不应该抱怨纽约证券交易所盛行的卖空交易太多，而是应该抱怨当时的卖空交易太少。当时，关于大规模卖空操作的传言流传广泛，并最终引发纽约证券交易的调查。纽约证券交易所向所有成员公司展开了调查。问卷调查表的结果显示，11月12日，借入股票的总额只有所有上市股票价值1%的$1/8$。痛苦的牛市也许正在期待着更加凶猛的卖空交易。很明显，是牛市而非熊市导致了这场恐慌。

关于卖空的道德问题

有时，股市评论员会谴责卖空是不道德的，这其中甚至包括了一些熟知卖空机制的人。这些人认为，从道德上来讲，没有人有权卖出别人的财产。当然，这种论调忽视了这样一个事实，那就是卖空者事实上并没有卖出别人的财产。他们只是签订了一个合同，约定将来交割一定数量的某种股票，因而为了履行合同，他必须在未来某一天购买同等数目的股票。按照正常的商业流程，即使制造钢轨所用的铁矿石还没有从地下开采出来，一家钢铁公司也可能签订合同，并在数月之后交付一定吨位的钢轨。没有人会认为这家钢铁公司是不道德的，也没有人会讲这是卖空行为。认为卖空行为不道德的人们，只是被华尔街的术语所迷惑罢了，华尔街把未来交割证券的合同称之为"卖空"。

此外，卖空者未来还有可能购买他人的财产。由于空头交易者的存在，多头交易者的处境变得舒服多了。因为空头交易者总有一天会来找他们，购买他们持有的股票。这比不知道后面有没有客户要好得多。我们必须牢记在心的是，卖空天然是一种不完整的交易。一个人买了股票，他可能半小时之后就把它卖掉，也可能把它锁进保险箱传给他的子孙后代。而卖空者没有这样的选择，他们迟早要补回股票，并且通常都是在相对较短的时间内完成。理论上讲，卖空者可以对活跃股票维持空头地位好几年。但事实上，卖空者在卖空时都希望可以尽快完成股票流转。一个完整的投机交易会涉及两份合同，一份是接受证券的合同，另一份是交割证券的合同，二者的签订都是建立在两份合同的价格差价会对投机者有利这一预期上的。在这一点上稍加思考就会发现，如果有观点认为先签订哪个合同会涉及到道德问题的话，这是非常荒谬的。

自力更生的抬价

对卖空者充满敌意的批评人士还指责卖空者的行为对多头交易者而言明显是不公平的，因为他们是使用多头的股票进行交割。假设A先生是500股"北美公司"股票的多头保证金交易者。他之所以购买这种股票，是因为他认为该股票会上涨。他购买500股该股这一行为本身也对该股的股价造成了影响，使之呈上涨之势。同一经纪公司的另外一位客户B先生，则看跌"北美公司"股票，并因此卖空500股"北美公司"股票。于是经纪人将A先生的股票交割给购买B先生股票的交易者。当然，正如购买股票会促进股价上涨一样，这笔股票交易将会导致股价下跌。批评卖空的人会抗议说，在这种情况下，卖空已经成为一种暴行。多头交易者用自己的财产购买股票，本可以合理期待因购买而对股价产生影响，进而获利，然而这种影响的可能性却被卖空者给毁了。

在我们假设的例证中，多头交易者已经和他的经纪人正式签订了一份类似于上文中提及的那种授权合同。在此合同的授权下，他的经纪人可以使用他的合法财产，将其借出给别的经纪人。不考虑这个纯粹的法律论据，他有什么合乎情理的抱怨吗？当多头交易者决定卖掉500股"北美公司"的股票时，在其他条件不变的情况下，他卖出股票对股价造成的抑制效果，正好中和了他购买股票产生的刺激效果。另一方面，多头交易者的股票在卖空交易中只是扮演了附属角色，卖空行为对股票的抑制影响与卖空者后期买回股票时所产生的刺激作用也相抵消。因此，我们应该从长远角度看待所有这些影响。卖空者是否在多头交易者卖出股票前补仓，根本没有什么重要的影响，反之亦然。

稍加思索，我们就会清楚地发现，在任何情况下，交易者都不可能只靠买进股票就赚到钱。如果他的钱包够鼓，那么他可以通过买进股票将价格推高。然而，这也不过是依靠自己的努力来提升自己的财产。而当他卖出股票时，如果没有比他自己的买进更重要的原因来促进股票价格上涨的话，那么股价的下跌幅度会与买进时的上涨幅度一样，而且他还要支付佣金。只有在他买进和卖出的间隔过程中，把其他购买者吸引过来，并且流通供给量大大减少，且减少量远远超出他的买入量时，他才能够赚钱。认识到这一原则后，我们就很容易理解，为什么多头交易者的股票被用于协助卖空，但他自己并没有遭受损失了。

囤积股票的危险性

除了茫然地惧怕卖空交易存在什么不道德的问题以外，很多交易者都因惧怕发生囤积而不敢卖空股票。在华尔街的历史上，曾经发生过几次囤积事件，卖空的交易者纷纷走向破产。这些足以使普通的交易者对卖空望而却步。当股票买家将股票从市场中拿走，减少流通供给，以至于没有足够的股票可以借给卖空交易者时，囤积就发生了。当发生囤积时，卖空者可能会将股价推至极高的水平，从而买到股票，以便履行他们的合约。著名的北太平洋囤积事件，就是两位铁路业界巨头——希尔和哈里曼争夺铁路控制权的斗争结果。他们中一个人获取了大部分的普通股，而另一个人则获得了包括优先股在内的大部分股票。他们的对抗最终达成了妥协，但对于卖空的投机者而言于事无补。因为当价格开始飞涨，超过其本身价值之后，无论价格高低，卖空者都必须买回股票，但此时他们发现已经买不到股票了。当然，这种斗争是几十年也见不到一次的。

注定失败的囤积

当一只股票大量集中到少数人手中时，通过操纵，就可能产生股票囤积。几年前，有一家在纽约证券交易所上市的连锁百货公司的经理想要给华尔街上一课。这家公司中等规模，股票发行量小，并且没有被广泛持有，当这家公司的股票价格达到高于公司资产或者盈利的水平时，自然会有大批的股票卖出。我们的这位经理决定"封杀"空头。他拒绝借出自己的股票，并且买进市场上所有的股票，将流通供给量减少到几乎为零，显然他想迫使那些不能交割股票的交易者进行清算。然而，他这样做的同时，并没有考虑到纽约证券交易所董事会的强大能力。纽约证券交易所制定股票交易规则的初衷就是为了保持市场的自由与开放，而不是促进垄断。当全部股票集中在少数几个人手中时，自由市场已经不复存在，暂停股票交易势在必行。之后，通过协商，合理的结算价格被制定出来。因此，这位金融界的假"拿破仑"，发现自己以比内在价值高出很高的价格购买了自己公司的大部分股票。他亲手将自己的股票关在了世界上最大的股票市场大门之外。不久之后，他被迫向公众寻求金融支持，而此时的华尔街早就把他淡忘了。

金融自杀

囤积股票的行为显然会破坏该股票的市场秩序。股票经过了几年时间才得以分散在投资者手中，而现在却集中在了少数操纵者手中，打破了原有的格局。为了挤压空头，并迫使他们无法履行合约，操纵者必须在公开市场中以远高于股票真正价值的价格购买数千股股票。这种近乎疯狂的螺旋式上涨的价格把市场对该股票的投资信心击得粉碎。该股票可能已经从证券交易所的列表中删除，并且现在已经没有人愿意出价购买该股票。发动一场股票囤积相当于一次神经错乱的行为，事实上等同于金融自杀。每个明智的投机者都明白这个道理，因而这种事件很长一段时间才发生一次。

卖空需要勇气

尽管股票囤积事件发生的概率很小，但事实上还是有可能发生的。股票的上涨空间是无限的，但下跌到极限就需要退市，这使得从事卖空的交易通常不适合长线操作。在面对股市的上行趋势时，即使某只股票的价值被明显高估，投资者也还需要很大的勇气来保持这只股票的空头头寸。在上一章中，我们已经提到了发生在1924—1925年牛市末期德沃&雷诺兹A股联合操纵的惨烈崩盘事件，当时这一股票几乎是直线下跌，从105美元暴跌至35美元。有些精明的交易者在该股上涨时期的末期卖空，但没有从下跌中获利。这种没有基础的股票价格持续坚挺，会不可避免地让人们推测有人可能在囤积股票，或是怀疑某些人为了谋求控制权而吸筹股票。"行情纸带讲述了故事"，卖空的交易者可能会这么告诉自己，然后以几个点的损失补仓。然而事实上，行情纸带没有讲述什么故事，只是讲述了人类所做的一件荒唐事而已。

长线空头交易者无法盈利

长线空头交易者无法盈利还存在其他的原因，牛市的时间几乎总比熊市的时间长。因此，买卖"平均指数"或者其他特定股票组合的交易者，有更多时间来决定建仓，也拥有更多的机会，在即使误判牛市结束点的情况下，仍然可以赚到钱。因此，对于长线交易者来说，单就时间这一因素而言，牛市提供了更多可靠的盈利机遇。而长线空头交易者则要一直与股票价值长期上涨的趋势做斗争，成功的几率就远小于做多头的交易者。

卖空在市场投机行为中拥有合法的地位。然而，精明的交易者进行卖空的次数，要远小于他们购买股票的次数。因为他们的经历告诉他们，在人性的驱使下，很少有人长期卖空并且保持冷静。在选择卖空对象时，不仅要保证股价已经被明显高估，并且还要确定补回股票时不会存在困难，否则将无法完成交割。这就意味着他只能选择华尔街上那些资底雄厚、供应充足的股票。如果业余交易者最终决定自己不卖空，而将卖空留给那些专业的投机交易者的话，这很有可能是一个让他获得利润的决定。

第十章　什么是牛市

　　每只股票都有自己的波动轨迹——平均指数只能说明部分问题——股票通常以群组方式波动——氛围对股市的重要性——管理这一重要因素——管理适用于单个公司，而不是全行业——钢铁股的波动也不尽相同

　　在股票市场的各类数据中，股票平均指数是最有用的，也是最危险的。说它最有用，是指它能最准确地反映股市的总体走势；说它最危险，是指它最容易迷惑股票交易者，让他们忘记了利润取决于其所持个股的波动趋势。用于计算道琼斯工业平均指数的30只股票，就可以很好地反映股票市场的总体趋势，虽然只选取了30只，但其效果就如同选取50只或者100只股票一样好。对于这一事实的实证需要许多繁琐枯燥的计算，但也有人已经做过了。要得知这一平均指数作为市场波动标准的可靠性，还可以通过另一种方式进行测试，那就是判断一下有多少只股票的波动与该平均指数反映的总体趋势相反。例如，当工业股平均指数明显处于

低点时，有多少只工业股的股价比平均指数出现前一次高峰时的价格还要高。按照这种方式，对多次明显的股市波动进行测试，股市研究者就会发现，在其中任何一种情况下，都只有少数的个股波动与总趋势方向相反。

70只股票的波动情况

事实上，当平均指数处于低位时，绝大多数股票的价格也不高，都比当平均指数位于高位时的价格低。而这一事实具有一定的迷惑性，很容易让人忽视另一个事实，那就是每只股票的波动情况都存在非常大的差异。1921年是令人瞩目的一年，这一年是一个巨大熊市的最低点。下图显示的就是1921年70只工业公司普通股浮动情况的调查结果，这70只股票是从纽约证券交易所中所有名称以A、B、C、D、E、F开头的工业公司普通股中随机选取的。该图显示了这70只股票在1921年的每个月中，达到了其全年股价最高值的股票数量，以及达到了全年股价最低值的股票数量。1月，有24只股票的股价达到了全年最高点，而9只股票的股价则降到了当年的最低点。在下图就显示为，横轴以上垂直于水平线上方的矩形显示有24个单位，横轴以下矩形有9个单位。这一年中，有两个月没有一只股票创下其当年股价的最低记录，有四个月没有一只股票创下当年的股价最高记录。

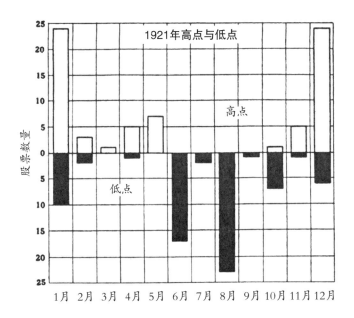

高位与低位图

显而易见，上述图表中反映的情况与道琼斯工业平均指数的波动是一致的。该指数恰恰是在8月份触底的。1月，当24只股票创下年度最高股价时，股市正开始走下坡路。而到这一年年底的时候，股市又进入了1921—1923年牛市的初始阶段。该图中8月的数字准确地描述出了熊市已触底，当时70只股票中有23只都创造了年度股价的最低记录，并且没有一只股票达到其全年股价的最高点。

更有趣的是，如果我们将这些股票分组，并计算其平均指数，就会发现其中的差异性。在这70只股票中，有11只股票在当年的第一季度中就创下了全年股价的最高记录，并在大盘转向后开始持续下跌，直到最后三个月才跌至全年最低点。相反，有13只股票在4月份甚至更早的时候，先于大盘之前跌至全年的最低价，而当大盘还在下行时就已经开始了反弹。这13只股票的股价在当年最后一个季度中，创造了它们的全年最高点。两个相关的组合列表如下：

第一季度达到最高点、 最后一季度达到最低点的股票	第一季度达到最低点、 最后一季度达到最高点的股票
高级—鲁美利	美国印钞公司
阿贾克斯橡胶	美国冰业
美国糖业	美国散热器
美国树胶	美国鼻烟
美国炼糖	美国电话电报
资产实现	美国羊毛公司
大西洋水果	联合纺织品
美国苏门答腊烟草	布鲁克林联合煤气
古巴蔗糖	巴塔力克
古巴-美国糖业	加利福尼亚宠物
艾默生-布兰亭瀚	可口可乐公司
	纽约天然气公司
	恩迪科特-约翰逊

投机性股票与投资性股票

对上述两个列表进行对比分析，我们可以得到更多具有指导性的结论。第一栏中，大多数股票都具有高度的投机性。其中，只有3只股票是以股利为基础的，而且后来都削减了，甚至不发放股利。第一栏中有5家公司后来经历了自愿或者非自愿的重组。这一栏中的很多只股票在

1923—1926年的牛市顶点时的股价，还低于其在1921年熊市中的最高股价。相反，第二栏中的股票显然是一组投资性的股票。1921年，这些股票中只有一只股票不以股利为基础。在1921至1923年和1923年至1926年的牛市中，这些股票的涨幅都令人瞩目，鲜有例外。

从这些例证中，我们可以得出以下试验性的结论：投资性股票在熊市中倾向于更早触底，其获取利润的概率比那些投机性更强、低价格、无股利的股票更高，而且从总体上看，投资性股票提供的利润更为丰厚。这一结论可以通过更为详尽的计算分析来支持，在此就不予赘述。

各不相同的波动趋势

从上图所含的数据中，我们可以得出一个更为重要的结论：个股的波动曲线大不相同。"高级—鲁美利"从1月19.75点的高位跌至12月10.125点的低位。在同一期间内，"美国冰业"从42点的低位涨至83.5点的高位。至于以往的两个投资热点——"美国炼糖"与"美国电信"，前者从1月96点的高位跌至10月47.625点的低位，后者则从1月的95.75点涨至10月的119.5点。类似的例子举不胜举，这些例子已经足以说明，对股市总体趋势的正确判断还不足以使交易者从这些股票中赚钱。那些认为熊市还未触底而拒绝在1月份购买"美国冰业"或者"美国电信"的交易者，在等待中失去了赚钱的良机。同样，如果交易者在8月份购买了"高级—鲁美利"或者"美国糖业"，而不是其他更好的股票的话，那么对股市总体趋势的正确判断几乎也毫无用处。

群组波动

如果我们对以上70只股票在1921年的表现进行进一步研究，就可以发现另外一种解决投机盈利问题的方法。大家可能注意到，那些在第一季度达到全年最高点，并在最后一季度达到全年最低点的11只股票中，有4只是糖业股票。另一方面，在那组走势相反的13只股票中，没有一只股票是糖业股票，这绝非偶然。它暗示我们，对某一行业的预期是投机者要考虑的重要因素。对于食糖行业来说，1921年是价格严重下跌的一年。古巴原糖一度跌至每磅2美分的低位，与之形成鲜明对比的是1920年的价格为每磅20美分。随着原糖价格的下跌，炼糖厂也不可能盈利。炼糖厂的利润率降到了最低，精炼糖的价格也很快随之降到了原糖的价格。如果在购入原糖到精炼糖上市的这段时间内，原糖价格持续下跌，哪怕只下降0.125美分，那么造成的损失也是巨大的。而且，当原糖价格只有每磅2美分时，这个世界上没有哪个原糖生产商还能盈利。因此，由于原糖价格下滑，糖业股票的股价自然下跌。在原糖价格已经明显触底之前，没有哪个糖业股票的持有者敢确定股利的安全，或者甚至连糖业公司能否渡过这次危机也不敢确定。

群组波动的原因

除了糖业公司，其他许多公司也受到类似情况的影响。牛肉和猪肉的市场趋势以同样的方式影响着所有罐头公司的股票走势，而天然橡胶的市场波动会影响所有橡胶制造商的股票。由于距离原料供应地9,000英里，这些制造商手头上必须储存大量的原材料。如果西北地区的费率结构不利，就会削弱当地所有运营中的铁路公司的盈利能力。如果某一年棉铃虫特别猖獗，棉花产量低，那么所有棉纺织品加工厂都会遭受原材料短缺的影响。在很大程度上，股票可以按这种方式，根据影响其行业状态的因素来划分群组。某一特定群组的股票会随着这一影响因素的变化而变化，而不是随着股市总体趋势的变化而波动。

惊人的对比

我们可以举出许许多多的例子来证明，一些特定群组的股票的波动方式可能与股票市场的总趋势完全相反。下图是道琼斯工业股平均指数、两只连锁商店股票的平均指数以及三只化肥公司股票的平均指数。这三种指数的惊人对比明确地显示出，在投机中，不仅需要预测总体的市场趋势，更重要的是进行更为深刻的研究。"伍尔沃斯"和"克瑞斯吉"两只股票的价格平均指数将股利因素考虑在内进行了调整。类似的，"美国农业化工""国际农业公司""弗吉尼亚—加利福尼亚化工"三只股票的价格平均指数在编创时，也将资本重组这一因素考虑在内。

1922年，"弗吉尼亚—加利福尼亚化工"公司进行了资本结构的重组。股票持有者每持有四股普通股，就可以额外获得一股B级普通股。因此，之后在编创该股平均指数时所采用的数值，就是一股普通股的价格加上四分之一股B级普通股的价格。

该图的刻度在技术上被称为对数刻度。这一刻度基于这样一个理论，就上涨幅度而言，从10美元到12美元的上涨，与从100美元到120美元的上涨，其刻度是一样的。这种图表在真实表现大型波动方面具有很大优势。在一般的图表中，两只连锁商店股票的平均指数从1920年128.75点低位上涨到1923年482点高位的波动，会使得另外两个平均指数的变化显得特别小。而通过使用对数刻度，这三种平均指数都可以合理地展现出来。

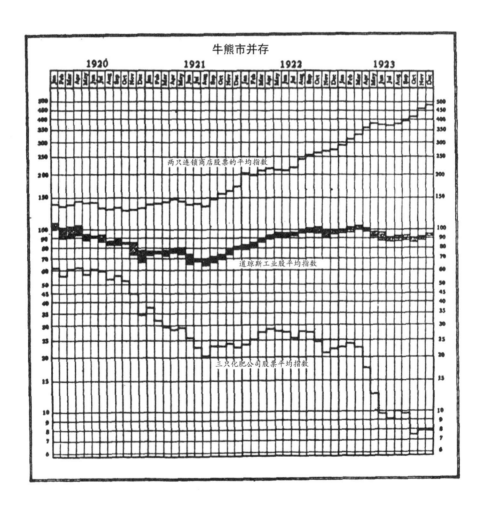

连锁商店股 vs. 化肥股

通过观察以上图表的工业股平均指数，我们可以发现，在该图涵盖的4年时间中，在一次大熊市之后是一次大牛市。然而，在熊市的最低点，连锁商店股票的平均指数只比1920年的高点低5个点。并且在此之后，该指数稳步上涨。而且，它完全无视其他工业股在1923年3月已经到达顶峰的这一事实，继续上涨。到了1923年底，这一连锁商店股票指数的价格已经比3月份的价格水平高出了50%。相反，化肥股在熊市中表现平平，于1921年8月跌至谷底。从1920年初到触底时，三只化肥股已经下跌了大约67%。然而，1922—1923年的牛市期间，它们也几乎完全没有收益。1923年3月，化肥股平均指数只比1921年的低位高出2.125个点。到1923年年底，它们的价格事实上降到了整个四年期间的最低水平。在这四年时间里，连锁商店股独自享受着它们自己的牛市，而化学股却在自己的熊市中苦苦煎熬。

1929年的群组表现

以上图表中关于股票群体波动的例证并不是个例，我们可以看一下1926—1929年牛市中最后12个月的记录。标准统计公司每周按不同的股票群组发布了实用又详尽的股票价格指数，总共包括404只股票，分为46组。在这有史以来最大牛市的最后12个月中，仍有11组股票的价格是下跌的。6个表现最差群组和6个表现最好群组如下图：

群组	1929年8月	1928年8月	变动额	变动百分比
皮革，4只股票	117.4	182.1	−64.7	−35.5
人造纤维，5只股票	127.5	170.1	−42.6	−25.0
化肥，4只股票	92.8	120.3	−27.5	−22.9
羊毛和羊毛制品，4只股票	81.3	96.9	−15.6	−16.1
服装，8只股票	117.9	137.7	−19.8	−14.4
公共事业、公共运输，9只股票	83.3	96.4	−13.1	−13.6
化工，9只股票	342.5	180.8	+161.7	+89.4
办公设备，5只股票	388.2	200.8	+187.4	+93.3
公共事业，天然气&电力，7只股票	330.0	163.1	+169.9	+104.2
采矿与冶炼，混合，9只股票	337.7	164.4	+173.3	+105.4
电子设备，4只股票	419.0	180.4	+138.6	+132.3
公共事业，天然气与电力，控股公司，13只股票	424.6	173.6	+251.0	+144.6

这些指数是以1926年平均股价为100美元作为基数来计算的。6个最差群组中共有34只股票，其股价在1926年的牛市顶峰时仅比它们当年的平均价格高出2.8%；相反，在6个最好群组中，共有47只股票，其最高售价却比其当年的平均价格高出了274.2%。正如所预料的，47只蓝筹股在恐慌期的下跌速度更快，但在11月中旬，它们的售价仍比1926年的平均价格高出96.9%，而那34只最差股票的价格则比1926年的平均价格低32.9%。

股票市场的时尚

正如在日常生活中一样，在股市中也有时尚流行因素，这种因素也在不断发挥着它的作用。在"伍尔沃斯"和"克瑞斯吉"开始在纽约证券交易所上市交易后的多年里，投资公众与交易者们都对这些企业的持续增长一直持怀疑态度。与那些经历过战争繁荣，并从大量军需品和造船业的合同中获得大量利润的工业企业相比，它们并没有发战争的财。它们只是继续开新店，年复一年地在原有的商店中销售更多的产品，赚更多的钱。到了1920年，公众才开始意识到它们令人瞩目的业绩：无论经济状况如何，它们的业绩都能每月每月地无间断增长。这种增长从1920年一直持续到1921年，所以这种以投资为基础，在起始阶段时价格便宜，并且没有广泛被小交易者和小投机者持有的股票，自然不会随着总体市场的下跌而下跌。因此，当大盘迎来拐点时，"伍尔沃斯"和"克瑞斯吉"已经比普通股票拥有更强劲的上涨地位。从那以后的几年时间里，它们便成了交易的热门股票。

公共事业股的流行

不久之后，公众对公共事业股票的意识也发生了改变。1919年到1920年，由于战后商品价格暴涨，客运公司陷入无法获利的困境，这些掩盖了电灯和电力工业公司的亮眼记录，让公众不再关注这一行业。但到1923年，公共事业股市场的增长速度已经把整体经济远远地甩在了后面。此时，公众才幡然醒悟，终于意识到了公共事业股的价值。公共事业股也因而成了热门的股票，并在1923—1926年的牛市中跻身最佳股票的行列中。在这一点上，投机者可能有些困惑。一组有着独特优点的股票可能几个月甚至几年都不受青睐。警觉的价值分析师会购买这种股票，并且在令人沮丧的、不盈利的漫长时间里，即便看到其他所有的股票都在上涨，也始终坚持持有。最终，他的耐心会得到回报，但这种耐心也可能由于投机氛围多变，导致较大的心理压力，而被残酷地消磨掉。

"氛围"在化肥股票的下跌中也发挥了一定的作用。直到1920年，"美国农业化工"与"弗吉尼亚—加利福尼亚化工"还被定义为"半投资股票"。1921年的那场农业萧条击垮了这些公司，而公众过了很久才意识到那场萧条的严重性。看到这些股票从超高价位下跌后，许多短视的交易者在最微弱的复苏信号刚刚出现时，就准备买入这类股票。对于这样的股价波动，他们并不能在公司的盈利与财务状况方面找到合理的理由，就在1921—1923年牛市的初期适度地参与了进来。

管理因素

显而易见，明智的投机者在股票操作中，必须既要注意到大盘总体趋势，又要特别关注特定股票群组的市场状况。那么，他还必须更进一步，把重点放在对个股的分析上吗？如果某只股票的波动轨迹偏离群组平均指数的波动，那它会朝着怎样的方向发展呢？我们必须深挖到底。这些股票群组里的股票并不是完全同一的。比如，当交易者将橡胶类股票定义为一个群组时，这样的群组既包括了只生产轮胎的公司，也包括除了轮胎以外还生产橡胶鞋和机械橡胶制品的公司。这两种类型的公司都会受到原材料市场波动的影响。而在其他许多方面，它们还要受到不同因素的影响。甚至是在同一性更强的群组中的两家公司，它们的经历也会存在很大差别。像是厂址设在一个岛两端的两家古巴食糖生产商，一家可能遭遇了罢工与干旱，而另一家却在和平无事的情况下获得了大丰收。

按照群组考虑，而不对单个公司进行考量，会更加忽视管理这一重要因素。让我们回到之前的例子，对两家相互竞争的零售店进行考量，然后会发现一家零售店可能是完全的个体经营，窗户上苍蝇痕迹斑斑，货架上堆满发霉的粮食；而另一家零售店，老板机灵又满脸带笑，商店里窗明几净，供应的货物很新鲜。银行家会根据零售百货股票群组的交易市场状况来处理他们这两个客户的信贷申请吗？

成功的"果品"公司和失败的"果品"公司

举一个极端的例子，一家马上要被破产托管的公司，它的股票对于牛市的反应会非常微弱。相反，这只股票会无视大盘总体趋势，并逐渐在人们的视线中完全消失。几年前，曾有人野心勃勃地想要给非常成功的"联合果品公司"制造一个对手。在一群杰出的董事的资助下，"大西洋果品公司"于1920年开始实施扩张计划，为了融资，首期发行了1,000万美元债券，随后又发行了600万。尽管拥有强大的经济资助，但这家公司却从来没有成功过，所以，当其股票从1920年的高位20.25美元跌到1921年不足2美元时，对于投机公众来说，这只股票也并不是什么可以捡便宜的好货。该股在1922年也没有丝毫起色，最终完全淡出市场。相反，"联合果品公司"的股票却一点也没有受到1921年熊市的影响，并于1920年12月，也就是宣布100%股利之前，达到了224.875美元的高价，创下了纪录。在接下来的一年里，除权后该股票的最低价格为95.75美元，相当于其原始股票价格则是191.5美元，这一差价仅仅相当于牛市中的一次回落。从此次低点之后，该股可以说是稳步上涨，直到1926年2月，再次创造了另一个高价记录，297美元。当时恰逢又一次股票分割的前夕，这次是1股分为2.5股。到了11月，该股的价格相当于315美元。那些能正确预测到股市总体趋势的交易者们，在"联合果品公司"和"大西洋果品公司"的股票交易中，都不一定能取得显著的成功。

"王子与乞丐"的行业

如果这些案例看起来都太极端，那么让我们看一下在最基础行业中的两个案例。"伯利恒钢铁公司"和"美国钢铁公司"是美国两家最大的钢铁制造商。两家公司的股票在纽约证券交易所属于最活跃股票。长期以来，由于在繁荣时期与萧条时期会出现大幅度的波动差异，钢铁工业被认为是"王子与乞丐"的行业。也正因如此，钢铁股票也同样会出现大幅度的价格波动。在真正的熊市中，活跃的钢铁股票几乎一定会下跌。据此，我们可以预计，在相当长的一段时间内，上述两家主要的钢铁公司的股票将会同时发生波动。但观察下图，我们却发现，两者之间并不完全同步。在1920年的高位时，两只股票的售价均高于票面价值，但都不超过8个点。自此之后，两只股票均随着熊市剧烈下跌，并在1921年跌至谷底。然而，"伯利恒钢铁公司"的股票比另外一只股票跌得更加厉害。在6月份，两只股票都达到了它们当年价格的最低点，一只是41.5美元，另一只是70.25美元。

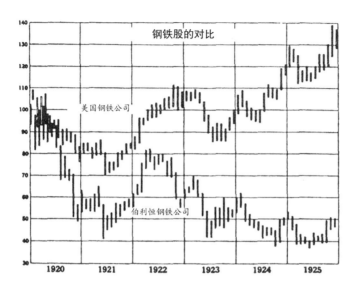

钢铁股的对比

美国钢铁公司

伯利恒钢铁公司

不断扩大的差距

  1921年的熊市结束之后，"伯利恒钢铁"与"美国钢铁"都开始复苏。但"伯利恒钢铁"更早地消耗掉了自己上涨的可能性，于1922年5月达到了峰值82.25点。"美国钢铁"则继续上涨，直到同年的10月，才达到111.5点的峰值。在1922年的11月到1923年上半年的期间内，这两只股票都在下跌，"伯利恒钢铁"在6月触底，"美国钢铁"则是在7月达到谷底，价格分别为41.75美元和85.5美元。值得注意的是，开始时两只股票价格差不多，但到拐点时，两者已经相差了43个点了。1923年的后半年，一个温和的牛市渐渐发展起来，两只股票都在1924年2月到达了顶点。此时，它们的差异已经是46.875美元了。

  继续讨论这两只股票的进一步波动会变得乏味无趣，这些在上图中已经清楚地描绘出来了。结论显而易见，两只股票在大部分时间内都同

169

向波动，但波动的速度却不同。总体上，"美国钢铁"的收益超过了损失，所以其长期走势是上涨的。而"伯利恒钢铁"却恰恰相反。在1920年1月，两只股票的高位差额在7个点之内，而到了1925年11月，它们的最高点差额已经超过了88个点。在绝大多数情况下，两只股票的波动方向都与道琼斯工业平均指数的波动方向相同。但对于投机者来说，选择哪一只股票作为交易的工具，结果会有非常大的区别。

在1922—1925年，"伯利恒钢铁"出现了下跌，这在很大程度上说明股票持有者对其财产增值的漫长过程失去了耐心。在1929年，股价达到了顶峰，达到了143.375美元的水平。这次上涨从1925年低位时的37点算起，甚至比同一时期"美国钢铁"的涨幅还更大一些。

对于价值的研究

投机者想要成功的话，不仅需要掌握全面的宏观情况，来确定大盘的走势，还要了解更多的知识。投机者必须研究个股的价值，而为了鉴别个股的价值，他还必须了解许许多多不同的行业。投机者必须大体上了解橡胶工业的交易惯例，熟知公共事业中的折旧，领会吨英里和其他铁路技术术语的重要性。最重要的是，投机者必须懂点会计学知识。他必须像银行家审计信贷申请那样，细心地、从各个角度来研究财务报表。对于投机者来说，确定股市总体走势非常重要，但就重要性而言，它远比不上明智地选择哪些股票。

第十一章　如何读懂资产负债表

公司财务的精髓在其资产负债表上——如何计算账面价值——固定资产可能被冻结——流动资产项目——分析师应该有时对存货打折扣——流动比率是如何被改变的——不同公司对运营资金的要求不同——所有者承担的风险

公司的财务状况有其特定的形态结构和运行机制。我们可以通过资产负债表研究前者，通过损益表研究后者。

资产负债表指的是描述某企业在特定时间点上的财务状况的报表。该表所列出的是此时企业的资产和负债情况。一般来讲，这个特定的时间点，通常是企业一个财年或是短期财务时期结束的那一天，所有业务都会暂停的某个时间点。事实上，每家企业每年都要至少封账一次，否则就会违反企业所得税法。进取型的企业家通常习惯及时掌握企业的发展情况，比如每隔一个季度或者一个月，他们就要了解一下。因为每个月的天数不一，有些企业管理者将4周作为一个时间段，将一年分为13个这样的时间段。

企业管理者经常查看企业经营情况的报告，但对于普通大众来说，他们无法经常性地了解企业的经营状况，最多只能每个季度了解一下企业的情况，而许多大公司的资产负债表可能一年才公开一次。

资产负债表的平衡性

关于资产负债表，最显著的特点就是它的两边——资产和负债，总是平衡的。之所以说是平衡，是由于这样一个观念，企业所有者的权益，等于企业资产减去外部债务后所剩余的部分。企业资产减去外部债务的差额就是企业的净值。如果一家企业是公司制的，净值则主要表现为一种或多种股本。这些股本也许有名义价值或者面值，也可能没有，但它代表的都是股东投资的原始资金。如果企业在精明的管理下经营状况良好，那么所获收益会带动原始资本增长，于是在净值账户中就多了另一个项目，它一般被称为损益、未分配利润或盈余。

在我的前面，放着一份理海·勃兰特水泥公司在1929年11月30日的资产负债表，这可以作为一个很好的例子来分析。在这份报表中，净值项目有四项：优先股，2,111.91万美元；普通股，2,251.74万美元；到1913年3月1日，矿藏评估的未实现增值额为41.0138万美元；盈余为842.4385万美元。优先股面值为100美元，普通股面值为50美元。对21.1191万股优先股的持有者和45.0348万股普通股的持有者来说，他们拥有的净值总和，就是以上四部分的总和，也就是5,247.1023万美元。理论上，假设公司于1929年11月30日解散，这个数额减去应还债务后的余额就是所有股票持有者要分配的总金额。

当公司解散后会发生什么

如果公司解散，对两种股票持有者的资金分配并不一样。根据公司相关协议规定，优先股有一定的优先权利，但权利有限。在公司清算时，优先股股东有权在普通股股东得到任何支付之前，得到每股110美元的股本返还和累计拖欠股利。每股110美元，总计就是2,323.101万美元。如果理海·勃兰特水泥公司在1929年11月30日当天实施清算时，其资产等于其账面价值，那么还要将剩余2,924.0013万美元用于普通股股东之间的分配，平均到每股，就是64.92美元。由此，我们从理论上计算出了每股普通股的账面价值。但1929年财政年度结束之后，理海·勃兰特水泥公司股票的交易价格为每股39美元，这让我们不禁质疑，以上计算方式是否具有实用价值。

作为一份工业财务报表，理海·勃兰特水泥公司的资产负债表是个很好的例子，值得我们进行更为深入的分析。为了便于对比，我们加入了前一年度的报表数字。

资 产（单位：美元）

资产账户：	1929年11月30日	1928年11月30日
土地、建筑、机器设备，以成本价计	48,501,299.62	47,093,428.19
减：折旧准备金	18,724,684.71	16,767,107.20
	29,776,614.91	30,326,320.99
矿藏储备，减损耗	1,682,583.18	1,729,808.17
合计	31,459,198.09	32,056,129.16

接上表

资　产（单位：美元）

投资及预付款：

对附属子公司及未合并子公司的投资及预付款	2,986,927.41	31,114,481.22
投资于美国政府债券的职工赔偿保险金	325,343.00	314,729.82
库存股票——普通股面值	65,950.00	30,750.00
杂项股票和债券投资，以成本价计	84,429.44	107,520.44
合计	3,462,649.85	3,567,481.48

流动资产：

现金	3,929,544.84	5,057,284.97
活期贷款	8,000,000.00	2,500,000.00
自由贷款债券及美国国库券，以成本价计	1,258,500.00	5,158,500.00
运营资金及预付款	203,569.84	166,190.64
应收账款和应收票据，减折扣和呆账准备金	1,277,325.10	1,745,376.56
存货，成本价或市价，哪个更低就以哪个计	4,204,283.72	4,645,452.45
合计	18,873,223.50	19,272,804.62

递延费用：

搬运水泥岩石上的土和其他废弃物的费用等	1,296,082.96	1,041,282.25
预付保险费	30,918.38	56,637.53
合计	1,327,001.34	1,097,919.78
总计	55,122,072.78	55,994,335.04

负　债（单位：美元）

股本：	1929年11月30日	1928年11月30日
7%累积优先股：		
授权股份——30万股，每股面值100美元		
实际发行股份——225,174股	22,517,400.00	22,517,400.00
减：注销股和回购股（准备注销）	1,398,300.00	820,700.00
	21,119,100.00	21,696,700.00

负　债（单位：美元）

普通股：		
授权股份——60万股，每股面值50美元		
实际发行——450,348股 ·················	22,517,400.00	22,517,400.00
流动负债：		
应付账款 ·····························	642,678.24	775,059.24
应付薪水和应交税金 ···················	302,140.06	316,952.43
联邦所得税准备金 ·····················	315,158.85	556,317.82
应付股利 ·····························	650,129.25	662,137.50
合计	1,910,106.40	2,310,466.99
准备金：		
可回收棉帆布袋 ·······················	152,555.91	226,812.54
赔偿金和火灾保险准备金 ···············	588,387.32	489,663.63
合计	740,943.23	716,476.17
截至1913年3月1日，未实现矿藏评估增值 ······	410,138.26	429,160.58
盈余	8,424,384.89	8,324,131.30
总计 ···································	55,122,072.78	55,994,335.04

　　值得注意的是，各种资产和负债项目都有严格的分类。第一类是资产账户，也就是所谓的固定资产。这些项目名称本身已经给出不少细节，没有必要再解释了。资产账户以成本计价是非常有用的，这种计价基础完全明确，且通俗易懂。财务报表并不总会给出计价基础的。通过对比这两年的财务报表可以发现，理海·勃兰特水泥公司在这一年内为固定资产的改良花费了140.7872万美元，但折旧准备金导致工厂固定设备账户实际上是下降了。矿藏包括石灰石矿和其他用于制造水泥的岩石矿。上文中已经提及的"未实现增值"这一项目，意在说明在第一联邦所得

税法生效之日时，矿藏的价值进行了重新评估。但考虑到企业的规模，这个项目的金额能产生的影响还是微乎其微的。

固定资产的不确定价值

仅固定资产一项就占据了理海·勃兰特水泥公司约60%的净值。对于账面价值和市场价值之间存在的出入，有一个很明显的原因。那就是从相对意义上讲，固定资产很有可能不具备生产力。比如，公司也许认为必须在原材料来源方面投入大量资金，但也许在以后几年内的经营中都不会再用到这么多原材料。通常来讲，固定资产的账面价值代表了设备的购买成本，甚至是重置成本。重置成本是指用于更新落后、没有竞争力的设备所支付的成本。对一家歇业的老工厂而言，它的资产价值往往是不确定的。比如，新英格兰棉花工厂由于重置成本非常高，它的股价被评估为零。原因在于，拥有数百万美元现金的投资者是不会想要重置棉花厂设备的，因为棉花厂业主在最近几年都从未获利。

固定资产的重要性

有时候，固定资产的实际价值要比账面价值高得多。1925年，佛罗里达州土地价格暴涨时，有些化肥厂将去除磷矿床的土地以高价售出。经营方式比较传统的工业类公司通常会大大低估可以生产出高利润产品的设备的价值。对于公共事业公司来说，其收费率是受政府管制的，但与此同时，法律允许其通过有效的管理赚取适当的投资回报。理论上讲，按照交通法的规定，美国铁路公司作为一个整体，可以获得5.75%的资本投资回报，若有超出，那么超出部分将由政府征收。因此，分析铁路及社会公共事业公司时，应将其固定资产的价值作为衡量其有价证券的一个重要指标。与此相反，在工业公司的账面上，固定资产的账面价值相对来说只是很小的一部分。

一些不确定的价值

在理海·勃兰特水泥公司资产负债表中"资产"项目下，有一组为"投资与预付款"，该组项目中数额最大的一项是对附属子公司的长期投资及贷款，该报表无法说明这些投资和贷款的真实价值，其账面价值很可能高于其真实价值，或者比真实价值低了数百万美元。如果像很多公司做的那样，将此项目简单标示为"投资"的话，我们就更是一头雾水了，只知道这其中有可能包括高级有价证券。根据国家赔偿法的规定，公司需满足员工发生意外伤亡的索赔，"职工赔偿保险金"是公司专门针对这项资金的证券投资。对此，在此报表的负债部分有一个对应项，与其他准备金放在一起。准备金的金额往往根据公司以往的事故经验来确定。库存股票是指公司在市场上回购的、自己拥有的股票。根据公司董事会的决定，此部分股票还有可能再次向市场发行。"股票和债券投资，以成本价计"可能是高级有价证券，也可能相反。这种情况下，其数额就不那么重要了。

整体来说，以上这些资产项目在分析师看来，有时需要大打折扣来对待，有时则需要从中发现隐藏着的巨大价值，但如果没有明确的详细信息，分析师通常会谨慎地选择前者，他倾向于相信自己，而不是相信公司。

即便现金也不总是好的

流动资产是指那些"迅速流转"或"手头现有"的资金。理论上讲，它们都可以在短时间内转化为现金。"流动资产"的第一项就是"现金"，它包括银行存款，以及存在办公室保险箱里的小额现金。一家大型公司的存款可能分散着存在全国几十家银行里，小公司的存款只存放在一两家银行里。一般情况下，现金资产绝对是一项良性资产。但特殊情况下，比如当一家公司的信用状况出现问题时，与其相关联的其他银行账户可能会受到限制，所以银行里的钱也不是百分之百流动的。投资者或投机者如果依赖公开财务报表，是没有办法了解公司是否属于这种特殊情况。如果报表的其他项目都能令人满意，投资者和投机者就无需对现金这一项的状况非常好有任何疑虑了。

活期贷款代表了公司账户基于大量做抵押的纽交所证券，所预付给华尔街证券经纪人的资金。这部分资金是百分百的良性资产。在分析财务报表时，不管是活期贷款、短期贷款，还是美国政府债券，都可以当作"现金"来对待。

运营资金及预付款主要包括办公文具用品、给销售员的预付款以及其他费用较小的杂项项目。理海·勃兰特水泥公司的"运营资金及预付款"总金额很小，不太重要。

应收账款

理海·勃兰特水泥公司的资产负债表接下来显示的是，"应收账款"和"应收票据"这两项的综合，如果能将这两项分别列出来的话就更好了。应收账款是指客户欠公司的货款金额。通常来说，制造商、批发商甚至零售商在售出商品时都不能立即收回现金，大部分是赊销。制造商在向批发商销售商品时，通常会列出一些条款，如"$^2/_{10}$，$^n/_{30}$"，意思是如果客户能在10天之内付款，可以享受发票金额2%的优惠；如果10天之内付不了款，就必须在30天之内付清发票上的全部金额，没有任何优惠。如果某些客户在之前的交易中都能及时付款，那他们欠某公司30天以内的款项，几乎完全是良性资产。在报表公布之前，对超过30天未支付的款项应从应收账款金额中扣除，并设立单独的准备金。如果应收账款包括逾期账款这个项目的话，如果存在坏账注销的情况，很显然此项目的流动性就差很多。但交易者通过浏览公开报表，并不能了解应收账款是不是比较保守的数字。如果交易者将最新鲜的报表和之前的报表进行对比，发现其应收账款的增长速度快于业务的增长速度，那么通常就会对这家公司产生疑问。在理海·勃兰特水泥公司的报表上，1929年的应收账款与前一年相比有所下降，这属于比较健康的情况。

贸易实务问题

"应收票据"代表一个公司所持的票据上显示的应收账款的总额。在某些交易中，公司通常在销售商品时会接收票据，而不将其作为欠款计入账面，这是一些行业的惯例。比如，一直以来，农民会在购买化肥和生产工具时开具票据。如果在一些商品销售时，没有客户开具票据的惯例，那就是应收票据了，通常说明这类账款比较难收回。为了显示还款意愿，债务人通常会开具票据。但很明显，这种票据与诚信顾客的应收账款相比，并没有那么安全。另外，应收票据也有可能代表了预付给公司办公人员和雇员的款项。如果公司状况比较紧张，这部分资金是很难从雇员那里收回的。因此，这部分票据不能算是百分之百的流动资产。

在其他公司的报表里，"预付款"也许代表的是为购买原材料而预付给供货商的资金。在古巴的制糖业中，大部分甘蔗由糖农种植，糖农与最近的工厂签订合同，承诺以浮动价格向制糖厂提供甘蔗。许多糖农的资金都是由工厂提供的，因此，"预付糖农的款项"在古巴制糖厂的资产负债表上是非常重要的一个项目，我们要对这一项给予足够的重视。

存货项目

流动资产部分的最后一个项目是"存货"。尽管从报表来看，理海·勃兰特水泥公司这一项的金额并不大，但通常来讲，这是一家公司的资产负债表上最重要的一项。存货的同义词是"商品"。一家制造企业的资产负债表如果考虑到生产因素的话，它就会详细列出"原材料""在产品"和"产成品"等项目，但这么详细的信息一般是不会向社会大众公布的。

较保守的公司通常会按照"成本或市价孰低法"来拟定存货项目金额。如果在相当长的一段时期内，一家公司使用的原材料的市场价格一直在上涨，那么资产负债表显示的价值可能会大大低于资产的实际价值。

有些公司的计算方法更为保守，它们计算中用到的原材料的价格远远低于市场的实际价格。比如，有些英国的纺织厂使用的就是这种方法，将棉花的价格计为每磅2分钱。国家铅业公司在计算铅存货的时候也使用了相同的方法，将价格拟定在比近几年市场最低价还要低的某个点上。很明显，在资产负债表上，存货项目有可能潜藏大量的"隐形资产"。

商品市场的价格起落

过度看重公司存货的增值，将其看作股票市场的重要看涨因素通常是错误的。如果原材料短时间内供应短缺，导致价格上涨，通常后续会价格下跌，从而抹掉了先前涨价带来的额外利润。在1925年，天然橡胶的价格由不到40美分上涨到了1.2美元，但这并没有给橡胶生产商带来任何实质性的好处。因为橡胶成品价格的上涨并没有赶上原材料价格的上涨，而1926年橡胶市场的下跌大大抹掉了1925年暂时获得的额外利润。总之，在市场稳定的情况下进行交易是最好的。

如果投机者能正确看待存货的增值，那么接下来，他还要合理预估有可能出现的贬值的情况。这里不仅要考虑市场变化的因素，还要考虑陈旧物品的积压问题。如果公司经营过于马虎，很有可能出现过时的、陈旧物品的积压。几年前，一家在本行业一直处于领导地位、在银行业声名显赫的干货批发行倒闭了，大家在它的货架上发现了很多过时的、实际上根本卖不出去的货物。因此，存货的实际价值很有可能比其账面价值更低，这不仅是原材料市场价格下跌的结果，也有可能是因为无法销售的货物的积压。

保持存货平衡的重要性

从生产角度来讲，还有一个原因会造成存货实际价值的"缩水"。如果生产过程非常简单，仅仅是将A、B、C、D四部分组装到一起，我们假设组装的比例是2个A、1个B、5个C和1个D，并进一步假设A的存货计价为39美分，B的存货计价为1.18美元，C的存货计价为42美分，D的存货计价为68美分。很明显，这几种不同部件的自身价值是很低的，必须组装到一起，才能对外出售。如果这家公司的管理比较高效的话，那么它针对不同部件的存货数量应该是与组装时使用此部件的数量成正比的。但如果管理不善，很可能买入200个A、300个B、500个C和400个D，这样一来，存货成本计价就是914美元。但用这些部件只能组装起100个成品，也就是只利用了存货价值中的267美元。在这种情况下，剩余的存货实际上是没有价值的，或者说，只有依照合理的比例，花费一大笔钱购买更多匹配的部件后，才能将剩余存货的价值发挥出来。很明显，多种原因导致了存货的账面价值严重缩水。一般的投机者无法对此进行详细的分析，也就不可能辨别存货的真实流动性如何。谨慎起见，在分析股票价格时，必须在存货账额上留有很大的余地。

资本性支出

"递延费用"实际上是预先支付的运营费用。这包括用于搬运水泥岩石上的土和其他废弃物的费用。公司在一年内投入这部分费来开一个采石场，这个采石场可以为公司的某个工厂提供15年的原材料。这项费用的总额除以估算的原材料吨数，就可得到未来年份里出产的每吨原材料的成本，用于购销资产账户。递延费用，作为一项资产，显然有着持续的价值。

如果一家企业在制定资产负债表的前一个月，根据保险政策支付了三年的保险费。那么在制定资产负债表的当天，公司只享受到了已购保险服务的$1/_{36}$，理论上讲，剩余的$35/_{36}$的保险服务也是公司的一项资产。理海·勃兰特水泥公司的分厂比较分散，可能发生火灾的风险较小，因此，公司为自己购买了一份火灾保险，这一项被列在报表的负债项目里。很明显，理海·勃兰特水泥公司支付保险费用的方式还是比较传统的。

资本收回

至此，我们已经讨论过"负债"一列里的净值项目了。我们接着从报表里看到，理海·勃兰特水泥公司已经收回了一部分优先股。参考其他信息源，我们可以知道，公司每年必须至少收回最大流动股数量的1.5%。至1929年11月30日时，公司已经主动收回了超过规定数额两倍的股票。当然，随着更优先等级证券逐渐减少，普通股的地位会得到提高。

什么是流动负债

流动负债是指在一年内一定要偿还的债务。在这一类别里，包括税款、应付票据、应付账款、应计工资这些项目的准备金，有时还有其他一些项目。税款准备金是唯一一个无法准确计算的项目，但也能估算得比较接近。税款准备金不像其他准备金，它不仅仅是一个账面项目，还是一项非常明确的负债项目。应付票据是指从银行或其他地方借来的、通常在60天至6个月内必须偿还的票据。应付账款是指为购买原材料和消耗品而产生的欠款。应计工资的字面意义就解释了其本意。

折旧形成负债

尽管折旧准备金被列在资产负债表的"资产"一列中，它却是其中的被减项，因此把它列在负债的附加项目里也是合理的。那样的话，两边的总数都要比现在报表的金额高出1,872.4685万美元。不管将折旧费用归于哪一项，及时了解公司对折旧费用的计提情况，并检查每年的折旧浮动情况，都是非常重要的。

理海·勃兰特水泥公司严格遵循了会计惯例，从一开始就将固定资产的成本价作为固定资产列在账面上。随着建筑和机器的老化，公司每年都会留出合理的折旧准备金，用于以后设备的更新换代。要对资产中的大部件进行更新换代，就必须计提折旧准备金，这与小部件的更新换代不同，后者可以直接计入运营费用。在1929财年中，理海·勃兰特水泥公司的损益表显示支付了229.2205万美元的折旧费用，而其资产负债表上显示1929年折旧准备金只增加了195.7577万美元。这两个数字之间的差额有33.4638万美元，代表了更新换代的费用，其中包括已报废机器的残值和其他一些资产。在上面的资产列中，固定设备成本增加了140.7871万美元，即非更新换代的资产永久性增值上，如果没有这项增值，折旧准备金的增加数额就会出现在资产负债表的其他位置，或者是作为流动资产的增加数额，或者是负债项目的减少数额。

如果一个公司没有计提充足的折旧准备金，那么它最终会发现自己的建筑陈旧、机器老化，根本不能与设备先进的对手相竞争。另一方面，公司也可以通过计提过多的折旧准备金形成巨额的"隐形资产"。折旧准备金是投机者应该谨慎、仔细研究的数字之一。通过对比同一行业中不同公司的会计操作，投机者可以得出某些有用的判断标准。

"可回收棉帆布袋"是水泥制造业特有的准备金项目。如果棉帆布袋没有损坏，顾客则可以按1个袋子5美分的价格将棉帆布袋归还给水泥制造商。1929年11月30日，理海·勃兰特水泥公司有300万个袋子在流通，毫无疑问很多已经被丢掉、损坏或转作其他用处了。这部分作为可回收袋子的准备金将最终被算入盈余。至于赔偿金和火灾保险准备金项目，我们之前已经讨论过了。

其他准备金

除了折旧准备金，公司还应留置其他特定用途的准备金。当原材料的市场价格水平在高价区间来回波动的时候，设立"应急准备金"是比较安全的，用以应对存货价值出现严重缩水的情况。这项准备金应归类于负债项目或者直接从存货账户中扣除。如果直接扣除的话，应该在报表上明确标示。对一个拥有广泛分布工厂的大公司来说，如果能购买自己的火灾保险或者责任保险，并为此建立准备金的话，那还是很划算的。在雇员的养老金上也得设立单独的准备金。如果经营者想隐藏其特殊资产，他可以碰碰运气，设立其他没有特殊标示的准备金项目。准备金账户可以抵消某些被高估价值的资产账户，比如意外负债、未来负债或隐藏的净值账户等。

上文中也提到了，"盈余"是作为一个净值账户。在理海·勃兰特水泥公司1929年的资产负债表上，盈余数额很大：842.4385万美元。虽然报表中没有显示出来，但我们却能从其他方面轻易得知，在公司的章程里通常设定了以下条款：在1927年5月31日之前赚取的盈余，禁止向普通股股东分配现金股利。在1927年财年，分配股息后的盈余为254.4233万美元；1928年及1929年分配股息后的盈余合计为187.2854万美元。因此在1929年11月30日[①]，可用于普通股股利现金支付的部分少于441.7087万美元，而不是资产负债表体现的盈余842.4385万美元，其中的差额相当于是为保护优先股东的股利而"冻结"的。

概况一览

资产负债表就像是在某个时间点拍下的照片。分析师们要时刻谨记，某一时期的报表在几周后看来也许会变得面目全非。当然，精明的商人非常清楚这个事实，因此会多少做一些"粉饰"，将报表做得漂亮一些。通常来说，公司会将财年与日历年区分开来，这样一个财年结束之时通常是这个公司生意最萧条的时候。比如，一个蔬菜或罐装水果公司会选择将深冬作为一个财年结束的时间点，因为这时公司的所有大部分包裹都已经卖掉了，在这个时期，公司的银行贷款也处在一年中的最低值，

---

① 编者注：理海·勃兰特水泥公司以每年11月30日作为财年结束日。

现金与应收账款是一年中最大的，同时，还存在一个物理上的原因，这时的存货重量比较轻，比存货重的时候好核查重量，在淡季时核查重量出现错误的概率也会低一些。

流动比率

传统的银行家在查看贷款申请者的资产负债表时，首先会比较两个项目，那就是流动资产总额和流动负债总额。如果两者的比率为2∶1或更高，那他很有可能会批准这笔贷款。由二者的比率决定是否批准贷款，其中的原因很明显。流动资产会在强制清算时发生不同程度的缩水，而流动负债只有在破产的时候才有可能缩水。如果流动资产总额能达到流动负债总额的两倍，留有的安全空间就更充足。现代各种理念和研究已经对这种评估公司的方法进行了详细的阐述。很明显，如果现金、应收账款和存货之间的比例不同，结果也大不相同。如1924年弗吉尼亚—卡罗莱纳化工公司的运营资金率达到了1.88∶1，但仍进入了破产托管。因为在这个例子中，农场主的应收票据构成了绝大部分的流动资产，而这些应收票据基本无法变现。

如何"粉饰"报表

将流动比率作为检验公司实力的标准还存在一个不足。如果一家公司有1,000万美元的存货，400万美元的应收账款，以及100万美元的现金，而其流动负债也达到1,000万。这样的话，我们会得出其流动比率为1.5∶1。

但几个月后，公司也许会卖掉其中500万美元的存货，并收回500万美元现金。如果这部分现金被用来偿还贷款，那流动资产变为1,000万美元，而流动负债变为500万。我们可以看出，流动比率的变化仅仅是因为在资产负债表的两侧各减去了相同的数额，甚至没有考虑到将商品转换为现金或应收票据时应该产生一定的利润。这就是为什么一个公司会选择生意惨淡或存货量最少的时候作为一个财务时期的结束时间点，因为这时可以让公司的报表最好看。想达到这个效果，还可以使用一种不太道德的方法，那就是向贴现公司出售部分应收票据来换取现金，或秘密抵押部分存货或应收账款，并且不在账面上标示这部分债务。

对运营资金的要求各不相同

还有一些其他的原因会导致流动比率差强人意，那就是很多行业是不需要大量运营资金的。比如，连锁餐厅都是现金交易，并且只需维持几天的食品供应就可以，不需要大量的运营资金。如果公司要进行赊销经营，不得不储备几个月的原材料，或者为季节性需求提前几个月就开始生产的话，才需要大量的运营资金。拥有大笔固定投资、获利能力稳定的企业也不需要大量的运营资金。比如，当一家公共事业公司要进行价值1,000万美元的建设项目时，为了筹备必要资金，公司在一开始就发行债券或优先股的话，是非常愚蠢的。只要公司的盈利令人满意，信用良好，最经济的办法还是在开展工程的同时向银行借款，并在工程结束时偿还所有债务。在分析繁荣的铁路或公共事业公司时，流动比率和运营资金的情况影响并不大，但对盈利能力低或无法募集到永久资本的公司来讲，将会产生较大的影响。

内部构成

流动资产项目的内部构成非常重要。举一个极端的例子，如果一个公司有100万美元现金，30万美元的应收账款，20万美元的存货，以及100万美元的流动负债。另一个公司有20万美元现金，50万美元的应收账款，130万美元的存货，以及相同的流动负债100万美元。这样前者的流动比率为1.5∶1，后者的流动比率为2∶1，虽然后者的比率符合常规的2∶1，但实际上，前者公司的状况要优于后者。

再次提醒大家，将商品转化为应收账款时会产生利润。如果某公司有150万美元的存货，卖出时的利润率为33.3%，而在资产负债表中其他项目不变的情况下，利润因素将导致公司的流动资产增加50万美元。如果流动负债不减少的话，流动比率也将会有非常明显的改善。另一方面，在紧接着的下一份资产负债表中，存货也许会增加，应收账款也许会减少，这就会降低了流动比率。在商业周期的某些阶段，这样的变化并不意味着公司发展不健康。应收账款和存货之间的比率应充分考虑到以上情况的存在。

所有者和债权人

对投机者或投资者来讲，另一个非常重要的比率是所有者权益与借入资本的比率。如果流动负债加上长期债务等于公司的资产净值，那么债权人就和所有者承担的风险相同。如果债务和净值之间的比率为2∶1，那么债权人承担的风险就要比所有者还大。除非盈利能力非常稳定，否则这对所有者来说是非常危险的。如果债务和净值所占比率严重失衡，债权人掌控公司，公司管理不独立的话，那么很有可能就要进行危机重组。这种情况下，分析净资产的市值要比分析其账面价值重要得多。如果负债和所有者资本的比例，或者负债加优先股的总和与普通股的比例严重失衡，这对于高级债券的持有者来说是一个危险的信号。此种情况下，如果公司提高利润，那么公司股票的市场价值将得到大大的提高。美国工程和电力公司就是一个很好的例子。在1921年的低谷时，公司的10万股股票价值为40万美元，其高级证券的价值却高达1.5亿美元。四年后，公司的盈利能力并没有什么惊人的增长，而每股股票价格却从4美元上涨到了380美元。

除了以上谈及的比率之外，在分析资产负债表时还应分析多种比率。那些比率大多与损益表有关，我们将在下一章节中进行论述。

第十二章　如何读懂损益表

通过对比两张资产负债表可以计算出收益——真实损益表的价值——销售数据最有用——存货周转率是非常有价值的效率指数——异常详细的铁路账簿——每份报表都应该被审计

如果说每张资产负债表描述的都是一家公司在某个时间点的资产状况，那么通过比对两张资产负债表就可以看出从时间点A到时间点B之间的一段时间内，公司的资产状况如何。这种将两张资产负债表进行对比的表格就叫损益表。即使没有损益表，分析师也能通过对比两张资产负债表的异同发现很多信息，我们将以下报表作为例子。这份报表显示了一家制鞋厂通过自有零售连锁店销售商品的情况。

资 产（单位：美元）

	1925年	1924年
房地产及设备等	676,384	633,594
商誉	2,500,000	2,500,000
预付项目	27,613	——
抵押应收票据	138,000	144,500
应收账款和应收票据	39,721	45,616
存货	1,278,633	1,274,882
现金	646,470	558,340
广告费用	38,094	70,642
寿险保单	83,472	78,317
	5,428,387	5,305,891

负 债（单位：美元）

	1925年	1924年
普通股	2,000,000	2,000,000
优先股	2,029,800	2,029,800
应付股利（1月2日）	35,521	35,521
应付账款	80,677	63,725
联邦税准备金	16,592	96,000
应计项目	145,631	129,465
盈余	1,120,166	951,380
	5,428,387	5,305,891

在分析以上报表时，大部分分析师第一眼看到的是净值账户的变化。普通股和优先股数值在一年间并没有发生变化，但盈余增加了168,786美元。盈余增加的原因只有两种可能：一是该企业在此段经营期间内的利

润存留，二是资产的增值或部分累积准备金的释放。资产的增值数额适当，这是在健康发展的企业里通常会看到的。唯一的准备金项目是联邦所得税，此项目在这一年间大幅下降，说明有一部分不必要的大额准备金很有可能已转入盈余项目。但这一年来盈余项目所增长的168,786美元很可能还是主要来源于利润的提高。

值得注意的是，我们无法得知公司的总利润，只能估算出没有以股利形式分配给股东的那部分利润。我们可以推断，优先股股东可以定期以7%的利率得到股利。"应付股利（1月2日）"一项的金额正好等于优先股总金额的1.75%。

商誉的估价

在以上资产负债表中，有几项是上一章没讲过的，接下来，我们将一一解释一下。"商誉"是一项纯粹人工估价的隐形资产。比较传统的做法是将商誉，包括商标、专利权和其他无形资产等，评估为名义货币1美元。但如果企业经营者希望这一项数额看上去很大的话，也是可以的。一般来说，分析师要么忽视无形资产这一项，要么将公司过分夸大其无形资产价值的行为看作不利的信号。"抵押应收票据"很可能表示该公司在出售部分固定资产时采用了抵押的形式。"广告费用"只是一个预付费用项目。"寿险保单"则代表了寿险保单的退保现金价值，这些寿险保单的被投保人为企业管理人员，受益人为企业。

有实力的印象

先不谈商誉这一项，这两份报表已经给我们留下了这个公司很有实力、业务繁荣的印象。流动资产和流动负债的比率由5.77：1上升到7.07：1。而且流动资产的构成也得到了改善。存货有了少许增长，应收账款和应收票据有所下降，现金大幅增长。仅现金一项对所有债务的比率也由1.72：1上升到2.32：1。抵押应收票据有所减少，说明抵押人正以分期付款的方式偿还票据，由此也说明公司的"抵押应收票据"虽不是一项流动资产，却是一项良性资产。

真实损益表的价值

虽然通过比对两份资产负债表我们可以直接得出这个制鞋厂在1925年经营的大部分情况，但有些信息只能通过分析损益表才能得出。公司的销售收入、运营费用、非运营或其他收入、税款、折旧准备金、贷款利息、净利润及分配等，对投机者或是投资者来讲，都意义重大。许多公司每年只发布资产负债表，即使有些公司会发布损益表，但公布的损益表里也会省略很多细节。尽管如此，对研究"价值"的人来说，搞清楚损益表里的项目还是非常有必要的。以下报表摘自雷明顿·兰德公司的上市公告书，该上市公告书有关于增发普通股。这份报表包括公司在1930年3月31日作为财年结束日的经营状况，以及前一财年的对比数据。

损益表（单位：美元）

	1929年3月31日	1930年3月31日
销售净收入	63,291,623	64,180,507
－ 销售成本	29,493,322	28,137,825
毛利	33,798,301	36,042,682
－ 销售费用和管理费用	27,732,132	27,124,845
余额	6,066,169	8,917,837
＋ 杂项收入	375,906	797,584
折旧、利息和支付联邦税之前的净利润	6,442,075	9,715,421
－ 固定资产的折旧准备金	1,591,497	1,652,516
－ 利息费用	1,444,053	1,299,504
－ 联邦税款准备金	407,032	705,774
	3,442,582	3,657,794
净利润	2,999,493	6,057,627
－ 少数股东权益部分的盈余	71,726	17,071
记入盈余账户的利润	2,927,767	6,040,556
盈余公积账户		
年初余额	514,820	2,053,379
＋ 以上年度利润	2,927,767	6,040,556
	3,442,587	8,093,935
－ 股利：		
第一优先股	1,135,405	1,126,243
第二优先股	253,802	226,106
普通股	—	1,201,107
	1,389,207	2,553,456
年末盈余	2,053,380	5,540,479

损益表上的第一项通常是销售总额、总收益、总利润或其他类似的项目。它是公司账面上因向顾客售出商品或提供服务，而应获得的现金收入或应收账款的总和。在某些情况下，这些项目可能会被逐条列出。例如，如果一个公司同时生产橡胶鞋、轮胎和橡胶工业制品等，公司就需要明确各种产品在总产出中所占的比例。铁路公司通常会将收入分为货运收入、客运收入及其他收入，有时还会将其他收入细分为邮政运输收入、快递费收入等。

商业折扣

在以上的典型案例中，第一项是"销售净收入"。如果第一项是"销售总收入"的话，那第二项就会是"折扣与折让"，这样余额才是"销售净收入"。给顾客折扣的目的是为了让其及时支付货款，折让是出于退回货物的可能性而进行货款减让。这两项共同构成了"销售总收入"的第一个减除项。在很多行业中，这种卖出货物的折扣会与采购货物①的折扣相抵消。在雷明顿·兰德公司的报表上，这种采购折扣很可能被归为"杂项收入"项目一列。大部分行业中，经营良好的公司总是可以获得采购折扣，这带来了大量额外的利润。

销售成本是在指销售产品时所用原材料、劳动力、电费和其他项目的总和。产品生产出来后必须卖出去，组织日常监管也需要一笔不小的费用。在雷明顿·兰德公司的报表中，"销售费用"和"管理费用"正好

---

① 编者注：指原材料或半成品。

满足了这两种需要，而且数额较大。在这个例子中，该公司的这两项被合并在一起。从"销售净收入"减去运营费用总额，就可以获得"运营净利润"。

"杂项收入"有时也被称为"其他收入"，是指那部分不属于公司日常经营所直接产生的收入的总和。比如投资获得的利息和股利，向外部公司出租部分设备所获得的租金，以及各种偶然的获利等，这些收益共同构成这个项目的来源。

扣减收入项目

需要从收入中扣减的项目包括债券利息、短期借款利息、折旧费用和联邦税款。因为地方税不考虑固定资产产生的效益，而是按固定资产的价值计价征收，所以这个项目与劳动力成本、原材料成本一样，更像是一项运营费用。联邦税是根据净利润征收的，因此可以在直接运营费用下单列出来。折旧虽然是个记账项目，却非常重要。如果一个公司之前计提的折旧费用超过了一定的折旧费用水平，也许之后在经营不景气的年份可以相对少提一点，这样报表看起来会好一些。短期借款和长期借款的利息是另一项与经营没有直接关系的费用。所有者提供的资金多少，是否充足，将决定这一费用的金额大小。

检查应税利润

如果华尔街传言某家公司隐藏了巨大的收益时，当报表公布了联邦税准备金的时候，就会有人对此进行一项有趣的调查。一年的联邦所得税准备金，除以当年公司的所得税税率，应该等于扣除利息和折旧费用后的净利润。如果将按这种计算方式所得出的利润结果上报政府，而该数额比报给股东的数额大很多的话，研究者会质疑公司会计部门记账的方法过于保守，且违反了财政部的规定。

在雷明顿·兰德公司1930年的损益表中，基于11%税率的联邦税准备金为705,774美元，这说明其应税利润为6,416,127美元。但报表中的净利润（减去利息和折旧后）为6,763,400美元。这两个数额之间的出入不大，没什么问题，因为公司收入中可能有很大一部分是不用交税的，比如其他公司股票的股利，或者其境外派出机构受到了当地政府合法的税费优惠。

在偿还完公司所有债务，并根据管理政策留置了合适的准备金后，余额就是当期的盈余收入。这部分数额将被公司作为盈余留存下来，或者分配给股东。保守的公司通常会保留大部分盈余，用于公司的再投资。在雷明顿·兰德公司的子公司里也有少数股东，这点我们可以从扣减项——"少数股东权益占比"中看出。子公司股东的利润，通常是在母公司进行优先股和普通股股利分配前，就提前规划预留好的。

销售的趋势

我们可以从多个角度对一张损益表进行分析。首先引起人们注意的是销售项目。从其本身来讲，它是非常有趣的。对于一家经营良好的公司来说，它每年的销售额都会有所增长。在大部分行业里，公司销售额并不能达到每年都有所增长，但趋势应该是不断上升的。如果数据波动反复无常，可以用一个简单的方法来确定销售趋势，那就是将加权平均数与算术平均数相比较。假如某个公司五年的销售报告如下：第一年是3,835万美元，第二年是2,970万美元，第三年是4,820万美元，第四年是5,615万美元，第五年是3,680万美元。第一眼看去好像无法确定销售趋势的升降。算一下加权平均数就知道了。先将第五年的销售收入乘以5，第四年的乘以4，第三年的乘以3，以此类推。再将这些经过加权计算的销售收入相加，最后除以15（5、4、3、2、1的总和），结果便是加权平均数43,396,667。将这个数字和算术平均数41,840,000相比，可以看出该公司销售的总体趋势是上升的。

考虑价格的波动

在判断销售的趋势时，有一项很重要的因素要考虑进去，那就是价格的波动。如果一家百货公司1913年的销售收入是1,000万美元，1920年的销售收入是2,000万美元，那么其销售并没什么实质性的提高。这一销售额的提升主要来自于战后商品价格的普遍上涨。如果有可能的话，除了获得销售金额，还要获得实物销售数量，这是很重要的。如果拿不到实物销售数量，可以根据公司的商品价格的波动情况预计销量。在许多知名的经济类出版物上，如《华尔街日报》《波士顿新闻》《巴伦周刊》等，经常会出现一些非正式报表，这些报表就是以实物销售数量为单位的，它们是很可靠的信息来源。

存货周转率

损益表上的销售额还有其他用处，其中最重要的就是在分析许多类型的企业时，都可以用它来确定商品周转率。一个公司将存货转化为现金及应收账款的速度越快，存货被新存货替换的速度越快，其利润率就越大，受市场波动和其他因素的影响也就越小。对一家街角的杂货铺来说，5,000美元的商品和5%的利润率意味着，如果存货每月能周转一次的话，一年就能赚3,000美元，如果2个月周转一次，一年就只能赚1,500美元。如果2个月周转一次存货，且货物受损的话，那么店家的损失将更大，因为货物不够新鲜，顾客也就慢慢不会再来了。这样的话，利润率肯定也不高了。存货周转速度越快，对店家就越好，这条规律适用于所有的行业。不管行业大小，只要行业涉及到商品的销售，这条规律就能适用。

连锁商店和重型机械

在不同的行业中，销售收入与存货的比率存在很大差距。十美分商品连锁商店的存货周转速度，应该比重型机械生产商的存货周转速度快得多。伍尔沃斯公司在1929年财年结束时，报表上所写的销售收入为3.03亿美元，存货量为3,795.4万美元。而通用电气的销售收入为4.15亿美元，存货量为8,083.6万美元。这两者之间的对比并不能说明后者的经营出现了问题。为了确定某家公司的经营能力，应将其销售收入与存货的比率与同行业中的领先公司进行对比。比率每年的波动也是对经营效率走势的有效反映。在分析这一关系时，要同时考虑到正常的季节性变化，这一点也很重要。如果将12月31日的销售收入与存货比与6月30日的销售收入与存货比较，前者数据肯定显示经营不力，这种比较是毫无意义的。应该将连续年份同一时期的比率进行比较。当商品价格上升，货架上存货商品的价值增加时，销售收入与存货的比率将降低。在价格降低的时候，解救零售商或制造商的方法就是提高存货周转率。

信用政策

应收账款占销售收入比重是另外一个很有趣的数字。这个比重的浮动可以表明一家公司信用政策的变化。如果一家公司销售收入中的应收账款比例不断提高，我们就会怀疑公司是否放低了信用标准，在其损益表上，很有可能有一部分坏账已经被记作流动资产处理了，而且这部分坏账的数字还在不断增大。在经济萧条期及价格下降期，降低信用标准是可取的，因为在这种时期应收账款比存货更有价值。随着总体经济情况的改善，信用部门应该适当收紧信用政策。

对折旧的一些看法

我们从销售收入与固定资产比率的不断增长中，可以看出公司的管理方式是高效还是过于保守。以下报表是通用电气在1923年至1929年这7年期间的销售收入、每年年末工厂的账面价值，以及这两个数字的比率。

			单位：美元
年　份	销售收入	工厂、净值	比　率
1929年	415,330,000	49,236,000	8.44%
1928年	337,189,000	47,556,000	7.09%
1927年	312,604,000	50,338,000	6.21%
1926年	326,974,000	50,557,000	6.47%
1925年	290,290,000	55,169,000	5.26%
1924年	299,252,000	55,770,000	5.37%
1923年	271,310,000	57,869,000	4.69%

这7年间的平均比率是6.21%，加权平均比率为6.78%。很明显，比率的走势是上升的。这说明存在两种可能性，要么是公司使用设备的效率在此7年间的最后阶段得到了很大提高，要么是公司在记录设备真实价值时采用了极为保守的折旧策略。如果这7年间，商品价格呈总体下降趋势的话，更能说明效率的提高和策略的保守，因此，以实物单位来计量销售，其增加额可能比以美元来计量销售的增加额多出许多。

利润率

除了销售收入和各种资产负债表项目的比率之外，销售收入与另一项损益表项目的比率也非常重要，这就是运营净利润占销售收入的比重，即利润率。利润率的下降趋势可以显示出管理效率下降、行业竞争加剧，或者发生了管理层无法掌控的某些状况，由此引发诸多难题。很有可能某行业的大部分公司几年的利润率一下子都没有了，整个行业陷入了重重困境。另一方面，如果不能引起更多竞争，市场就无法恢复平衡，利润率的增长趋势则不能维持很长时间。从投机者的角度来看，最理想的状态就是稳定。当然，为了公司经营周期的发展，应该做好适当的准备。1921年利润率的下降并不是什么警告。一家公司要想在那一年获得利润，要么就是非常走运，要么就是经营方式异常精湛。

对很多公司来说，"其他收入项目"是非常重要的一项。这一项数字的大小有助于说明资产负债表上"投资"项目的价值。这一项通常不会给出太多细节，一般情况下，它是与正常经营活动的总收入合并在一起的。

折旧的重要性

从多种意义上讲，折旧都是损益表上最重要的项目。其他项目都或多或少不受经营管理的控制，但折旧则是完全由经营管理来决定的会计项目。如果收益很少，折旧准备金的数额就应该缩减，这样整个报表看起来就会好一点。如果收益非常好，而管理者想把股东提高股利的要求降到最低，折旧准备金就可以做得很大。因此，投机者必须时刻关注折旧准备金数额，考虑这个数字是过小、合理，还是过大了。关于这个评判，并没有什么死板的规定。一般情况下，财政部允许纳税人以每年4%的比率来计算木架结构建筑的折旧，以2%的比率来计算混凝土钢筋结构建筑的折旧，以10%的比率来计算机器设备的折旧，以20%的比率来计算汽车的折旧。制造业企业的固定资产很可能包含以上所有种类，以及工厂所占用的土地，但土地是不会产生折旧费用的。如果分析师不能确定某家公司合适的折旧金额是多少，他至少能注意到对固定资产计提的折旧比率在每年的不同变化及总体走势。

一项令人满意的比较

我们对比雷明顿·兰德公司1930年与1929年的损益表，所得出的结果比较让人满意。尽管总体经济从1929年中期以后开始大萧条，但雷明顿·兰德公司的销售收入还是出现了小幅增长。在销售收入增长的同时，管理层还成功削减了部分直接费用和间接成本。折旧也有小幅增长，事实上几乎达到了上一年底固定资产账面价值的12%。而通过赎回债券或是减少流动债务，利息费用减少了。子公司的少数股东权益明显减少。优先股股利的减少也表明部分优先股被赎回了。对于这些推论，我们也可以通过对比资产负债表进行再次核实。

统一的铁路公司会计

到现在为止，讨论只限于工业企业的财务报表。铁路和公共事业公司的损益表与工业企业的损益表从表面上看有所不同，实际上，分析方法也是有所不同的。铁路和公共事业公司的损益表对投机者来说更为重要，因为这些报表更容易拿到。美国所有的铁路公司都在州际商务委员会的管辖范围内，州际商务委员会要求铁路公司按照统一的格式，定期向其汇报收入情况。大型铁路公司的月收入报表是很容易获得的。同样，大部分公共事业公司会定期向不同的政府管辖单位汇报收入情况，但它们没有像铁路部门那样，规定要使用全国通用的统一表格。

我们现在对1925年科罗拉多南部铁路公司的损益表做一下分析，以下是损益表的部分内容。

单位：美元

货运收入	19,598,517	
客运收入	4,140,562	
其他收入	1,915,076	
运营收入合计		25,654,155
道路维修费和建筑维修费	2,888,666	
设备维修费	4,934,683	
交通费	348,603	
运输费	8,461,550	
杂项运营费用	203,689	
一般费用	958,267	
交通投资	44,830	
运营费用合计		17,750,628
运营收入合计		25,654,155
运营费用合计		17,750,628
运营净收入		7,903,527
应计铁路税	1,637,703	
无法收回的铁路应收账额	6,992	
运营净收入扣除合计		1,644,695
铁路运营利润		6,258,832
出租设备收入	378,164	
出租联合设备收入	98,193	
其他租金收入	95,261	
股利和杂项利息	596,012	
杂项收入	2,945	

		接上表
非运营性总利润		1,170,575
总利润		7,429,407
设备租金	909,589	
联合设备租金支出	164,116	
长期债务利息	2,551,365	
其他扣减额	138,398	
总利润扣除合计		3,763,468
净利润		3,665,939

在下一章，我们将详细介绍铁路公司财务报表的分析方法，但有几个要点我们在这里要事先说明一下。运营费用与运营收入的比率就是所谓的运营费用率。在战争爆发之前，对一家普通运营的铁路公司来说，其运营费用率都要达到70%左右。如果运营费用率连续几年都呈现上升趋势，很明显，这将是对企业盈利能力的巨大威胁。维修费用与运营收入的比率经常可以体现出铁路资产的状况如何。一般来讲，比率在30%到35%之间是比较正常的。如果这个比率异常高，我们就会怀疑管理层是不是通过改良铁路资产，并将相关花费计入维修费用，从而隐藏利润。如果这个比率很低，分析师又会担心管理层任由设备恶化，以维持股利和利息的支付。如果维修费用明显下降之后，紧接着货运和客运成本又等比例增加，也就是说运输费用率增加，那就会加重分析师的不安。另一方面，在支付大额的维修费用之后，如果设备状况得到了改善，运输费用率应该是下降的。

铁路资产折旧缓慢

在铁路部门的损益表和工业企业的损益表中，折旧项目所扮演的角色不同。在铁路公司中，折旧项目并不是非常重要的。在很大程度上，铁路是永久性固定资产，铁路的通行权不会折旧，更换铁轨、枕木、开关和信号灯会被作为维修项目计入运营费用。除了火车头和车厢以外，铁路公司大多数固定资产项目都是这样，作为维修项目计入运营费用。折旧准备金是为维修火车头和车厢而留置的，这部分被计入设备维修费用。在科罗拉多南部铁路公司的报表中，这项费用是439,711美元。

公共事业公司的损益表与工业公司的损益表相比，也有很大不同。我们将太平洋煤气电力公司1929年的报表作为例子研究一下，报表如下：

		单位：美元
运营总收入		64,440,588
运营费用：		
维修费	2,981,187	
运营、销售和管理费用	21,453,195	
税款	6,813,406	
折旧	7,477,634	
总计		38,725,422
运营净收入		25,715,166
其他业务利润		380,306
总利润		26,095,472
－债券利息	10,630,021	
－其他利息	258,247	

接上表

合计	10,888,268
－ 建造利息费	1,039,703
余额	9,848,565
债券折价摊销及费用	506,419
合计	10,354,984
净利润	15,740,488

在这张表格里，最有意思的数字应该是扣减的维修费和折旧费。公共事业公司每年在维修及折旧上花费的费用，大概是当年总收入的12.5%到15%。因为公共事业公司的年收入中每增加1美元，都要对应5到7美元的固定资产，因此维修和折旧的费用相当于固定资产的1.8%到3%。不论是例子中出现的情况，折旧金额比维修费用超出很多，还是相反的情况，这都是完全取决于管理层的政策。不幸的是，很多公司发布的报表中，维修费与其他运营费用混合在一起。有些甚至没有单列出折旧项目，而是将其作为盈余（扣减股利后）的扣减项。这种情况下，支付利息后的余额可以被标示为"股利、折旧和盈余前的余额"。因为大多数专家认为应该预留出用于更换设备的准备金，这同支付利息费用一样必要。所以在这种情况下，分析师在计算可用于股利分配的余额时，有自己的考虑是很正常的。

"建造利息费"这一项目，顾名思义，因为大型建设项目的完成是需要一定时间的。在这段时间里，投资的金额并没有盈利，所以应该将其利息资本化，而不能将其视为当期的费用。"债券折价摊销"是借款产生的年度费用中的一种。如果一个公司发行了2,500万美元的30年期债券，售出时折扣为94%，那么150万美元的折价会在30年内合理摊销，或者说每年将平均摊销5万美元。

审计报告

在正规的公司年报上，有一部分内容是股东经常忽略的，那就是审计报告。以下是一家大型会计公司对西屋电气公司1915年的审计报告，这是一份内容非常详细的范本：

我们已经对西屋电气制造公司及其子公司，截至1915年3月31日的年度账簿和账目进行了审计。

我们已经通过清点或信托公司的函证，核实了该公司持有的股票和拥有的债券、现金和应收票据情况。股票和持有的债券以账面价值列示，其账面价值低于总成本。

我们已经检查了应收账款项目，我们认为，已留置的坏账准备金足以应对可能的损失。

对于原材料存货、易耗品存货、产成品和在产品，我们都已监督清点完毕，并以成本价或更低的价格列示。

我们在此证明，在我们看来，1915年3月31日西屋电气制造公司及其子公司的资产负债表，合理地描述了当日的财务状况；截止到1915年3月31日的年度损益表也正确地反映了该期间的运营成果，此外，公司账簿上的数额与损益表上的数额是一致的。

天真的管理者

在这份审计报告里，没有任何"避免责任条款"，这说明审计者对公司事务进行了深入的分析，而不是只做了试算平衡表。许多公司的年度报告中还没有审计报告。很明显，应该对所有公司的账目进行独立的定期核对，公司证券持有人有权利知道公司提交的报表是否准确，是不是有负责任的会计公司愿对此进行担保。在大型公司里，严重挪用公款的事情不多见，但这也正是投机者所要承担的小型风险之一。前一段时间，人们发现在一家重要的纺织厂里，财务主管为了让报表更好看一些，提高了存货账户，其董事长由此天真地认为"股东没有任何损失，他们只是过高估计了自己拥有的资产"，但事实上，事件披露以后，投资者手中的股票价格由每股40美元跌至每股1美元。

第十三章　铁路和公共事业公司股的分析

铁路和公共事业公司会受到政府严格的管控——管控的利弊——举债经营——不平衡的资本结构吸引投机者——筹资稳健的公司股票价格通常波动更慢——如何判断铁路公司的运营效率

某个知名的罐装和腌制食品企业因其罐头有57种不同的口味而闻名于世。但这一数字跟铁路公司要向州际商务委员会提交报告的种类比起来还差得远，这些报告包括周报、月报、季报等，共约167种。州际商务委员会的管控范围包括：铁路公司使用的安全设备种类、向乘客收费的标准、发行新股的条款，以及是否要进行线路扩建等。铁路公司和职工的雇佣关系也要受到管制，但主管部门不再是州际商务委员会，而是另一个政府部门。除此之外，铁路线路经过的大部分州都有本地的公共事业和铁路委员会，这些部门同样会制定本地的特殊规定。

各州对公共事业公司的管控

现在部分公共事业公司，如煤气、电力和自来水公司等，不受任何联邦机构的管控。但联邦内的每个州府，为了监督辖区内公共事业公司的运作，几乎都设立了公共事业委员会以及其他类似的机构。如果某个爱挑刺儿的市民认为自己的煤气费用太高，就可以去委员会申诉。如果哪家公共事业公司因为想从投资中获得更多回报就提高收费标准，那么整个社区都会被激怒。

在这样一个领域开展项目能有什么机会呢？到处都是红线和规定，公司的业务怎么能成功地进行呢？就算一个充满活力又精明能干的管理者可以将一家企业的价值翻倍，但如果这家公司被各种条条框框限制，还能同样实现增值吗？

公共事业股股价确实会大幅波动

这一结论是肯定的，也是有事实依据的。公共服务公司的股票波动幅度与工业公司的股票波动幅度相似。从1924年开始，波士顿·缅因公司的普通股股价由10美元涨到145美元，用了不到5年时间。联邦电力公司的股价从1926年的28.625美元涨到了1929年的246.5美元。要知道，在1926年之前，公共事业股已经连续猛涨了5年了。这种现象在工业领域基本上是见不到的。

如此看来，政府所谓严格的规定也不过如此。政府部门称不许做这不许做那，但从来不会站在经营的角度去看问题。委员会的委员和督察员们会对公职人员的薪资进行审计、检验、核查和督查，对违规行为表示禁止和批评，但从来不会行动。批评结束后，他们还是给股东选举出的管理层留出了广阔的空间，让他们可以争取更多业务，并削减运营费用，就像公司管理者必须争取扩大业务、降低成本一样。在公共服务公司里，管理不慎会导致利润降低甚至出现亏损，而良好的管理则会使一家弱势企业变强、变大。比起工业公司，铁路公司和公共事业公司会受到更多的政府管制，但投机者没有必要只因为这些就不考虑购买它们的股票。

政府管控带来的好处

另一方面，政府管控给投机者带来了明显的好处。投机者可以获得大量的有关公司的详细信息，并可以据此决定是否购买其股票。在其他情况下，投机者是拿不到如此丰富的资料的。以铁路公司为例，投机者每个月可以获得关于公司利润的详尽数字，并能经常得到大量的其他相关信息，而且这些信息都采取了统一的标准格式。分析师不必停笔思考某个账目的具体内容，因为他清楚这个账目和其他50家铁路公司损益表中的同名账目指的是同一样的东西。在公共事业公司中不存在如此丰富的信息，账目也没有统一格式，因为它们不是向一个中央机构做汇报，而是向49个不同的管辖州做不同程度的汇报。但与工业公司比起来，我们还是可以从公共事业公司的报表中获得更多信息。

大企业的道德标准

那些激烈抨击社会秩序的人通常认为只有奸商才能创造大量财富，大企业从来都是不道德的。当然，这是对商界的无知偏见，但我们也不可否认，没有严格遵守道德准则的交易也会偶尔发生。如果发生了这种违背道德的事，小股东、小投资者或小投机者就会损失惨重。很明显，欺诈交易只能通过暗箱操作。由于大公司的运营情况长期公开透明，想要进行不诚信的交易基本上是不可能的。相对于工业公司来说，公共服务公司的运营情况一直是公开透明的。此外，某些政客一直在寻找公共服务公司的弱点，一旦发现便抓住不放。因此，大公司的运营活动中99%都是诚实的。公共服务公司在企业发展的正直性和道路的选择上承受的压力要比工业公司大得多。

举债经营

对于公共服务企业来说，出现股价大幅波动的主要原因是，这些公司在构建资本结构时，采取了"举债经营"的策略。对于工业企业来说，理想的资金结构是没有债券、没有优先股，只有一种股本类型。在公共事业和铁路部门，这样的资本结构几乎不存在。由于固定资产能持久发挥作用，盈利能力相对稳定，铁路和公共事业公司可以通过发行债券或优先股来获取大部分长期资本，这也是他们的惯例做法。在美国，铁路公司一半以上的资本是由债券和股利率固定的优先股构成。通常情况下，对于公共事业公司来说，普通股占总资本的比率要比在铁路公司占的比率小得多。一些控股公司就是通过持有全部或大部分普通股而控制了公司的分散资产。在这种情况下，通过拥有1,000万美元的普通股来控制价值1亿美元的财产是是很寻常的。

具体实例

我们通过以下例子来简单地解释一下举债经营是什么。假设一家公共事业控股公司发行了年利率5%的6,000万美元的债券、年利率7%的3,000万美元的优先股以及1,000万美元流通在外的普通股。如果根据公司所辖地区公共服务委员会的规定，公司在良好管理下能从投资中获利8%的话，就有可能获得800万美元的利润。债券持有人将获得300万美元，优先股股东将获得210万美元，剩余290万美元将用于普通股的分配，也就是每股29美元。现在假设委员会要求其降低收益率，或者公司管理不善，或者因为其他原因，利润只能达到资产价值的6%，那平均下来，每股普通股只能收益9美元。换个说法，如果利润下降了25%，那么普通股每股收益将下降69%。如果利润下降36%，普通股就无法获得任何收益。

如果利润率如此微小的浮动也可以引起这么显著的影响，那么它对股市的影响就更明显了。如果一个公共事业公司利润率很低，不能给普通股带来收益，或者收益很少的话，那这只股票的市场价大概就在5美元到20美元之间。运营费用的微降、总收入的上升或利润率的改善，都会使得投资产生更大回报，可以在普通股中分配到每股10美元或者更多。比如在1929年的牛市，普通股股价甚至能达到每股250美元至300美元。

剧烈的股市波动

事实证明，一般来讲，如果一家公共事业公司的股价出现了大幅波动，那说明这家企业的资本结构存在不平衡的问题。举两个例子来说明一下。1924年12月31日，波士顿·缅因公司有13,270万美元的固定债务、4,190万美元的优先股，但只有39.473万股股票。1923年的公司报告称，连续三年来，公司在支付固定支出后均出现赤字。毫不奇怪，公司股票只卖到10美元每股。新的管理层说服优先股股东放弃大部分累积股利，大力削减费用、快速改进设备。5年之后，总收入实际上比1923年少，但更高效率的经营让普通股获得了每股8.62美元的收益。在这种情况下，该公司的股票市值达到了2.3亿美元，而这一数额在1924年还不到400万美元，也就是说几乎翻了15倍。

联邦电力公司在1926年底还是一个有着相当规模的公司。总公司及子公司的长期负债和优先股达到了2.52亿美元，普通股有123.3万股股票。在当年股市低迷的时候，公司股票市值不足3,600万美元。在1925年公司每股收益为2.61美元。由于公司的资本结构、33%的总收入增长率和运营费用率的改善，使得1928年可用于普通股股利分配的利润总额增长了220%。公众逐渐意识到在公共事业领域存在这种增长的可能性，这样又推动了公共事业公司股票价格在1929年新一轮的攀升。

投资者和投机者平分秋色

资本稳健的公共服务公司，股价不太会发生大幅度的波动。宾夕法尼亚铁路公司就是这样一个例子。1929年流通在外的股票资本为5.75亿美元，长期负债为5.5亿美元。由于公司股票比例大，要想提高股票收益的话，就需要大大提高公司利润。这种资本结构自然要求公司盈利能力要相对稳定。宾夕法尼亚铁路公司自1856年以来，每年都会支付股东股利。投资这只股票会获得较平稳的股利，其股价的上下波动不会太大。但在1921年由于战争的灾难性影响和联邦政府加强了对铁路的控制，公司可分配股利有所下降，股票价格跌至32.25美元。但到1929年就又恢复到110美元每股。这就其自身来讲是个很大的进步，但与波士顿·缅因公司比起来，就是小巫见大巫了。

筹资稳健的公共事业公司

在公共事业领域，联邦爱迪生公司就是一个筹资方式较保守的例子。1929年底，公司仅有1.35亿美元股本、1.2亿美元债券，没有优先股。与1925年的损益表相比，1928年的损益表显示出总收入增长了33%，这可以与联邦电力公司相媲美了。运营费用率的改善情况也不错。由于拥有更稳定的资本结构，联邦爱迪生在可分配股利的利润方面只增加了44%，而在几乎相同的条件下，联邦电力公司获得了220%的增长。联邦爱迪生公司的股票在经历了1926年的低谷后，三年内长了三倍。但这与联邦电力公司接近900%的涨幅相比，还是颇为逊色的。

很明显，那些必须加大资本投资以便提高总收入的公共事业公司，可以维持一个保守的资本结构，但也付上了放弃股价大幅上涨的可能。此外，在这个领域，投资者和投机者是完全平分秋色的。这种资本结构对投资者来讲是很理想的，却大大降低了股价变动带给投机者高额收益的机会。

当然，对于资本结构接近完美的公司来说，股票价格的大幅波动也不是不可能的。纽黑文公司1913年的资本结构包括1.8亿美元的股票、2亿美元的债券，但这并没有使其股票逃脱股价大跌的灾难。公司股票从1913年的129.875美元高位狂跌至1923年的9.625美元。皮埃尔马盖公司的资本结构也颇为理想，长期债务4,200万美元，优先股2,300万美元，普通股4,500万美元，这家公司的股票从1922年的每股19美元涨到了1926年的每股122美元。一家优质的企业在经济萧条时也许会衰弱，一家成就一般的公司可能因为管理层的辛勤工作而繁荣昌盛。然而，这种变化产生的市场波动，与财富变动导致股权稀化而产生的市场波动相比，要慢得多。

季节性因素

由于铁路公司股票的走势取决于个别因素，而不是取决于市场总体趋势，所以对投机者而言，分析铁路公司账目报表是十分重要的。无论是规模较大的铁路公司，还是规模较小的铁路公司，每个月都要向州际商务委员会上报报表，之后报表会在金融出版物上刊登出来。一个月的时间很短，其利润情况也许与全年利润的十二分之一相差甚远。承担谷物运输的铁路在春季的4个月里可能连固定支出都挣不到，但从全年来看，其盈余应该是相当可观的。但另一方面，佛罗里达州铁路线路的运营旺季则是冬季和早春。通过多年数据的平均值，可以得出某条铁路线路在某个月份通常能赚到的总收入与运营净收入占当年的比重。这些数字可以通过大量的统计汇集得出。如果能拿到前四个月或五个月的运营净收入，那么相对精确地计算出全年的收入就非常简单了。详细的月表数字也说明了公司有无削减维修费用的倾向，以及运输成本所占比例的升降等一系列问题。

铁路公司业绩的衡量标准

除了损益表中的数字金额以外，年度运营报表中其他诸多细节也很重要，这些细节的计量单位为吨和英里。一直以来，用吨英里来计量运输量是最合适的——一英里所运输的吨数。这个数值在某些连续年中，应该显示出明显的上涨趋势。以英里为单位的平均运距是另一个重要的数字。由于站点成本是铁路运输成本的主要组成部分，长途运输是铁路运输中获利最高的业务。那些装载大量易腐水果和蔬菜的火车，高速行驶在从加利福尼亚州到密西西比河，或者从佛罗里达州到某个北方城市的铁轨上，那么这些路段将获得巨大利润。如果在一年中的某个时段，平均运距呈现上涨趋势，这就说明其业务可能变得更加赚钱了。对货运的分类是铁路报表的另一个重要细节。如果在货运分类中，工业品、杂货、农产品越来越多，矿产品和木材越来越少，那么就说明铁路是越来越赚钱的，因为矿产品和木材的价值较小，运输费用较低。大多数路线上，客运往往不及货运那么重要，但长途客运还是有利可图的。

列车载重指标

用来衡量铁路运营效率的常用标准是平均列车载重量。对于一个车组来说，可运载的吨数越大，货车的装载就越充分，直接运营成本就越低。每家铁路运营公司的员工，都想方设法地提高汽车或火车的载重。实现这个目的的方法之一就是减少空载运行。铁路的单向运输交通压力大，这是很多铁路都面临的一个严峻的问题，比如从矿区到海边运输烟煤的铁路就属于这种情况。反方向的空车运行自然会大大降低列车的平均载重数值。一般来讲，经营良好的铁路公司在几年内的平均列车载重都是保持一直增长的。将一家铁路公司的列车载重与另一家相比，二者通常不具备可比性。比如，一条主要运送煤炭的铁路，其平均列车载重可达800或900吨，而另一条轻货运输线路的平均列车载重可能只在300或400吨。尽管如此，对于铁路公司的分析师来说，列车载重数值还是非常重要的。

艾奇逊公司的运营效率

我们来分析一下美国最大的铁路公司——"艾奇逊、托皮卡和圣达菲公司"的情况。其公司货运量由1913年的2,506.2万吨上升到1925年的4,278.2万吨。吨英里数额增长幅度更大一些，从78.02亿增长到138.62亿。但通过简单的计算，我们可以得出，平均运距上升幅度很小，即从311英里上升到324英里，只增长了13英里。由于私人汽车和公共汽车的发展，铁路公司提供的短途运输减少了，所以乘客数减少了50%，但平均运距却从90英里上升到了209英里。

战争导致大多数道路的运营比率大幅提高。大多数铁路将其大部分的总收入用于维护和运输，艾奇逊公司在1925年的相关数据与1913年的很相似。1913年，维修费占总收入的32%，在1925年占总收入的34.3%。1913年，交通费占总收入的30%，在1925年只有30.8%。但通过观察列车载重数，人们可以感觉出这个公司非常高效。1913年的平均列车载重是425吨，到1925年达到了670吨。对于一条不是主营煤炭的线路来说，这已经是非常好的业绩了。1925年，工业制成品、商品、杂物等占到总货运对象的32%以上，而在1913年，这些类别的货运比例还不足25%。

圣保罗公司的困境

"芝加哥、密尔沃基和圣保罗公司"在1925年进行了破产托管。我们通过对比1913年与1924年的公司数据，可以发现一个铁路公司进入破产托管之前的种种迹象。该公司的货运吨数增长量大大低于艾奇逊公司的货运吨数增长量，而其平均运距实际上也是下降的。圣保罗公司的运输费用率不断上升，而且每一年都要比艾奇逊公司高很多。该公司1913年的维修费用比例远远低于艾奇逊公司，1924年略有升高，这显示在维修费用方面可能存在不足。圣保罗公司在这段时期的列车装载收益方面要稍稍优于艾奇逊公司，但在货物运输性质方面的变化却说明了其业务有明显倒退。1913年，该公司货物运输中商品、工业制成品及杂物的比例超过了30%，但在1924年却下降到不足23%。

关于艾奇逊公司和圣保罗公司还有一个很有趣的比较，那就是对设备折旧的处理。很遗憾，圣保罗公司在其年度资产负债表中，没有将铁路和设备分开列示，报表只显示其在1923年12月31日，铁路和设备项目的总金额是6.89亿美元。同日，艾奇逊公司这两项的总额是8.42亿，其中1.91亿的是设备价值。艾奇逊公司在同一日期的应计设备折旧准备金是7,600万美元，而圣保罗公司资产负债表上这个项目仅计为2,500万美元。即便两家公司在体量大小方面存在一定差异，人们仍有充足的理由怀疑圣保罗公司对维修费用准备不足。我们要时刻谨记，在铁路公司的报表中，折旧金额是维修费用的一部分。因此，在这种合理的猜测下，即使圣保罗公司的优先股收益在报告上显示为30美分每股，但在1924年，优先股的实际价格却达到了32.125美元。

千瓦和千瓦时

吨和吨英里是铁路公司运营报表中的代表性计量单位，同样，千瓦和千瓦时也是电力公司的重要计量单位。千瓦是电的功率单位，相较于马力，工程师更常用千瓦这一单位。一千瓦接近于1.33马力。电力公司以千瓦时售电。一些大型电力公司在1925年打破了10亿千瓦时的销售记录，比如，纽约爱迪生公司在那一年的售电量达到12.16亿千瓦时，其中该公司的自有电站发电量为9.67亿千瓦时，其他电力是买来的。该公司的发电能力为41.6万千瓦，如果发电站全年365天24小时运转的话，生产的电量将达到36.4亿千瓦时。要生产和售出如此多的电量需要100%的理论效率。而理论上最大产出比也被称为载荷系数。每个公共事业公司的管理人都想将设备完全利用起来，不论分分秒秒、淡季旺季，以提高载荷系数。

但实际上，永远不可能实现100%的载荷系数。

在进行铁路公司之间的对比时，两个公司之间的差异不会很大。但在公共事业单位中，不同公司间的差异可能更大。一家公司也许可以在各种电力设备上生产电能，并出售给少量的大型客户，但有些电力公司也许根本没有自己的发电站，只能从电力供应商那里购买并出售给自己区域内的零售客户，还有一些电力公司则是既发电，又配电。对于主要或全部用水力发电的公司来讲，其损益表可能与蒸汽发电厂的损益表形态迥异。但公共事业领域大规模的并购潮正在消除这种差异。

资本周转速度慢

总体来讲，分析师在分析公共事业公司的报表时，最应谨记的是，公共事业公司的固定资本的周转速度很慢。通常需要投入5美元及以上的固定资产，才能创造出1美元的年收入。水电公司更是如此。在水力发电站，投资100到300美元，才能生产1千瓦电力，这还不包括长途输电线路和配电系统。1925年底，蒙大拿州电力公司的固定资产为9,500万美元，是其1925年总收入（843.8万美元）的11倍还多。另一方面，水电公司的运营费用很低。直接运营成本只有润滑剂费用和数额很少的工人工资。1929年宾夕法尼亚水电公司的运营费用只占其总收入的35%。完全或主要靠蒸汽发电的公司，其运营费用率要比水电公司高很多，但其资本成本相比来说却低得多。

公共事业公司的折旧准备金应达到总收入的6%—10%。但如果累积的准备金大于或等于固定资产价值的10%后，公司就应当减少一些折旧准备金。公共事业公司在债券发行合同中，通常都会规定发行债券的公司要为维修和折旧留置具体数额的准备金。常见约束条款如下："公司每年向受托人支付的最低额为，公司总营业收入的12.5%减去过去一年在改进、添加、维护、维修、更新、更换设备上花费的费用。"

启发性的案例

1925年4月13日，《巴伦周刊》发表了一篇关于拉丁美洲公共事业公司的文章，讨论了哈瓦那电气化铁路公司的特别折旧政策。文章表明，在1923年，该公司将总收入的24.9%设定为折旧及其他事项准备金。如果将准备金设定为常规的总收入的10%，用于普通股分配的金额平均到每股将达到21.94美元，而不是报表中所显示的每股普通股获得股利8.57美元。当时的公司股票价格为102美元每股，报表显示几周之后其售价甚至低于其面值，但在一年内该公司的股价却超过了250美元。由此可以看出，市场的变动与人们改变对公共事业公司盈利能力的看法没有关系，这也是1929年公共事业公司股价大涨的原因。它只是代表人们开始关注到这些公司可能存在数额巨大但鲜为人知的资金。这种情况很少出现，但至少说明折旧数字是值得好好研究的。

煤气公司相对于电力和能源公司来说，数量少，影响小。在很多大城市，如纽约、巴尔的摩、丹佛、旧金山，很多公司在提供电力的同时也提供煤气。对这种同时运营电力和煤气业务的公司及其持股公司来说，可以采用与电力公司相同的比率进行分析。有一些重要的煤气公司，布鲁克林联盟、马萨诸塞州和芝加哥大众。一般来说，人们会认为，煤气公司需要计提的折旧率要比电力公司的折旧率稍微低一些。

一种理想的燃料

天然气产业近年来得以快速发展，这让人造煤气产业的发展蒙上了阴影。燃气管道建设的改进使天然气的市场得以迅速扩张，几年之内，这种理想的燃料将会在美国更广阔的地域范围内自由流通。井中1,000立方英尺的天然气成本很低，也就几美分，但其热单位含量是人造煤气的两倍，而且人造煤气的售价很高，达到了1,000立方英尺1美元以上，因此天然气将很有可能取代人造煤气。但由于管道建设费用昂贵，燃气的运输费用有可能比在气井中高出好几倍。另外，天然气供应也不像工业品那样稳定。这些固有的缺陷很可能导致市场对天然气公司的利润评估与对电力公司的利润评估方法大有不同。

铁路客运公司的苦恼

铁路客运公司属于铁路公司中比较特别的一类，但我们还是可以用分析铁路公司的比率来分析铁路客运公司。城际铁路运营很容易受到私人汽车、公共汽车的竞争，大城市提供公共运输服务的系统必须依靠地面、地下和高架路线，我们应该将这二者加以区别。在战争时期，铁路客运公司常常苦于财力短缺。以往收费仅为5美分，如果提高费用会引起公众的反对。后来，来自私人汽车和公共汽车方面的竞争加剧，使得铁路客运公司丧失大部分投资者和投机者群体。在写作本书的时候，通过破产托管，一些弱势铁路客运公司被淘汰，但这还没有结束。不过，大城市的铁路客运公司在交通运输、利润上是有增长的。城际铁路的处境也不是完全没有希望，尽管大多城际铁路公司财务状况很差，但与独立的经营者相比，它们在投资经营公共汽车方面的资金状况要好得多。公共汽车线路内部的竞争，以及其与城际铁路的惨烈竞争，最后将以弱势竞争者的财源枯竭而告终，同时立法部门和法院会采取行动保证公共事业安全有序。当那一天到来的时候，铁路客运证券将有望迎来牛市。

公共事业公司，如铁路、电力、煤气和铁路客运公司，它们的股票为投机者提供了广阔的、操作性高的多个优势领域。这些公共事业公司的信息比工业、矿业、石油业公司更完整，更可靠，分析的标准更完备，更详细。

第十四章　工业股的分析

行业巨人的成长——一个具有远见的案例——烟草行业的繁荣——马与拖拉机——如何比较钢铁股——机械的对比没有价值，判断力才是重要的——学习行业知识——如何领先于整个行业

在大城市，很多商店的门外都亮着闪闪的红色灯光——"霓虹灯"。这些霓虹灯是由装着稀有气体——氖气的玻璃管制成的，当电流通过氖气时，玻璃管就会呈现红色。这些氖气的生产厂家，正是一家在纽约证券交易所上市的大型工业公司，它将氖气出售给霓虹灯制造商，但出售氖气并不是该公司的主营业务。现在很多企业都在从事多种业务经营，这是上一辈人做梦也想不到的。如今的工业企业在生产大量新型产品的同时，也在从事传统型商品的大规模生产活动。上一代企业通常属于个人或少数人团体所有，员工也往往只有几百名。如今的制造业企业规模较之前的要大得多，并且企业的资本并非几个人提供，而是由成千上万的人来提供。

托拉斯的产生

在美国南北战争至西班牙战争期间，投机者几乎不会购买工业股。在19世纪90年代的航空、钢铁、制糖、造纸和橡胶等行业中，竞争力强的企业通过不断兼并小企业，创造了"托拉斯"，这一过程一直持续到今天，由此才使工业股进入公众交易的视线。以前，铁路股是主要的投机工具，而现在，工业股涵盖了大部分业务种类，其在数量上已远远超过了铁路股。最近某一天的证券交易所记录显示，如果将交易量最大的十家公司按字母排序，其对应的经营范围分别为：百货店经营、投资信托、针织品制造、办公设备制造、农机制造、铅矿开采、燃气提取、真空吸尘器制造、轮胎制造和金矿开采。

为什么工业股倾向于一起波动

直到20世纪早期，可投机的工业股数量还相当有限，在股市上表现活跃的股票也只有这么几只：美国钢铁、美国制糖、几家制铜公司和其他一些"托拉斯"的代表。投机者的注意力局限于这些有限的目标，并且这些股票容易一起波动。相比于现在数百只股票中一只股票的明显波动，在当时单只股票的明显波动引起的关注大得多。此外，在过去，工业多元化的程度更低，对某个行业不利的因素，很有可能也会对其他行业产生不利。随着当今股市和国家产业结构多元化的发展，在股市的总体波动中，单只股票波动的空间与以往相比有了更广阔的空间。

萧条与繁荣并存

如今，当整个国家处于繁荣时期时，也很可能存在大量行业处于萧条状态。比如，在1923年至1926年期间，皮革制造商、书籍与造纸商、化肥制造商、包装商品商、大多数纺织品制造商和烟煤矿商，均经历了各自行业里不同程度的经济萧条。这些公司的股票除了受到所在行业的总体状况的影响外，还受到货币市场和股票市场的总体走势的影响。

在前面的章节中，我们已经注意到：即使是同一行业的两只股票也可能朝相反的方向波动，或是朝同一方向波动时幅度有很大差别。这样看来，投机者不仅要确定总体市场的环境是否有利于买卖，同时还要确定某家公司所处行业的具体情况，以及该公司的自身状况是否有利于股票买卖。由于工业股是投机活动的主要操作工具，因此我们需要加大对工业股的分析和关注。

对烟草公司的分析

当个"事后诸葛亮"要比未雨绸缪、深谋远虑容易得多。在写本书的此时此刻去分析几年前的某只股票，并且展示聪明的投机者是如何能知道该股票后面的走势，这其实是很简单的。但相反，让我们看看一个过去做出的分析与预测在多年之后的结果。1924年5月，《巴伦周刊》发表了一篇文章，详细论述了1911年美国烟草公司解散后形成四大烟草公司，以及这些公司在该文章发表时的经营情况。大家都不会忘记，最高法院于1911年下令解散了烟草行业的"托拉斯"，将其分解为四大烟草与香烟公司，以及一些小规模的鼻烟、甘草及相关产品的制造商。四大公司，即美国烟草、利基特·迈尔斯、罗瑞拉德和雷诺，进入了一个市场竞争较为活跃的时期。这一行业的繁荣，很大程度上得益于烟草消费的巨幅增长。雷诺将其业务集中于一个香烟品牌——骆驼牌，并取得了巨大的成功，从1912年的利润最少，到1924年一跃成为四大公司中利润最高的公司。美国烟草则是继续生产多种香烟和其他烟草制品，虽然保持着增长势头，但相比于雷诺公司来讲，增速比较缓慢。利基特·迈尔斯与美国烟草施行同样的政策，但是与之相比，增速较快。罗瑞拉德则专注于经营价格相对较高的土耳其品牌香烟。罗瑞拉德公司之前的战略是推广一种廉价的混合型香烟，但这项战略在1924年最终宣告失败，就在《巴伦周刊》文章发表之前，罗瑞拉德的管理层还刚刚发生了变动。

预测与结果

这篇文章在结论部分对四只股票的评论如下：

美国烟草："报告显示公司可以持续盈利，这将使股票有可能获得参与投资评级的权利。总之，这只股票确实具有吸引力。"

利基特·迈尔斯："去年公司股票的平均每股收益几乎与雷诺相同。虽然这家公司之前的报告显示其增长速度不及雷诺，但这只股票的收益率更具吸引力，前景光明。"

罗瑞拉德："1923年以前，该公司的状况还是一直不错的，但现在其股票是否会一直下跌，有待观察。"

雷诺："应该可以保持其在该行业的领先地位。但目前市场对这只股票的未来前景并不看好。"

整个行业："烟草制造商预期国内人均香烟消费量能够达到1,000支，这四家公司应该能够享受这个行业持续的繁荣。"

根据这些评论，下表列示了这四只股票在1924年5月5日和1929年12月31日的市场情况，每只股票的价格都已复权，很有实际意义。

	1929年12月31日	1924年5月5日	增长率
美国烟草"B"	409	140	192%
利基特·迈尔斯"B"	118.625	50	137%
罗瑞拉德	16	35.75	−55%
雷诺"B"	155	66.75	136%

产品与政策

美国烟草公司和利基特·迈尔斯的股票大幅上涨，充分印证了以上好评并非空穴来风。事实还证明，对于雷诺公司的正面评价太过保守，而对罗瑞拉德公司来说，评价还不够悲观。

总体而言，这是一个能盈利的分析实例，这样的分析并不好做，是在拥有一定困难的情况下做出的。烟草总消费量的数据很容易获得，生产成本也可以基本估算准确，但是各品牌的生产数据却是严格保密的商业机密。对分析师而言，对烟草公司增长率的分析无法像对其他行业公司的分析一样，做到有理有据。

"伯利恒钢铁"的政策

在前面的章节中，我们已经论述了两只主流钢铁股近年来不同的市场表现。关于这一点，《巴伦周刊》在1923年10月22日发表了一篇评论。当时有读者来信说在寻找股价被低估的股票时，发现"伯利恒钢铁"普通股的售价低于50美元，便初步认定其是这样的股票。这篇文章回应道，"或许5美元的股利并不说明这个公司存在严重的危机，但长期如此的话，人们肯定会怀疑这个公司并没有提高收益的能力，这种怀疑也许会成为现实。"该公司在一年内并没有支付过股利。在这一评论发表之时，伯利恒钢铁公司的股利收益才刚刚达到5美元，但该企业将大量资金花费在工厂的改造项目上，以此来降低成本，这样做的本意确实是很好的，但同样明显的是，盈利能力提高后，要产出高额盈利还需要一定的时间，不是几个月就能实现的。基于这种情况，投机者必须与公司的董事们思考同样的问题：对伯利恒钢铁公司来说，将其全部运营资金用于生产能力改造，通过发行债券或优先股来筹集资金，导致公司费用增加，普通股股利减少，甚至使普通股股东拿不到收益，这是一个好的政策吗？因为对普通股发放股利可是非常必要的。

两大工业巨头的比较

事实上，在1923年底，"伯利恒钢铁"的运营资本相对于其规模来说是比较小的，其竞争对手的运营资本占总规模的比率更大，这显然与股利政策有一定的关系。在对钢铁生产商进行分析时，生产规模需看当年的钢锭的生产吨数。钢铁厂生产铁板、贴条、钢轨、板材、铁条、铁管以及钢坯。一些企业的产品种类更加丰富，但它们有个最大的共同衡量指标就是钢锭吨数。1923年底，美国全国的钢锭生产能力约为5,000万吨。其中，"美国钢铁"为2,200万吨，"伯利恒钢铁"为760万吨。与此同时，"伯利恒钢铁"的净运营资本为1.19724亿美元，"美国钢铁"则为4.51192亿美元。平均到每吨生产能力的运营资本数额，较小的公司为15.75美元，该行业的巨头则为20.51美元，对于更大规模的公司来说，高出的数额也更大。

人们可能已经对"美国钢铁"和"伯利恒钢铁"的资本总额进行过比较了。前者有5.2716亿美元的长期负债、3.6028亿美元的优先股和5.08302亿美元的普通股，而"伯利恒钢铁"的长期债务为2.12884亿美元，优先股为0.58776亿美元，普通股为1.80152亿美元。二者平均到每吨的资本为：

	伯利恒钢铁	美国钢铁
长期负债	28.01美元	23.96美元
优先股	7.73美元	16.37美元
普通股	23.70美元	23.10美元
资本总额	59.44美元	63.43美元
运营资本	15.75美元	20.51美元
净资本	43.69美元	42.92美元

"美国钢铁"的优势比上表中显示的更为明显。这家大企业拥有数千英里的铁路、许多大水泥厂以及其他伯利恒钢铁公司所没有的资产，其产品的多样性也异常明显。钢锭吨数只是其中的一部分，并不能说明全部情况。

实物量单位的运用

投机者在分析工业股或其他股票时，必须始终牢记：世上没有哪两家公司是可以进行严格的一对一对比的，投机者必须随时考虑其各自的特殊情况。一家原糖生产商可能拥有自己的炼糖厂，而另一家则可能什么都没有。一家皮革公司可能仅仅生产鞋底皮，而另一家可能生产鞋面革，第三家可能生产皮带一类的产品。就算是"伍尔沃斯"和"克瑞斯吉"这样的企业，虽然看上去极为相似，但并不完全具备可比性。这两家公司中，一家坚持将商品价格限定在10美分以内，另一家则在专卖店内销售高价商品。因此，以实物量单位为基础来比较不同公司间的业务是很有用的。当然，由于种种原因，这个方法也不是万能的。很多企业的多元化程度都很高，这样就不能以单一的计量单位来涵盖其全部业务种类。"联合化学及染料"是一家制造屋顶材料及药用化学品的公司。如果将其产量单位记为吨，与其他化学品公司进行比较的话，基本是不可能的。"奈恩"和"莫霍克"同样制造楼面材料，但若以每平方码产品的资本额为基础对两者进行比较的话，也是很可笑的。

生产成本至关重要

如果想在两个或多个公司的比较中得出较为公正的结论，那么分析者还需谨记这样一个事实：与一只股票走势最密切相关的还是公司的收益能力。即使有两家公司在重置价值、账面价值或流通在外的资本方面数额相差不大，但其收益能力也有可能是完全迥异的。因此，两家水泥公司的年产量可能相同，但其中一家公司的地理位置赋予了这家公司在原材料获得和市场的比较优势。因此，如果只是将水泥的产量作为股票价值评估的基础的话，将是完全误导的。经常有这样的声明，而且看起来有理有据，说钢铁公司可以使其每吨钢铁的价格比任何竞争对手都便宜50美分。即便"伯利恒钢铁"和"美国钢铁"每吨生产能力的资本额和运营资本都相同，我们仍可以找出其他的合适理由，来解释这两家公司股价间为何存在着巨大差异。

在谨慎比对时，投机者应该尽可能地多了解他感兴趣的公司的经营情况，其中最重要的信息就是公司主要原材料或主要产品的价格趋势。古巴糖业公司的股价波动与原糖市场的波动是同步的。石油公司的股票价格对石油价格的变动也非常敏感。在活跃的石油股市中，每周原油的产量也是一个重要的影响因素。制糖业和石油业的数据现在可以随时拿到。金融类的新闻媒体每天会发布原糖价格，并随时报道石油的行情变化，每周也会发布原油的产量数据。其他商品的价格就不是那么容易获得了。若要冒险将几千美元投资于美国工业酒精的话，投机者就不得不费尽心思地关注工业酒精市场的波动。1929年底至1930年初的那个冬季，那些做多酒精的投资者发现，必须要付出大量的努力。一场激烈的价格战都已经开始几周了，而化学制品交易类的杂志还只是发布酒精的名义报价。

分析中的重要因素

从以上对知名工业股的简要分析中，我们可以总结出投机者在评估工业股的内在价值时，有意或无意地会关注以下几个重要因素：

（一）行业前景

1. 长期发展前景

2. 当前利润趋势（主要商品价格可能发生哪些变动、竞争情况）

（二）公司在所在行业的地位

1. 其总体规模与竞争对手的对比

2. 其增长率与竞争对手的对比

（三）公司状况

1. 收入记录及其发展趋势

2. 运营资金状况及其趋势

3. 资本结构

繁荣的行业

投机者首先要分析的是公司所在的行业是否处于整体繁荣的状态。根据传统经济学的说法，竞争会使资本回报率保持稳定。根据这个理论来看，如果零售百货行业生意兴旺，新的资本就会流入该行业，直到竞争使利润下降到正常水平为止。如果制鞋企业经营入不敷出，那么多家公司就会离开此行业，转而投入更繁荣的行业，以获得正常利润。这种逻辑是很讲得通的，但它的前提是资本能够在多个领域实现自由流通，这就站不住脚了。因为当生意不好时，制鞋企业很难进行清算。为了避免清算引发重大的损失，很多企业可能会再坚持一段时间，期待行业的转机。另外，这些企业可能非常了解鞋子的生产技术和销售艺术，但对于其他繁荣的行业一窍不通，这更加坚定了企业要坚持到最后的信念。经济理论中对行业重组的假设，在现实中可能实现得非常缓慢。

马和拖拉机

在寻找潜力股时，用逻辑或理论来分析各有各的优势。在1926年至1927年牛市的早期阶段，一家大型研究机构对农具行业进行了研究。在诸多收集到的信息中，有一条信息显示马的出生率水平较低，这有力地说明了美国农民在近期将不得不使用机械力劳作，靠马是不行的。那些了解到这项研究的投资信托公司最终在农具股上获得了丰厚利润。

避开长期低迷的行业

在其他条件都相同的前提下，投机者都希望能够避开长期低迷的行业，找到异常繁荣、一直繁荣的行业。当然，股市中做空一方的态度将与此相反。通过简单的观察就可以发现，各行业的利润大相径庭。尽管制革商们一直在竭力向消费人群宣传"没有什么能取代皮革"的观点，但近年来，皮革业明显并没有随着国家的发展而扩张，而且这个行业的利润也很低。另一方面，对烟草产品的需求不断增大，其增长速度已大大超过了国家人口和财富的增长速度。因此，烟草行业的经营者终将获得持续高额利润。投机者必须寻找这种需求的差异，并尽可能准确地估计未来的趋势。

对投机者来说，一个行业的近期前景也是特别重要的。一家公司的商品价格趋势尤其重要。如果在制造过程中需要耗费大量时间，或是产品销售有明显的季节性特征的时候，就更是如此。因为在这些情况下，公司的存货周转率都会较低。一个行业的竞争状况是不太容易分析的，但我们应提高对其预估的准确度。行业的政策如何以及关税修订、新发明、新股权进入等都将对行业竞争产生重大的影响。

"趋势"股与"周期"股

多年来，美国烟草的消费量逐年增长，几乎从未下降。这很好地解释了什么叫作"趋势"产业。交易者或投资者如果长期关注这种增长记录的话，就会认为这一趋势在近期将持续下去，这种推理不是没有道理的。由于烟草零售价格中的原材料成本相对稳定，批发价很少改变，因此烟草制造商总利润的变化与烟草的消费量几乎是直接相关的，其利润我们提前一年就可以准确地估计出来。

将其与轮胎业相比，在1921年至1929年间，汽车轮胎产量的增长比卷烟消费量的增长速度还要快。但对轮胎生产商来说，这意味着轮胎行业同样繁荣吗？相反，轮胎行业的繁荣时期又少又短。虽然轮胎行业呈现出明显的上升趋势，但轮胎产量的增加并不具有一贯性，而是存在波动的，其波动与汽车业和整体经济的波动有着明显同步。此外，原材料成本决定了轮胎的生产成本，在棉花和橡胶价格波动之后，轮胎的价格波动会相对频繁。那么，轮胎行业就是一个"周期"产业，这个产业的繁荣程度一般会发生剧烈的变动。

从长远看来，每一个行业都会或多或少地表现出明显的周期性趋势。

在某些行业，长期趋势占主导地位，而在另外一些行业，周期性变动比较突出，甚至掩盖了其长期发展的趋势。从投机和投资的角度来看，前一种行业类型的股票相对来讲是更为安全的投资工具。

获得行业领头地位很少是偶然的

一个公司在其行业中的地位对于公司股票的内在价值具有重要影响。一个行业的领头公司能达到这样的地位并不是偶然的，必定具备较高的管理能力。而且，龙头公司不同于繁荣的小规模公司，不是"一个人的公司"。所有大公司都拥有一支高效的管理团队，即使少一两个管理者，也能成功经营。相对于小公司来讲，这种绝对性的优势更加有利于战绩已然辉煌的大公司来维持业务的繁荣状态。当然，如果大公司是银行家们为销售证券而将企业合并后才新成立的话，情况就有可能完全不同了。总体而言，仅仅是规模一项，在大公司与小公司进行竞争时，前者占有很大的优势。

相对增长率的比较

如果可以获得同行业公司的运营数据，在进行比较时，尤其要注意其在销售收入、利润和财务实力方面的相对增长数值。这并不意味着，如果一家大公司不能保持其在该行业业务总量中所占的份额，就说明该公司经营不善。比如，美国钢铁公司和新泽西标准石油公司分别是这两个领域的领头企业，而如今这两家公司的钢产量和石油产量占全美总产量的比例还不及它们20年前的水平，但它们仍然远远领先于同行业的其他竞争对手。随着国家经济的增长，在众多因素的作用下，公司业务已倾向于自然分化。但如果是在同行业的两个领先公司之间，一个公司明显比另一个更具优势，那么这也是交易者需要重点关注的方面。

富余现金的价值

在前面的章节中，我们已经对损益表和资产负债表进行了分析。如果一家公司多年以来收益没有呈现明显上升趋势的话，那么投机者将很难对此公司的股票持乐观态度，除非其业务发生了明显的变化，否则投机者是不会相信其股价近期会猛涨的。投机者也会希望公司的营运资金能有一个相对稳定的提升。有的新手会认为，一家拥有数百万现金或政府债券的公司，就相当于有富余的营运资金，就会大幅增加股利或发放一笔大额的额外股利。但他应该知道公司管理层对业务的绝对控制，通常并不需要大额的储备金。如果贸易不景气，公司能够以很有优势的价格购买原材料，或者可以收购处于困境中的竞争对手，而手头上拥有足够的资金。在这种情况下，所有的银行家都会同意这些合理的扩张计划。

举债经营的原则可以用于公共事业公司，也可用于工业公司，但效果是不一样的。如果一家工业公司只发行单一种类的股票，在利好条件下，其每股股票的收益都会有大幅的增长。一般的工业公司都能够通过盈利来为企业的扩张提供资金。在有些情况下，当一家工业企业需要大量的固定资产投资，且相对于其销售收入和利润来说，固定资产投资比例很高，那么它可能拥有公共事业公司典型的资本结构。在这种资本结构下，小股权企业的总收益如果有极小的提高，平均到每股收益时，也会被放大，这条原则是完全适用的。

高利润率的优势

对于任何企业来说，其正常利润率都是一个非常重要的数据。理论上讲，高利润率会引来竞争，低利润率则比较安全。但实际上正好相反。肉类加工商每一美元的销售收入中，正常利润还不到两美分，这对投资者来说是没有吸引力的，因为这样的企业不堪一击，一点轻微的干扰就可能使其全部利润亏空。另一方面，对一个办公设备的制造企业来说，其利润占销售收入的比率可以达到20%，这种情况就好多了。办公设备制造企业在以下方面表现如何，将决定其赚取高额利润的能力，即产品是否复杂，质量是否过硬，技术和生产人员队伍是否训练有素，销售组织经验是否丰富，商标品牌是否众所周知。对于购买记账机电池的人来讲，价格并不是最重要的，他们更看重的是售后服务的持续年限。如果一家公司能很好地满足消费者的这一需求，则不必再担心纯粹的价格竞争。与那些只出售基本产品、不出售服务的公司相比，这种公司的股票价值更为坚挺。

第十五章　矿业股与石油股的分析

间接的冒险行为——矿藏的巨大诱惑——矿场不只是矿体——前景很好的矿区很少会公开筹资——开采需要时间——矿业公司的合并趋势——石油公司更像工业公司

金融世界的受害者，众所周知的寡妇、孤儿等人群常会购买一些没有价值的证券。他们倾向于选择矿业股和石油股。不可否认的是，对于投资者来说，从地壳中开采出来矿产财富听上去是具有吸引力的。可能就在荒凉的不毛之地、北极苔原或其他偏远山区的地壳下正蕴藏着巨大的财富，如金、银、铜、铅、锌、锡等矿物，或者所谓的"液体黄金"——石油。一般人认为，勘探者从事的是一项冒险活动，自己是干不了的，于是就想间接通过购买矿业和石油类股票的方式来获得财富，而这类股票的销售人员也会不断说服买家相信矿业股和石油股存在着巨大的升值潜力。

当然，处于极大压力下的销售人员要卖出矿业股和石油股等没有价值的股票的话，还要依赖人们的贪婪本性，这是销售成功的主要因素。每个人都会或多或少听说过一些幸运的勘探者发现宝藏的故事，或者哪位幸运的矿业股股东发了大财的故事，这些故事都不是瞎编的。比如，在西部某个城市里生活着一个富有的人，30年前，他还只是一个基督教青年会的体育老师罢了，后来加入了克朗戴克河的淘金队伍，跻身进入少数成功者的行列。知道他名字的就有数千人，他也因此成为一个靠采矿而迅速致富的实例。

一个财富传奇故事

卡鲁梅·赫克拉公司的传奇故事已经流传了几十年，每一个矿业股的销售员都将其作为案例，来宣扬每个矿业公司都有在勘探区发现大金脉的可能。著名的科学家阿加西因为发现了巨大的铜矿而变成了百万富翁，他的家庭也跻身于那座城市的豪门家庭队伍之中。在挖掘的早期阶段，阿加西和他的合伙人不得不把筹集到的每一分钱都投到矿区里，有时压力非常大，他们甚至不得不向仆人和工人提供该矿的股份，来代替本该支付给他们的现金。那些接受矿区股份的仆人和工人也因其对矿区的忠诚度而小赚一笔。我们可以看到，阿加西和他的合伙人既没有精心打造一个股票销售组织，也没有雇佣销售员去挨家挨户地做推销，少量股票就这样被分发出去了。然而，这个事实并没有引起当时投机性矿业股销售的注意。

矿藏的附加物

容易受骗的人通常会忽略这样一个事实：矿藏不只是矿物质的沉积，事实上要复杂得多。发现贵重金属或廉价金属都是很正常的。在海水里也会有溶解掉的金子，在费城老旧建筑的砖块中也会有金子，廉价的金属更是遍布于世界各地。然而，一个矿区除了矿物质的沉积之外，还包括地下的设备，研磨、冶炼程序，以及其他地面设备、交通运输设备和技术、劳动人员。如果一家矿业公司想成功的话，矿石的数量、品质和等级，设备的设计、质量和数量，供应品与产品的运输成本及工作人员的素质等一系列因素，都要有助于金属的冶炼和销售，这样才能获得利润。

一个巨大的失败案例

一个矿体可能蕴藏着500万盎司的黄金，每盎司黄金可以在美国铸币局卖得20.67美元，但是如果从地下提取黄金的平均成本是20.75美元每盎司，那就没人会去开采金矿了。美国阿拉斯加金矿公司的历史差不多就是这种情况。该公司在阿拉斯加州的首府——朱诺附近有一个大型的低级矿体。知名的采矿工程师估计该矿体有7,500万吨到1亿吨的矿石，每吨矿石的可收回价值为1.5美元，预计开采和研磨的平均成本约为每吨1美元。公司通过一家著名的投资银行发行了300万美元的可转换债券和75万股股票进行筹资。在1915年刚开始运转时，该公司的股票价格高达40美元。

在实际运营过程中，阿拉斯加金矿可以说创造了一个奇迹。从工程角度看，它将每吨矿物的提取和研磨成本降到了80美分以下。但即便有着如此非凡的成绩，这个矿区的运营还是失败了。实际结果表明，每吨矿石的可收回的黄金的价值并没有达到1.5美元，甚至还不到1.5美元的一半。可收回的黄金的价值与提取的成本价之间的差额，形成亏损，最终这个金矿被遗弃，持有其股票的股东也赔了个精光。

开发矿区如何获得资金

到目前为止，我们讨论的还只限于处于勘探及开采阶段的矿业。如果有位权威专家指出在一片广阔的土地中蕴藏着一定数量的矿藏，这还只是矿藏潜力而已，真正要将其投入生产，还需要挖开地表、架设生产装备等，这需要大量资本和时间，才能使其变成一个所谓的矿区。对于一个大型矿区来说，从前期勘探到真正产矿，需要投入数百万的资金以及多年的努力。很少有矿区拥有丰富的地表矿，从而能够支付自身的开发费用。开发矿区的公司必须在以下三种方式中进行挑选，来为矿藏开发提供资金：一是将其卖给勘探公司，但保留矿区权益；二是寻求有钱人或小财团的支持；三是组建一个公司，向社会广泛出售公司证券。如果他选择的是最后一项，那么他将有可能陷入"金融海盗"的黑手，这些"金融海盗"只对发行股票的高额佣金感兴趣。这样，一个有着潜在价值的资产，很可能成为诈骗团伙利用的工具，他们根本不会关心矿藏的开发。如果矿产真的很有价值，在开发的早期，更有可能是得到勘探公司或者是小而富有的财团的投资，而不是通过发行股票来筹集资金。

在勘探阶段，一只矿业股存在着最大可能的获利的可能，也存在损失的最大风险。一片广阔的土地如果不是开采矿藏的话，其价值很有可能就只体现在养几只山羊而已。但开发以后，其价值就有可能高达数百万美元了。

有些投机者会选择购买未开采矿区的股票，他们认为，在矿区开工时，自己也能分享到巨大的矿藏价值中的一部分。其实，他们遭受损失的概率也很大。原因在于，对于大型的矿业公司，如美国金属、美国熔炼和美国冶炼公司来说，它们每年在一百个未开采矿场中最多只挑选一个进行开采。由此来看，普通人对矿业股还是敬而远之的好。

开采中的风险

勘探之后就是开采的阶段了。如果一个矿区受到了某位矿业专家的公开支持，那么在其进行开发时，人们就会对其有价证券、开矿装备产生浓厚的兴趣。阿拉斯加金矿的债券和股票就是在开采阶段才向公众发放的，知名的工程师对矿藏价值、从矿石中回收黄金的百分率与成本等都做出了评估，那些在矿业证券上赚了钱的金融家与投资者们为这个项目提供了资金。如果单就评估结果来看，阿拉斯加金矿的股票有如此高的价位是完全合理的。但不幸的是，评估结果过于乐观，而整个开采过程又都是失败的。所以即便某个矿区的发展前景十分看好，但从矿业本质上讲，实际上都是有风险的。

缓慢的开采过程

那些对已开采矿区感兴趣的投机者也需要注意另一个问题，那就是不要盲目低估矿藏在真正获利之前需要等待的时间。智利铜业公司的发展史尤其说明了这一点。在1910年至1911年间，一个来自波士顿的矿业主在智利北部山区挑选并投资了一个巨大的矿场。1912年，古根汉姆家族对这个矿藏产生了兴趣，开始了开采。购买和开发矿藏所需的资金通过发行债券来获得，这部分债券的年利率为7%，至1923年到期，总金额达1,500万美元。之后，公司又发行了一批年利率为6%，总额为3,500万美元的债券。但直到1915年，矿场才真正开始生产铜矿，1916年铜矿的生产量达4,100万磅，但这与之前负责开采工作的工程师预估的3.6亿磅年产量相差悬殊。1915年，该公司在纽约证券交易所上市的股票有380万股，当时股价在23.375美元到26.375美元之间。

1918年，智利铜业公司的铜矿产出量突破了1亿磅，并在1923年突破了2亿磅大关。同年，支付债券利息前的生产成本已降到了每磅8美分以下，股票的股利分配也达到了2.5美元。同样在1923年，古根汉姆家族将大部分股票以每股35美元的价格卖给了安纳康达铜业公司。但直到1924年，它在公开市场的价格才达到了高位。

1915年，那些购买了处于开采阶段的矿区股票的人都要等待8年才能收到红利及其进行投资的合理回报，而"智利铜业公司"已经算是世界矿务实业中的成功实例了。

一个估值公式

对大多数在纽约证券交易所上市的矿业公司来说，它们的矿场都是在产的。在产矿场的价值也许可以通过一个数学公式计算出来。其中包括三个因素：矿藏寿命、生产成本及产品的市场价值。那些从矿业股中赚钱的矿业工程师们就是运用这些简单的数学公式来评估矿业股股价的。显然，我们不可能完全清楚地知道这三个因素的准确数字。我们只知道金矿开采公司的产品一直是20.67美元一盎司。矿藏的地质情况非常复杂，我们根本无法准确估计其寿命。对一个地质构造复杂，且矿脉很深的矿藏来说，提前一年探明矿石储量可能要付出极其昂贵的代价。但大多数情况下，我们可以合理地预估出矿藏的矿石储量。将矿藏的矿石储量总吨数除以年平均开采吨数，就等于这个矿藏的寿命年限。对于在产矿场来说，生产成本数据也是可以得到的，生产成本会随着矿藏的变化以及商品价格水平的变化而变化。但除非有充足证据显示出发生了剧烈变化，矿业股的价值还是与当前的生产成本有一定关系。产出金属的价格是另一个波动的变量，当然，黄金除外。矿业股市场会随着金属市场的波动而波动，因此投机者在寻找潜力股时，经常会将现有的金属市场纳入到考虑之中。

一个估值的例子

理论上讲，工业公司或公共事业公司是有可能一直持续经营下去的。如果其每年对售价20美元的股票发放2美元的股利，那么购买该股票的投机者就能获得10%的收益率。但矿业公司的生命是有限的。如果一个矿藏距开采完毕还有10年左右的时间，这期间每年可以发放每股2美元的股利，那投机者如果以20美元购买其股票，收益率还不到6%。这就是矿业股为什么要在表面看起来收益很高的时候卖出，其目的就是为了给股东们以合理的回报。我们可以从现值表上得出每年1美元股利对应的现值，如果再投资的年度收益率达到4%，就可以抵补资本了。我们现在假设1923年，爱达荷州的银铅生产商——赫克拉矿业公司已经绘制好了这样一份表格，其在1922年的铅产量为4,249万磅，银产量为117.8万盎司。按照1922年底的开采速度来看，矿藏储备可以供其开采8年。根据1922年的价格，按6美分的铅价和70美分的银价来计算，其开采总收入将达到337.5万美元。1922年的开采费用是4.3美元每吨，对23.7万吨来讲就是100万美元稍多一点。折旧和损耗之前的净利润约为235万美元，对于流通在外的100万股股票来讲，就是每股2.35美元。考虑到合理的折旧计提，理论上讲，用于支付股利的利润平均到每股只有2美元。从现值表中，我们可以看出，收益率为10%的1美元股利，其现值是4.79美元。这一数字乘以2可以作为理论上的股票价值，即9.58美元。

实际上，赫克拉公司在1923年的成本远远高于1922年，净利润也远远低于235万美元。但公司还在继续扩大产能，铅的价格也已上涨到9美元每磅，并且公司在1925年又发现了新矿，使该矿的预计寿命又增加了13年。这些利好消息都使该公司股票在1925年卖到了18.125美元的高位。

矿业公司的合并

矿业领域与其他行业领域一样，许多公司都在追求扩张规模。大部分矿场都是由大型勘探公司持股、经营的，例如美国熔炼公司。这类公司总是在市场中寻找有潜力的矿场。如美国熔炼公司，除了在美国、纽芬兰、南斯拉夫、墨西哥和秘鲁有矿山之外，还在美国、墨西哥、智利拥有大量铜、铅、锌矿的冶炼厂和精炼厂，并且对澳大利亚、新几内亚和南非的矿产进行投资，对国内两家最大的铜与黄铜的加工企业也有投资。这种企业从自身的冶炼、精炼生产业务及采矿的利润中可以获得稳定的收入，它已经不仅仅是一家矿业公司，更是一个工业公司了。还有一家大型公司集团就是安纳康达集团。起初这个集团只是蒙大拿州比尤特市一家最大的采矿企业。但时至今日，它除了拥有这些产业和一些冶炼厂与精炼厂之外，还控制了国际冶炼有限公司和其他州的一些冶炼厂，包括智利铜业有限公司、安第斯铜业有限公司，以及世界上黄铜产品领先制造厂家——美国黄铜公司和其他一些子公司。这家公司也不仅是一家矿业公司，同时是一个工业公司。肯尼科特在阿拉斯加拥有自己的铜矿，并控制了阿拉斯加州、犹他州、内华达州和智利的一些铜矿。此外，它还控制了一条铁路和一条轮船路线，及一家重要的黄铜制造企业。越来越多的矿业公司都在扩大它们的利益，使其寿命无限期地延长。对于这种大企业的分析难度远大于只拥有一个矿藏的公司，但总的原则是相同的，而且投资的多元化也大大降低了开采时遇到的不可避免的风险。

损耗的重要性

损耗和折旧是一家矿业公司收入账户中的两个扣减项目。如果投机者聪明，他就知道股利不仅代表利润，还代表了资本返还。他不会指望矿业公司从利润中留置一部分现金，在矿藏资源被开采完后，用于偿还股票面值。另一方面，政府认为，从所得税的角度来看，如果企业不能从收入里留置一部分钱用来偿还股东，这是极不公平的，因为股东在购置、开发矿藏和矿区装备上都花费了大量成本。因此，在计算公司的应税所得时，公司可以留置一部分资金用于矿藏的损耗准备金和设备的折旧准备金。公司怎么使用这些准备金，政府是管不着的，公司通常会将其中较大的部分转化为股利派发给股东。由于矿业公司这部分股利不是来自公司盈余，而是来自损耗准备金，是不需要缴纳所得税的。

从缴纳所得税的角度，为了使其报表最有利，矿业公司很可能支付股利的金额超过其近几年来赚取的利润总额。但投机者对报表中的折旧和损耗后净利润，以及由于计提充分准备金而产生的账面亏损并不感兴趣。如果折旧和损耗前净利润大于股利要求，投机者就很满意了。

矿业投机的技术壁垒

如果不谈及采矿场、横切、晶状体、斑岩、尾矿、浮选法、挂壁、杏仁岩、脉石、耐熔质等这样的术语，就很难进行有关矿业股的讨论。投机者一定要熟悉这些技术性术语以及其他技术用语，才能读懂采矿行业的报告。如果他想学习经济地质学，他会发现这是一个非常有趣的学科，这也是每一个想大量投资矿业股的投机者必须经历的第一步，只有这样，才有可能成功。一般的投机者可能不会在矿业股投入过多的注意力。对工业公司和公共事业公司股票进行利弊分析时，必须动用全方位的技术分析，不仅包括行业本身的广阔领域，还包括其股票获利的可能性。对于矿业公司来说，同样如此。可能对大多数投机者来说，当金属市场前景看好时，偶尔涉足一下矿业的可转换债券、知名的在产矿场的股票，以及大型勘探公司的股票，就已经足够了。

年轻的石油产业

在当代人的记忆中，世界石油产业始于1859年在美国宾夕法尼亚州发现的石油油田。如今，石油产业已成为世界上最大的产业之一，仅在美国，石油产业就为2,000万辆汽车提供燃料，为世界大部分航运工具提供燃料，并为世界上没有天然气和电力存在的欠发达地区提供照明和润滑油。要知道，如果没有润滑油，机器连5分钟都运转不了。就从地下开采原油而言，石油工业与采矿基本相同。要找到地下石油的储藏位置在很大程度上仍然是靠运气，靠提炼石油来赚取利润还是很冒险的。石油在运输、精炼和分销方面的工作要比矿产品在这方面的工作更加重要得多。这是因为，液体石油在运输过程中需要使用特殊的设备、油罐车、油罐船和管道等，石油工业中有几十亿美元的投资也都是投在了这些设备上，采矿业就没有这方面的要求。而且精炼的石油产品在分销上也需要一笔很大的投资，采矿业却几乎不需要。

生产、运输、冶炼和分销

有些石油公司的生产行为只限于开采地表原油，然后将未加工的原油以批发的形式卖出，明智的投机者会对这类石油公司感兴趣，但这样的公司很少。这类石油公司通常是在多个油田架设生产设备，以减少行业风险。思维简单的投机者喜欢购买石油股，但石油股是出了名的危险，它只代表对某一小片土地的所有权，在这里有没有石油还不一定。即使有石油，也不一定存在足够回本的石油量。即便这片油田的管理者既诚实又有能力，但要在这方面投资，仍要承担很大的风险。只生产原油的石油公司少之又少，很多大公司对原油生产并不感兴趣。标准石油公司的政策这几年都是让"其他同行"承担开采石油的风险。多年来，标准石油公司将其关注点仅仅局限于向客户提供冶炼服务和分销。为了保证耗资巨大的冶炼厂能够有充足、持续的原油供应，近几年大多数先进的石油公司都已加入了生产端。当然，还是会有部分公司的全部或大部分原油都需要从外部渠道购买。

管道公司的困境

有很多管道公司都将自己的业务限定于产业的运输端。这些公司大部分都是标准石油公司的下属子公司，只是经营管道或油罐车的业务。管道公司在诸多方面存在劣势，它们的运输量最终会像木材公司一样，萎缩到无利可图的地步。管道业这17年来一直在衰退。它们与从标准石油公司分离出来的其他大部分公司形成了鲜明的对比，后者在这17年里得以繁荣发展。那些子公司大规模从母公司中剥离的原因在于1912年的强制解体法令的实施。管道公司中大部分都是在经营一定范围内的短线业务，服务于从大陆中部到东海岸炼油厂的主干线中的某一部分，但最后才发现用油轮运输更为经济。同样分离出来的还有油罐车公司，油罐车公司的情况与管道公司的情况相反，它们的公司实力和盈利能力不断加强。撰写本书时，情况已有所扭转，管道运输汽油方面的业务正在迅速增长。在这之前，汽油都是用油罐车和油轮进行运输的。

广阔的业务范围

如今典型的大型石油公司已经覆盖了这个行业的多个领域。其原油可能是从自己的油井中获得的，这些油井分布在各个大洲的各个地域。公司用自己的管道和油轮就可以将原油运输到自己的冶炼厂，再将冶炼出的产品运送到市场上。冶炼厂将汽油和其他产品从石油中提炼出来。汽油是这些产品中最赚钱的。煤油曾经是原油中的主要提炼物，现在与汽油相比也微不足道了。不过，煤油在远东和世界其他不发达的地区还是很受欢迎的。润滑油是一种极其重要的基本商品，因为没有什么能够代替它，但其产量与整个产业的销售量相比，只占了很少的一部分。燃料油是炼油厂的另一个重要产品，通常是由低等油生产出来的，或者是一些炼油厂的副产品。这些炼油厂只提取小部分汽油，然后将剩余的原油就作为燃料油。冶炼厂的冶炼技术还在不断进步，这也不断提高了从每加仑原油里提取出汽油等有价值产品的比例。大型公司的冶炼厂里生产出的产品，不再是大量地批发出售，而是通过公司自有的加油站来分销。

石油公司与工业公司的相通性

分析石油股可参考分析工业股的方法，而不是分析矿业股的方法。石油公司的账面会计入损耗这一项，但对于大公司来说，这一项不是非常重要。大型公司手上的油田通常是非常分散的，投机者不需要担心原油供应会中断，当然，供应量对于矿业股来说还是至关重要的。在计算石油公司的可用分配股利的利润时，可以使用扣除损耗前的利润，但要扣除合理的设备折旧准备金后。对于任何类型的公司来说，如果折旧准备金额巨大，则说明其股票价值被低估了，反之亦然。

公开的统计数字

石油股浮动的总体水平与原油储量的价格和数量浮动是同步的。如果油田所在的土地并非一人所有，其所有权分散在多人手中，那么大家都会争着去开采。如果有的土地所有者并未立即开采石油，这就相当于给旁边的人签了许可证，允许其在无需缴纳费用的情况下，将自己地下的石油抽干。由于疯狂开采石油的事情很多，经常会出现石油储存供应量显著上升，但石油产品价格却不断下降的情况。在这种情况下，石油股基本不可能上涨。另一方面，盲目开采几个月后，也有可能发现地下根本没有新的油床。随着老油田产量的下降，暂时又没有新的油床，而消费量还在不断上涨，这一切都会引发原油价格的自然上涨，活跃的石油股价格很有可能也会上涨。产量和原油储备的数字每周都会公布，而原油和汽油价格的变化也受到公众的广泛关注。

诱人的投机领域

也许在操作石油股的过程中，投机者会发现许多有力的工具。这些石油公司包括一些只拥有小片土地的小公司，其拥有的土地下可能蕴藏着石油；多个大型在产油田的大公司，这些大公司设备齐全，可以根据市场需求产出相应的产品，并运送到顾客手上；一部分专门在政治不稳定的地区，比如墨西哥等地区做生意的公司；以及只在美国本土做生意的公司。总之，投机者将不断发现关于大型的石油公司的大量信息，也可以从财经媒体中充分了解该行业的整体情况。由于"石油"这两个字拥有巨大的魅力，投机者会发现许多同伴，因此可以肯定，大石油公司股票的市场前景非常看好。

第十六章　从公司重组中获利

公司管理层的变动能产生什么作用——公司破产托管——托管人的职责——重组的艺术——为什么股东会被纵容——银行在重组中的利益——一家大铁路公司的早期困境

技术精湛的外科医生可以通过手术让一个生命垂危的人转危为安，恢复健康，重新实现自身价值及其社会价值。经济领域同医学领域一样，也有所谓的"外科医生"。一家企业即使业务量和资产规模都很大，员工也很优秀，但如果存在资本结构不平衡或营运资金缺乏等问题，也有可能导致无法盈利。盈利能力较低，该公司很难通过发行债券或增发股票等普通方式来筹集资金。对于这种公司来讲，重新调整资本结构是十分必要的，这时就需要一个财务"外科医生"进行一些操作，使企业由弱变强，为债券人和股东带来相应收益。

成功取决于管理

不到万不得已，没有必要采取自愿重组或非自愿重组这种极端措施，仅仅调整一下管理层也许就足够了。公司成功与否很大程度上取决于公司的管理如何。做生意的方式正在不断变化，公司管理者必须随时关注这些变化，改变那些落后的做法。即便一家企业资产雄厚，名誉很高，客户群也很大，但这还是不够的。尽管这家大型企业在规模、财富、声誉方面都具备优势，也具有悠久的传统，但如果该公司的领导层得了"动脉硬化"或"大脑萎缩"的病，又或者其继任者管理公司不力，那么这些因素都将导致公司无法盈利。这种情况下，仅仅靠意愿是不能带动一家公司向前发展的，而其在行业的领导权终将被更为年轻、更加进取的企业取而代之。

年龄，这个单一因素并不能决定某个人能否成为一个优秀的企业领导者。艾尔伯特·加里及乔治·贝克这两个人，即使在八十多岁的时候也要比某些五十多岁的执行董事在心理上更年轻，更容易接受新观点，更有明辨是非的判断力。三十年的从商经验和积累的丰富知识给予他们明显的优势。然而，这些优势有时也会随着年龄的增长而消逝殆尽，如果这时他们控制了公司的管理权，那么该公司的收益率很可能会下降，而更换领导层就成为公司恢复领先地位的唯一办法。

一家企业如果有着稳定成熟的业务和雄厚的固定资产，一旦进行重组或更换管理层后，企业就会焕发新的活力，并在竞争中明显处于强有力的地位。这些变化对投机者来讲，都具有很大的参考价值。在碌碌无为的旧管理层被淘汰，积极进取的新管理层开始上任后，或者说在成功地实施了彻底的公司重组之后，公司股票的价格会发生大幅度的变动，这比正常情况下，公司成功经营所带来的股票价格上涨的幅度要大得多。但正是"重组"这个词吓跑了普通投资者，新任管理层有没有真本领也还是个未知数，因此，投资者通常会卖掉那些经历了"财务外科手术"的公司的股票，这就为投机者提供了机会。

自愿重组与非自愿重组

当一家公司陷入财务困境后，其营运资本可能会受损，信用等级可能会有所下降，正常的融资渠道也可能被截断。这时，公司有两种选择来恢复财务状况：一是非破产托管的自愿重组；二是破产托管之后的强制重组。由于法庭任命的破产托管人将从股东手中接管财产控制权，产生高额的法律费用，并导致负面宣传，引发客户信心动摇等，公司通常会尽量通过自愿重组，而不是破产托管来恢复财务状况。由于自愿重组要求所有的债权人和股票持有人都要就相关条款达成一致意见，但这些人的利益关注点显然并不相同，因此重组是一项很难推进的任务。当重组最终完成时，时常会因为重组条款对证券持有人要求太过宽松，而导致手术实施得并不彻底，这是一个很常见的问题。投机者则希望公司进行果断彻底的重组，这样公司才能恢复得更快，新股票价格的上涨幅度也会更大。

破产托管与破产

通常来讲，公司在进行重组前都要进行破产托管。破产托管是指当公司不能偿还其已到期的债务时，联邦法院经过司法认定后可任命官员对其财产进行管理。值得注意的是，破产托管和破产不同，后者只适用于公司的债务已超过资产的情况，如果资产还远远超过负债，则需要破产托管。资产中可能含有很多固定资产，其价值在短期内根本实现不了。如果这时债权人强烈要求公司还债，公司如果还债，那么公司将迅速失去全部的流动资产，并且会打断其他业务的运营。法院在这种情况下，为了保护相关方的利益，将会根据债权人的申请，指定一个官员作为破产托管人。该官员的责任是保护所有的资产，同时所有债权人都能获得公平回报。如果托管的是一家公共事业公司或是一家工业企业，不论其规模大小，破产托管人都可以指挥其运营业务。通常情况下，公司董事长会是其中一位破产托管人，可能还会有一些著名的律师作为共同破产托管人。

破产托管人保护债权人的利益

进行破产托管的主要目的是保护资产的价值，维护债权人的利益。当公司财务状况恢复正常后，就会终止破产托管。除非能筹集到新的资金，否则一家衰败的公司很难改变破产的宿命。1914年第一次世界大战爆发时，摩刊泰尔国际海洋公司被迫进行破产托管，这家公司多年以来的盈利记录一直很难让人满意。这场战争刚开始被认为是一场灾难，后来却给航运公司带来了巨额的利润。1916年，摩刊泰尔国际海洋公司经历破产托管后东山再起，不但不需要通过出售证券来筹集资金，而且还取得了不凡的业务成绩，可以一次性偿还大部分长期债务的本金。这是一个非常罕见的案例，在通常情况下，破产托管终止时，通常会牺牲证券持有人的利益，频繁支付评估费用。

盈利能力的恢复

一家正在经历破产托管的公司在形成成功的重组计划之前，必须先恢复盈利能力。这个过程很可能会比较漫长，也许需要几年时间。除了第一处置权的债务以外，破产托管人通常不需要考虑公司其他债务的利息问题。第一处置权的债务在重组时很可能会保持不动，但破产托管人仍可以将其收益用于资产的改进提升。公司在破产托管之前常常会忽略设备维护，公司希望以牺牲固定资产为代价，保全现金账户，避免破产托管。而破产托管人则会采取相反的政策，在设备维护上投入大量费用，改善设备维护的情况。经法庭许可，他可以凭破产托管人债务证书来贷款，托管人证书可以让其拥有在债务未偿还之前对财产的处置权。当公司资产恢复到良好状态后，接下来，他必须提高公司的盈利能力，以鼓励更多股东参与公司的重组，所有这些步骤可能会花费相当长的时间。1908年，美国第二大道铁路公司被破产托管，该公司的主营业务是经营一条纽约的地面铁路客运线路，但直到1929年，该公司才进行了重组，除了破产托管人债务证书外，公司其他的证券都不存在了。即使是破产托管人债务证书，收到的也仅仅是新公司发行的股票。

优先求偿权

理论上讲，一家被破产托管的公司进行重组是非常简单的。举个例子，假设一家公司资本结构相当复杂，总共发行了三只债券、两只优先股以及一只普通股。我们进一步假设，其债券包括第一抵押债券、第二抵押债券和债券。两只优先股分为第一优先股和第二优先股。在清算时，第一优先股有权在其他股票发行物获得支付之前获得其面值和应计股利的返还，而第二优先股则有权在普通股获得任何支付之前获得其面值和应计股利的返还。理论上讲，在将变卖资产所获的资金偿还债权人时，首先应全额清偿第一抵押债券。如有余额，则用来支付第二抵押债券。如果还有剩余，就可以用来偿付信用债券。如果之后还有余额，就再偿还第一优先股股东，以此类推。

理论与现实

金融领域同其他领域一样，理论和现实有时并不是完全相符的。实际上，破产托管人手中掌管的大部分资产都是固定资产，如果有大量的流动资产，公司就不可能被托管了。在公司的账目表上，固定资产价值可达几百万美元，而这些资产的购买成本可能更大。如果重置这些资产，所需成本还会更大。事实上，这些资产还没有产生利润，也可能会没有破产托管人，如果是这样，没有哪个外部集团愿意花费巨额资金来收购这些资产。这些资产已经成为一堆废物，对公司的持续运营来讲，几乎没有价值。丢弃这些资产，就可能清除掉所有次级证券持有者。如果不想丢弃，唯一的办法是组建一个新公司，从他们自己手中购买这些资产的债券。

简单来说，一家被破产托管的公司要进行重组，就是要组建起一个新公司去购买旧公司的财产，原有公司的证券持有人将按不同的条款来购买新公司的证券。由于债券持有者对公司财产具有优先求偿权，在确定重组条款的谈判过程过程中，他们通常占据了极其有利的地位。但除了在一两个基础性问题上，他们也是存在弱势的。首先，他们通常是分散的，很难达成统一行动。其次，他们本身是债权人，不是所有者。他们追求稳定的资本回报和本金返还，而不会像所有者一样承担风险和利润。第三，他们通常不愿意拿出额外的钱，而这恰恰是公司要恢复元气所必须的。第四，在之前的公司，他们就没有参与管理层的选拔，现在，在重组时，他们也无法提供一个新的管理层。

股东的地位与影响力

虽然从理论上讲，股东的地位比较弱势，但在制定重组计划的谈判过程中，股东仍具有一定的优势。首先，股东很可能愿意增加投资来努力挽回自身资本遭受的损失。其次，他们曾参与选举管理层。高级证券持有者当然是希望管理层能成功地经营公司，这样他们就能至少收回部分本金以及约定的固定回报。如果在谈判中，高级证券持有者对低级证券持有者的态度过度压制的话，后者可能会说，"好吧，资产我们不要了，你们都拿去。我们不想在这么苛刻的条件下参与重组。"虽然高级证券持有人有权要回这部分财产，但这并不是他们的本意。因此在低级证券持有者的威胁下，双方会达成一定协议。于是对于股东来讲，一般都能以比较宽松的条件参与重组。

托管结束

当破产托管人完全恢复了企业的资金状况及盈利能力后，如果证券持有人已经解决了关于重组的意见分歧，并且最终形成了一个比较合理的重组计划协议，这时，托管很快就要结束了。该计划将被提交到证券持有人手上，其中很多人已经将其证券寄存给了各种保护委员会，由这些机构在形成重组计划时代表他们的利益。按照正常程序，此刻这些人仍有机会要求退回其证券，以示不同意。但若未能在限定的时间内退出，则将表示默认同意。正常情况下很少会有人退出，而且未寄存证券的持有人现在将开始寄存证券，直到各种证券持有人中大概有90%到95%同意该计划为止。该计划还需要提交给拥有管辖权的法院，获得其批准。

法律步骤

当所有相关利益方达成实质性的一致意见后，接管财产的新公司就组建起来了。为了保留旧公司的商誉，通常只需对旧公司的名称进行微调或者就直接使用原来的名字，但是要在别的州注册成立。然后，重组委员会会取消旧公司发行债券抵押物的赎回权。由法院确定拍卖底价，资产不能低于底价出售。拍卖将根据此价格公开举行，通常不会有其他竞标者出现，重组委员会将以底价拍得资产。现在新的公司将按照重组计划发行证券，一切步入正轨，相关各方都希望它会比原来的公司更加繁荣。至少新公司的装备优良，营运资金充足，管理层热情高涨，对公司财产的技术层面分析结果非常乐观，对提高运营效率极为有利。

当时间对投机者不利时

投机中有一个很重要的要素，往往被会低估，这个要素就是时间。许多人会认为，当大公司进入破产托管程序时，坏的时代已经结束，公司业务一定会变好。于是，投机者很可能会购买其证券。一般而言，这种观点是比较合理的，但投机者应该记住，破产托管是一件时间跨度很长的事情，在此期间有关公司的消息可能会极少，普通公众对其股票的关注度也很低。此外，在此期间，公司也无法兑现任何承诺性的回报。一般来讲，除非投机者能获得6%以上的资本回报，他才会认为他的投机行为是比较成功的。在购买一只不能获利的证券时，投机者应该时刻牢记，他完全可以购买一个收益率为6%的优良投资性证券，并将其收益进行再投资，从而快速提升自己的资本。在一家公司进入为期三年的破产托管之前，投机者若以50美元的价格买入债券，在破产托管结束时，该债券必须至少价值59.75美元，这样按半年复利计算，回报率才能达到6%。这样简单的计算说明，不要急着买进一家进入破产托管程序的公司证券，至少要在知晓重组条款后再做决定。

令人沮丧的延期

从法律上讲，破产托管和重组涉及的情况极其复杂。在所有证券持有人都同意重组计划，宣告计划生效时，甚至在新公司组建之后，到新公司真正发行股票，并要求旧公司股东认购新证券之前，都颇需时日。保守估计，新公司一般要若干个月之后才能开始分配股利。重组计划的宣布只能说明银行家及其他相关人士对企业未来发展前景的信心。因此，最初获悉重组计划时，人们充满热情，但这之后很可能就是无限失望。事实上，在宣布计划到重组完成的这段时间里，股票是以"假定发行"的方式交易，这导致新证券的市场价格在发行后会很快下降。当交易开始时，许多保证金交易的投机者，就会买入"假定发行"的证券。当合约到期时，经纪人催促其付款的时候，他们很可能会卖掉这些证券。

正常的市场波动

当重组公司的股票处于"假定发行"状态时，其价格会呈现明显的先行上升趋势，并在最初的热情冷却，新公司展现出真实的情况后，呈现下降趋势。但如果这家公司重组成功，剥离了掉一些非盈利性财产，大幅下降了资本总额，大大加强了财务实力，那么新证券的价值很有希望在几个月内或几年内有大幅提升。希望只赚不赔的投资者和没有耐心的投机者一样，将在漫长的破产托管和重组过程中被淘汰。新的证券很可能集中在强手手中，这些人不会为蝇头小利所动，是有能力使公司市值从低谷翻身的大股东。

银行的声誉

另一个可能使重组公司证券升值的因素就是银行。银行很可能希望与公司一起维护公司的声誉。通常情况下，大型银行在为某公司发行债券，并对此公司产生认同后，也会产生强烈的责任感，希望能够维护该公司的持续繁荣，也会为公司债券的最终命运保驾护航。如果出现违约的情况，一家负责任的银行会不惜花费时间、金钱和精力，来尽力弥补其客户的损失，银行所付出的这一切与它之前为企业提供融资所赚的利润完全不相称。在这方面，不同的银行差别很大，由此，投机者应该尽量查实为某公司办理业务的银行声誉如何。若想要从重组证券中寻找赚钱的机会，投机者首先要确定重组计划是否合理，及该公司所在行业的前景是否光明。如果重组的是一个长期处于低迷行业的弱势公司，旧公司股东就不应该向新公司注入大量资金，因为这不是明智之举，只是一厢情愿罢了。明智的投机者对此也是不会动心的。另一方面，一个重组计划也许不是果断有力的，但如果基础条件有利于新公司，还是可以从该证券中获得大额利润的。对某一行业状况的分析在其他部分中已经谈到，在这里就不赘述了。对重组条件的条款是一个非常值得关注的问题。

标准化的重组条款

最近十年里，金融领域中的重组经验非常之多，其实际操作已经完全标准化了。假设一个进行破产托管的公司具有某种资本结构、拥有一定的盈利能力，对额外资本有具体的要求，明智的投资者不需要用录音电话对各种保护委员会的会议室进行监听，就可以准确地判断最终的重组条款究竟如何。铁路公司的重组也许是最标准化的，美国大多数的铁路公司都进行过一两次破产托管，大部分是两次。各个铁路公司的重组细节都是开放的，可供研究。重组的结果是公开的，一些普遍性的原则也是通用的。

铁路公司的重组

对于一家铁路公司来说，不论其规模大小，其资产的运营都不会中断，其运营里程不会被放弃。某些资产对铁路公司来说特别重要，以这些资产作为抵押发行的第一抵押债券，在破产托管和重组过程中，是不会受影响的，设备信托债券也是如此，以最重要里程作为担保的第一抵押债券也是如此。通过浏览地图以及了解该区域地理情况，就可以判断哪段里程的交通运输最为繁忙。因为破产托管是由于净收益不足以抵消固定支出引起的，所以某些债券必定在重组中遭受损失。需要做出牺牲的债券持有人自然是那些次级抵押债券、信用债券和非重要里程担保的债券。这些债券可能会被换成收益债券，收益债券是只有当企业盈利时，才能收到债券利息，或者是换成优先股，或者同时换成这两种形式的证券。如果收益债券已经开始发行，那么为了以后的改良性融资，需要尽快制定新抵押物的授权条款。

为了满足公司迫切的现金需求，很可能会股票进行估价，并依据估价向股东发放新债券。股东按照估价支付了的，就会获得新公司的股票，尽管股数可能会减少。没有按照估价支付的，其股票会较大比例地缩水。

通过这些方式，新公司的固定支出就会被控制在资产的正常盈利能力范围以内。总收入的增加和由于资产改良而提高的运营效率，都会使得盈利能力得到提高，接下来收益债券就能产生利息，各种股票也会及时发放股利。

艾奇逊公司的早期困境

艾奇逊公司也许是当今美国的第一大铁路公司，其在十九世纪末进行了两次重组。第一次是在1889年，没有被取消抵押品赎回权。第二次是在1894年，经历了破产托管。最近一次重组是一个比较极端的事件，公司发放了利率为4%、1995年到期的一般抵押债券，总值达9,700万美元；还有利率为4%、1995年到期的收益债券，总值达5,200万美元，这部分债券的利息只有等企业盈利时才需要支付；以及年股利率为5%、总值达11,150万美元的优先股和10,200万美元的普通股，以此替换了23,200万美元的债券和10,200万美元的股票。除了固定支出的大幅缩减之外，该公司改善了融资，长期债务大大减少，而又保住了债券。在良好的管理下，铁路公司的业务开始正常增长，保住了次级证券的价值。新优先股开始时的售价低至14.125美元，两年内翻番，到1900年就已经达到投资级证券的水平，并一直维持到现在。艾奇逊公司刚刚重组之后，新普通股售价低至8.25美元，两年内几乎增长到了原来的三倍，到1901年则达到了91美元的高位，并达到了投资级水平。

工业公司与铁路公司的相似之处很少，而且重组过程的标准化水平很低。一般而言，工业公司用于终结破产托管的计划相比于铁路公司来说，会更为激进。像弗吉尼亚—卡罗莱纳化工公司那样，在1925年的重组中，其长期负债被完全清除。如果其债券可以保持继续流通的话，重组人员很可能会确保新公司的固定支出被控制在盈利能力之内，明智的重组人员同时会确保新公司有非常充足的营运资金才能开始经营，投机者在研究重组计划时要特别注意这两点。

市值的比较

我们可以对一个新公司和之前的旧公司进行比较，这个比较是很有趣的，对投机者也很具启发性。根据一个正常年份的证券的平均价格，以公平的市场估值，旧公司的市值是多少？在这个数字的基础上减去在重组过程中被清除的资产价值。尤其要注意营运资金的变化。现在，将这个数值与新公司的证券的市场价值进行比较。后者很可能远远小于前者，两者之间的差额所体现的是，投资者与投机者预估公司重组后恢复行业地位，进而证券可能增值。投机者必须根据对该行业未来前景的预测及对管理层能力的判断，来估量这一可能性的大小。

第十七章　非上市证券——金融股的分析

证券的报价——出价与要价之间永远存在差价——挑选一个非上市证券的经纪人——作为抵押品的非上市股票——低调的"白菜价"证券——金融机构的股票——非上市证券中的精品——分析一张银行的报表——保险公司财务报表的相关术语

许多投资者和投机者都说，"我从来不买非上市证券"。他们在买卖证券时，自动排除了数以千计的、能提供稳健投资及投机利润的重要机遇。如果他固执己见，那么像银行股、保险股、良好的公共事业股、价值或多或少的工业股等这些重要的股票类型都会与他擦肩而过。实际上，这类股票的数量和种类极多，武断地否定它们是很激进的投资策略。相反，明智的投机者会想要去了解非上市证券市场，理解其中发生的交易与上市证券交易有何区别。

报价的准确性

上市证券交易与非上市证券交易的第一个区别是，后者报价的准确性要比前者低得多，这也是两者最明显的区别。完整的纽约证券交易所交易大厅的销售报告每天都会刊登在《华尔街日报》及纽约和其他重要城市刊发的主要纸媒上。这些报价经过了最精心的汇编，准确度超过99%，它们代表了公开市场上真实的证券交易。这个市场为保护交易和投资大众制定了种种规则，买家和卖家都严格受制于这些规则。在美国证券交易所和外地的证券交易所里，情况也是类似的，真实的报价也很容易获取，并且几乎同样的精准。

虚　卖

对投机者来说，某只股票在某个时间点以某种价格真实地售出具有非常重要的意义，这是显而易见的。投机者可以由此判断他参与买卖的证券的价格。而就非上市证券而言，投机者无法获得如此真实的价格信息。当然，许多非上市的证券是在波士顿、纽约、费城每周举行的拍卖会上进行买卖的，这些交易的记录也是可以获取的，但个股交易是不定期进行的，并且即使交易能够进行，也并非能够反映真实的市场情况。在证券交易所的大厅里，会员们必须严格恪守交易所的规定，虚卖几乎不可能进行，但虚卖在拍卖中就决非罕见了。虚卖是指交易者自己卖给自己的行为，其目的是为了建立市场。手上积累了大量某只股票的交易者，可能在公开出售时给出高于该股票真实价值的价格，意在形成公开的交易记录，从而有利于该股票以后高价出售。还有一部分交易者则是出于不同的原因，他们将许多几乎毫无价值的证券在每年的拍卖会上售出，目的是为了形成关于损失的记录，以逃避所得税。一只非上市股票在拍卖会上以某价格出售，这样的公开记录绝对不能反映该股票的真实市场情况。对该股票感兴趣的投机者应该确定，该报价是单一报价的结果还是许多出价人都要以此价格购买该股票。

出价与要价之间的差价

通常来说，关于一只非上市股票唯一可以获取的报价就是出价和要价。如今，各大金融中心的纸媒每隔一周甚至更短时间就会公布一次重要的非上市股票和债券的报价情况。它们从专业从事场外交易业务的大公司那里搜集这些报价。这些公司不是对每笔交易收取固定佣金的经纪人，从本质上讲，他们更像是用自己的账户进行交易的交易者。他们寻求尽可能地以低价买进，高价卖出，既与公众交易，这种公司之间也彼此进行交易。有时候他们也执行客户订单，并收取佣金，但是更多情况下，他们会从中赚取四分之一个点，或者五个点，或者任何现行条件下允许的点数的利润。为了达到这一目的，他们自然会将出价与要价之间的差价留到足够大，这样才有可能赚取合理利润，还要为误差留出一定余地。在公布的出价与要价之间出现误差还有另一个原因，那就是在某个时间，某个商行并不知道市场上最高的出价和要价。所有这些原因导致的最终结果就是误差，投机者必须将公布的出价和要价仅仅当做交易成交价格的参考。

选择非上市证券经纪人

显然，一个对非上市股票感兴趣的投机者必须首先得到一个接近其价格的报价，然后再选择一家可以与之交易的公司。这件事有点困难。有句古老的格言说"购者自慎"，这完全适用于非上市证券市场。如果没有经纪人提供信息参考，投机者可能会在买进时支付最高价，在卖出时得到最低价。如果他向多家经纪人询价，那么他的询价将可能会对市场造成极大影响。即使是向几家不同的经纪公司询问十股零股的价格，也可能造成该股票存在活跃报价的市场印象，其造成的结果很可能比随意选择一个经纪公司更为糟糕。在与一家陌生的经纪公司打交道时，投机者也可以使用一些简单的权宜之计，即在第一次询价时隐藏他在市场中的真实身份。例如，如果他想要购买100股某只非上市股票，他可以询问经纪人同等数量的股票可以卖多少钱。经纪人就会回答一个报价，这个报价不太可能与他询问买入价的结果相差太大。

相对于相信这些权宜之计，或者是相信自己在寻找经纪公司时可以有好运，投机者可能更想找到最可靠的公司。为了这一目的，他可能会让他的银行和几家经纪公司按照他们自己的判断，提供两到三个最可靠的经纪商行。可以推测，在这种非正式的投票中获得最多票数的公司，最值得信任。有一件事是投机者不会在调查的过程中提及的，那就是询问某某经纪公司是否"可以"。除非被询问的人和他之间是最亲密的关系，或者他所询问的这家公司声名狼藉，否则他得到的答案可能会因为过于谨慎而没有价值。

倘若投机者通过某个经纪人处理上市证券的业务，这个经纪人又维持着一个非上市证券的交易部门，那么投机者就没有选择商行的难题了。为了给客户提供便利，许多大型的证券交易所确实维持着这样的部门。虽然就某只股票而言，这样的交易部门可能没有一个像商行一样的专门市场，但是它至少比单个客户拥有更好的交易地位，而且这样的交易部门通常按规矩为他服务，并从中收取佣金。

差价永远存在

习惯于交易上市股票的交易者对非上市证券持反对态度的主要原因，也许就是因为其出价与要价之间存在巨大的差价。事实上，这一差价通常并不过分，批评家们常常忘了在上市股票中也存在类似的差价。普通的交易者习惯于只看上市股票的销售报价，很少关注出价和要价数据，然而对于非上市股票，他们通常只看到出价和要价的数据，几乎从来不看售价。在任何时候，出价与要价之间总是会存在一定的差价。差价的大小与股票的活跃程度成反比。对于"美国钢铁"这样的股票来讲，这一差价可能只有八分之一或者四分之一个点。一只还算活跃的股票，其出价可能会比要价低半个点到两个点。如果一只股票一天只售出一百或者两百股，那么该差价可能会达到四个点或五个点。对于成交量很小的上市股票来说，可能会存在十个点甚至是二十个点的差价。例如，在写下本文时，"真凤凰火险"在证券交易所大厅的出价为65.625美元，要价为70美元。与此同时，一只非上市股票"哈特福特火险"在场外交易公司中的出价为74.5美元，要价为76.5美元。

银行家的态度

投机者反对非上市股票的另一原因是，它们作为银行贷款抵押品的可接受性相对有限。银行家们将储户的钱以抵押证券的形式借贷出去后，最关心的是抵押品的市场流通性，而不是抵押品的质量。相比于市场狭小、很难卖出的高级别投资股票而言，他更喜欢投机性、活跃度较高的上市股票，这样他可以在通告发出后，几分钟内就能够卖出股票。此外，相比于一只他可能从未听说过的非上市股票，银行家可以更容易判断，就一只报价随时公开的上市股票而言他能安全借贷多少钱。拿起办公桌上的《华尔街日报》，就可以获得某只股票在证券交易所的真实售价，这比寻找一只非上市股票并模糊判断其市场规模的大小要容易得多。对于一只市场交易量很小的非上市股票，尽责的银行家可能会感觉必须重视其内在价值因素。因此，他会卷入到必要而又繁琐的调查中。总而言之，处理定期贷款或活期贷款的银行家更喜欢上市股票，这不足为奇。

首选冷酷的经纪人

如果银行家更喜欢将上市股票作为抵押品，那么可以推断，经纪人也有相同的偏好。经纪人为客户设立保证金账户，通过到银行将客户的证券进行再抵押，获取一部分必需的资金。如果经纪人从客户那里接受的证券不能从银行获得贷款，那么他会很快进入危险的"冻结"状态。在这种情况下，其所有良好的抵押物都可能会归银行所有，而他自己的大部分资本都被不可接受的证券所占用。如果市场突然下跌，他的大客户将会被扫荡一空，他们的账户将会处于最低保证金的安全线以下，这样的局面是灾难性的。总的来说，保证金投机者会发现，最"冷酷无情"的经纪人会要求他维持合理的保证金，并且严格要求他提供的抵押物证券必须具有市场流通性，这才是投机者可以打交道的最值得信任的经纪人。在困难时期，只有这样的经纪人才不会关门大吉。那些为了得到更多的交易量，接受低额保证金业务，或者接受不良抵押物业务的经纪人，绝不是最安全的经纪人。

隐藏的便宜证券

尽管非上市证券市场存在明显的缺点，但是单单其证券数量远超上市证券这一事实，就足以引起投机者对这一领域的关注。如果没能这么做，那么投机者就会错过很多便宜货。通常，金融机构的股票，除了少部分无关紧要的股票，大部分都是最好的投资类股票，也是最好的投机股票，但它们只能在场外交易。场外交易市场的不透明性对于那些机警的投机者来说，是一种优势。在相当长的一段时期内，股票常常以低到离谱的价格出售，仅仅是因为很少有人知道它们。发现这种股票的投机者不需要知道股市的总体趋势，不需要预测该公司收益的未来增长性。如果该股票的售价远低于其当前收益和市场地位所对应的合理水平，目前的情况也不可能在不远的将来损害它的利益，那么投机者可以确定别人也将发现这只股票，到那时该股票的价格会上涨到一个合理的价格水平。非上市股票市场的活跃往往是证券交易所交易活跃的预兆。大部分在牛市中赚到的钱，常常是先于上市公司股票在场外市场赚到的。

金融机构的股票

也许投机者可以获得的最安全的投机工具就是金融机构的股票了，按照规定，这种股票只能在场外市场中才可以购买。随着国家财富与人口的增长，银行和保险公司发展得更为迅速。随着物质文明的进步和金融机构的服务越来越重要，社会金融机构变得越来越复杂。因此，在几年时间内，那些大型银行或者保险公司几乎一定会在规模上和股票价值有所增长。有远见的投资者若购买了这种金融机构的股票，并一直持有，那么几乎可以肯定他将在几年后获得丰厚的利润。通常来讲，这种情况下不算是投机，但是谋求更多即时利润的交易者至少会满意地认为，如果预期收益不能够很快实现，那么也可以拥有良好的投资，利润仅仅是延期而已。

银行业务的特殊性

正如对其他领域一样，对银行和保险公司股票感兴趣的投机者，自然会想要明智地挑选股票。例如，银行业表面上看起来是非常简单的。银行家们累积存款，他们支付给客户的存款利率为2%甚至更低，然后再以4%到6%的利率大笔借贷给其他客户。考虑到银行的资本总额和存款数额，这些看起来简单的算术应该就可以得出收益率。但实际上，银行业务的执行结果同其他任何领域一样，理论与事实也缺乏一致性。假定两家银行的资本相同、留存收益相同、存款额相同，一家银行也可能比另一家银行的股票价格高出很多。

银行的财务报表

一家银行的财务报表与其他的商业企业的财务报表并不同，银行财务报表的主要项目都是钱或者是钱的等价物。下图是一家实力很强的国家银行的财务报表，非常具有代表性：

资　产（单位：美元）

贷款与贴现	42,086,204
美国国债	9,412,296
其他债券和证券	3,177,938
银行	2,736,202
现金和存放同业款	17,534,164
客户应收票据	1,870,380
	76,817,184

负　债（单位：美元）

资本	3,000,000
公积金	2,000,000
未分配利润	4,690,687
存款	61,972,206
应付票据	1,000,000
银行承兑汇票背书	2,252,587
未兑现承兑汇票	1,901,704
	76,817,184

现金与现金等价物

以上资产负债表中的资产部分中所有项目都代表现金或者现金贷款，但有两个项目以外。这两个例外的项目是"银行"和"其他证券"，前者是一项价值可能出现很大波动的长期投资。债券，即长期的现金借贷。股票，并不能确保其持有者能够在固定日期得到固定的现金回报。在负债部分，所有项目都代表了这家银行所欠的现金，包括即期支付的或固定日期支付的现金，但资本、公积金和未分配利润这三个净值项目除外。这三个项目代表了该银行的股票持有者在这家银行的权益。在银行的报表中，公积金通常是一个大概的数字，代表着由股票溢价出售及从未分配利润中划拨出来的部分的增加、这两部分共同建立起来的基金。通常来说，公积金如同资本一样重要。另一方面，未分配利润代表了未用于支付股利或者增加公积金的累积盈利。

存款人的分析

从存款人的角度来看，上表展示了银行实力强大，这个分析很简单。不考虑承兑汇票（属于或有债务），这家银行的负债低于6,300万美元，其中很大一部分负债不是一经请求就立刻支付的，而是按具体日期支付的。为了满足支付这一债务的需求，该银行拥有超过1,750万美元的现金存在自己的金库或存在其他银行里。该银行拥有不到950万美元的政府债券，可以在几小时内就售出，或者在联邦储备银行做抵押。这样一来，一共就有2,700万美元现金用于满足取款的要求。这个数字相当于银行欠款总额的43%。此外，"贷款与贴现"项目中包括一部分是由证券交易所抵押物担保的活期贷款，是可以一经通知就立即支付的，还有更大一部分是可以在联邦储蓄银行再贴现的贷款。如果考虑到该银行的大部分储户也是该银行的借款人，并且借款总额高于存款总额，那我们可以判断：该银行在公布财务报表时的实力是固若金汤。

从股票持有者的角度来看，该报表显示了很强的实力。公积金和未分配利润达到了流通在外的股票总值两倍以上，这使该银行股票的账面价值超过了320美元一股。存款总额等于资产净值的6.4倍。如果我们假设银行可以以平均4%的利率发放贷款，以平均2%的利率支付存款利息，那么该银行的总收益将是资本净值的4%，再加上以上两个利差，或者说是存款总额的2%。既然存款总额是资产净值的6.4倍，那么总收益将是资产净值的16.8%。这一数字再乘以3.2，就得到了总收益，从理论上讲，总收益的53.8%还必须扣除损失费、支付税费和开支。让我们进一步假设这些项目需要花费1.5%的资产，那么从总收益中减去的将是资本的35.6%，剩余的净利为股票票面价值的18.2%。对于任何银行，都可以进行这样的计算。

广泛的业务范围

所有这种理论上的计算，很大程度都会受到管理因素的影响。对不同的银行来说，损失的比率、开支的比率都存在很大差别，总收益占资源的比率也是如此。在一家大型的现代银行里，可能有很多存款、贷款以外的活动。银行可能设有国外部，为其客户购买和销售外币；信托部，扮演财产执行人和托管人的角色；公司信托部，在公司抵押时，为债券持有人持有信托财产；转账部，处理公司转账并为公司客户支付股利；还有债券部和其他许多部门。银行可能还会有一家证券子公司，参与债券包销以及类似的业务。就收益能力而言，一家拥有简单金融业务的纯粹的商业银行，很可能比不上一家拥有所有领域业务的银行。

一份银行报表提供的可分析要点并不多。主要的资产项目是贷款与贴现，这一项99.9%的可能都是等同于现金，或者是在很大程度上由财务困难者被冻结的贷款所构成。在报表上，分析者无法判断贷款和贴现的质量。一般来说，分析者可以假设一家大型银行的贷款是良性的。在像是1907年或1921年这样的年份中，这一表述可能不是百分百正确，但是它基本上可以满足参考的需求。

确定账面价值

在分析一家银行的报表时，投机者应首先确定该银行股票的账面价值。通常来说，股票的售价应该比其账面价值高很多。然后，投机者应该通过对比不同时期的报表，来进一步发现该银行的存款是否在增长，与其主要竞争对手相比，该银行的增长速度是更快还是更慢。接下来，投机者需要对比两份报表中"未分配利润"这一项目。"未分配利润"与"公积金"两项中的增长，再加上已支付的股利数额，等于该时段内的银行净收益。投机者自然希望购买一家实力强、发展快、盈利能力强，且持续增长的银行的股票。

有时候，资产负债表并不能显示一家银行的全部盈利。纽约以及其他城市的主要银行有经营证券的分行，例如国家城市公司、担保公司、大通证券公司。这三家分支机构是向投资大众分销债券和股票的主要分销商。通过对比几份连续的报表，就可以确定总行的收益，只要对比的时间段中没有发生兼并。但是通常来说，证券分行的收益是不披露的。在牛市中，这种隐性资产和隐形收益对投机性的买家来说十分有吸引力。

火灾保险公司

银行欠其储户的金额在任何时候都是固定的，而火灾保险公司承担的负债就有可能高出其全部财力的好几倍，不知道什么时候它就可能被要求偿还一大部分金额。然而，火灾保险公司可以分散风险，不给同一社区的多所建筑或是同一条街上的多个房屋设置同种类型的财产保险。对于任何财产，火灾保险公司只拿出小部分钱用于冒险，这消除了很大一部分风险。火灾保险公司的生意看起来像是一场巨大的赌博，但事实上，大型火灾保险公司也是最安全的投机工具之一。火灾保险公司通过两种方式盈利。首先，它所收的保费应该超出遭受的损失和运营公司的费用，由此产生一笔保险利润。第二，在任何时候，火灾保险公司都会有一大笔保费在手上，连同它的资本和公积金一起，大多都会投资在股票和债券上。如果经营得好，这些投资就会产生利息、股利收入和资本收益。每一年，证券的价值都会重新评估，公积金也会作出相应的调整。管理最好的公司，其赚取利润也是相当稳定的。

下面的报表反映了一家大型火灾保险公司在连续两年间的资产和负债情况，报表的日期为每年的7月1日。

资　产（单位：美元）

	后一年	前一年
债券与股票	60,641,147	50,315,929
不动产	1,709,574	1,663,630
债券担保贷款与抵押贷款	5,200	338,488
保费与应收保费	4,238,261	4,011,455
应收利息与股利	553,605	490,944
现金	1,773,059	2,223,881
	68,930,846	59,044,327

负　债（单位：美元）

	后一年	前一年
预收保费	27,140,738	23,217,408
调整过程中的损失	2,940,498	2,644,180
其他索赔	757,415	876,893
股利与或有事项准备金	1,735,000	1,600,000
证券市场波动准备金	3,000,000	—
股本	10,000,000	10,000,000
公积金	23,357,195	20,705,846
	68,930,846	59,044,327

保险公司财务报表中的术语

以上资产负债表中包含诸多术语，大多数含义是显而易见的。"保费与应收保费"表示在保险代理人手中、还未移交给公司的保费。负债表中的"调整过程中的损失"则代表上了保险的财产遭受了由火灾造成的损失，其状态已经报告给公司，但是在资产负债列出时还未支付。对于外行人士来说，最神秘的项目莫过于"预收保费"。显然，该公司事实上并没有真的欠投保人几亿美元，这么大的数额只有当所有上了保险的财产同时被火烧毁时才会达到。这仅仅是一项或有负债，其中只有很小一部分可能会变成真正的负债。尽管如此，该公司确实欠投保人一定数额的款项，那就是当投保人要求取消保单时可以要求保险公司支付的金额。如果一栋建筑物以3,600美元的保费投保一年，一份资产负债表在30天后就绘制而成，在这张表上，这家保险公司赚取的保费只有300美元，余额是预收保费负债。

一家企业业务量的大小可以通过它预收保费准备金的数额来反映。两家公司兼并时，购买方通常愿意为此项目支付相当一大笔钱。一家保险公司股票的账面价值等于资本加上公积金的总和除以在外流通的股票总数。该公司的清算价值是账面价值加上预收保费的40%——根据经验，这一比例是相当准确的。同样，在计算收益时，通常做法是将当期支付的股利、公积金增加的部分、预收保费增加的40%相加。上表中的这家保险公司，在减去300万美元作为证券贬值的准备金之后，资本总额的24%的用于支付股利，公积金增量是26.5%，预收保费增量的40%是15.6%，总计当期收益为66.1%。

正式的报告

火灾保险公司必须向各州的保险委员会详细报告自己的公司事务。因此，投机者可以探知他所感兴趣的保险公司平均下来是赚到了承保利润，还是承保亏损。在保险业，亏损的公司比盈利的公司多，但是管理得好的公司从长远看来可以挣到小额利润。投机者还可以发现，这家公司的业务量是稳步增长、停滞不前，还是有所退步。然后，他可以将所持证券的价值与购买成本进行比较，从而了解到该公司的管理能力。在以上三个重要方面表现最好的公司，其股票对投机者来说最有吸引力。

寿险债券的稳定性

人寿保险不同于火灾保险，以生命表为基础，寿险公司应赔付投保人的负债可以精确地计算出来。寿险公司根据旧的生命表确定费率，并通过体检来选择他们的风险水平，从而在投保人的准备金中也就存在一个隐藏的盈余，大概为准备金的10%。人寿保险公司的股票清算价值和公司收益的计算与火灾保险公司大致相同，只是这个比率是准备金的10%，而不是40%。寿险比火灾保险安全得多，它的持续增长是非常稳定的。从投机者或者投资者的角度来看，只有几只保险公司的股票可供选择，实在是件憾事。

金融机构的股票构成了非上市股票中的蓝筹股。在场外交易市场中，还有几百只工业股和公共事业股值得明智的投机者关注。

第十八章　期权与套利

一个值得理解的神秘领域——期权的报价——用小额资本赌博——期权作为保险——期权的卖方并不傻——长期期权有很强的吸引力——期权的缺陷——认股权的估值——重组套利

看跌期权、看涨期权、差价期权、跨期期权，对于普通投机者来说，这些都是非常神秘的领域，但期权是用小额资本获得成功的最好的工具之一，为保证金交易者提供了唯一的避免损失的保障方式，为卖空者提供了对抗囤积威胁的绝对保护。每一位英国的股票交易者对期权的理论和实际应用都如数家珍，但在美国，许多从事投机多年的交易者还不知道期权是什么。

什么是期权

简单来说，期权就是在限定期间内按规定价格购买，或者卖出特定数量的特定股票的权利。例如，看涨期权的卖方允许买方在期权的有效期内，以合约规定价格从卖方手中买入一定数量的股票。而看跌期权的卖方同意在期权的有效期内，以合约规定价格从期权买方买入一定数量的股票。差价期权的卖方同意以某一价格从买方那里购买股票，或者以更高的价格向买方售出股票。跨期期权的卖方同意从买方那里购买股票，或者以同样的价格向买方出售股票。

在纽约的市场上，期权交易以100股股票为交易单位。25股或者50股的期权也可以购买，但是其价格就稍差一些。偶尔会有大额的期权交易，但是1,000股的期权并非不常见，10,000股的期权就更是闻所未闻了。绝大多数的期权交易都是以固定价格成交的，期权的购买者要为100股的看涨期权或者看跌期权支付137.5美元（看涨期权还要加2美元的税），而差价期权的费用是上述费用的两倍。在这笔钱中，期权卖方获得112.5美元，余额在买方的经纪人和股票专卖人之间平均分配。

期权卖方的地位

初看之下，一个人可以以固定金额购买100股的任何股票的期权似乎是不合逻辑的。然而，在卖出一份期权时，合约中的执行价格并不是当时的股票价格，其价格与当时的市场价格是存在一定差额的。通常30天期权的股票报价会比当时的市场价上浮或者下浮许多点，30天为绝大多数期权的标准期限。例如，美国钢铁普通股的期权，其股票报价可能比当时的市场价格下浮4个点，或者上浮6个点。假设美国钢铁普通股此时的价格为140美元，交易者可以用139.5美元购买100股价格为146美元的

30天期看涨期权，用137.5美元购买价格为136美元的30期看跌期权，用277美元购买差价期权，该期权允许买方以136美元的价格向卖方卖出100股股票，或者以146美元的价格从卖方那里购买股票。如果一只股票的价格为20美元左右，那么看跌期权或者看涨期权的价格可能与市场价只差半个点。在高度活跃的市场中，即使是售价低于其票面价值的股票，期权的股票报价也可能与股票的市场价格相差10个点或者12个点以上。这种情况下，如果认为期权被执行的可能性很大，那么自然不会卖出期权。

有一些期权的股票报价就是当时的市价，但在这种情况下，买方花费的现金成本可能比购买100股30天期价格为137.5美元的股票高出很多，有可能高几百美元，具体情况根据市场的总体情况以及不同的股票而不同。一些期权交易的期限会超过30天，但这种情况很少。

少额资本的投机

有的人用少量的资本购买期权，并将其作为投机工具，从这些人的角度来看，期权的优势很明显。对于普通经纪人和普通交易者来说，所有少于100股的零股交易者都属于胆怯的赌徒。一只股票如果价格很高，如果投机者想操作这只股票，可靠的经纪行一般最少会收取1,500美元的保证金。手上只有200到300美元但是又渴望投机的人，通常都没有耐心等到积累这么多资本，再开始投机之旅。期权恰好给他们提供了机会。只用137.5美元，他就可以"控制"100股几乎所有的活跃上市股票30天。假设他选择美国钢铁作为操作工具，并相信该股价格便宜，于是购买了看涨期权，价格比市场价高出6个点。他可能很正确，该股本质上很便宜，但是他在赌这只股票预期在相对短的时间内会出现幅度相当大的价格上涨。在他的首次冒险中，他可能第一次意识到30天的期限事实上非常短。在他开始收回购买期权的成本之前，该股必须上涨6个点。在他收回他的初始资本以及在公开市场上卖出股票的佣金之前，另外1.625个点的上涨也是必须的。然而，当该股上涨了7.625个点，即使是温和的进一步上涨，也意味着他在这项投机上收益可以翻一番，甚至是翻两番。

有限的风险

在正常市场中，在期权的有效期内，股票期权交易无法为其持有者获利的概率是能够为其获利的4倍或5倍。然而这种交易方式至少还有一个优点，就是可以使期权股票的交易者遭遇损失的风险降到最小。如果一位交易者在146点时用139.5美元买进100股美国钢铁的看涨期权，但是股票走势与他的设想完全相反，那么他也仅仅是损失了139.5美元的成本而已。如果他用保证金买入了100股美国钢铁的股票，那么他的损失就惨重多了。尽管在后一种情况下他可以无限期地坚持其头寸，但是可能只有在他追加保证金的情况下才能实现。保证金交易者相对于期权交易者的这种优势，其实并没有看上去那么大。上面提到的这个例子，那个在30天期限结束时损失了139.5美元成本的期权交易者，可以以更好的价格再买一份看涨期权，即便是再次损失，他损失的钱仍然远远小于保证金交易者所遭受的损失。事实上，保证金交易者10个点的损失，相当于期权交易者整整7个月的期权交易成本。

与期权相反的交易

在上述例子中，我们假设的是期权的持有者只能等到期权到期的那天，若市场允许其获利，他才能行使期权，否则的话他就什么都做不了。事实上，期权交易者绝不会按照这种方式操作。假设交易者购买了美国钢铁看涨期权，一周或者10天内该股虽上涨但是没有超过期权价格。与此同时，该交易者改变了对市场的看法，认为股票价格即将回落。于是，他以期权价格卖空100股美国钢铁，用来对冲这次期权交易的损失。在期权到期的那一天，低于期权价格15个点的股票价格对于这位交易者来说，不是损失，反而是一笔不错的收益。还有一点值得注意的是，在卖空交易中，经纪人不会要求交易者支付高于一个点左右的保证金，因为他的客户会受到期权的保护。

从看涨期权到跨期期权的转换

让我们再次改变一下假设，假设当美国钢铁股价上涨到期权价格时，交易者还搞不清楚在有效期的剩余时间内该股价格会怎么变动。在这种不确定的情况下，他可以以期权价格只卖空50股美国钢铁的股票。现在该股的走向将于他无所谓了。无论该股怎么变动，只要波动幅度够大，他都会获利。如果该股下跌，他可以买进归还50股的卖空股票，并允许看涨期权到期不执行。相反，如果该股上涨，他可以执行那100股的期权，交割50股以完成卖空合同，卖掉剩余50股获利。这种操作在现实中就构成了从看涨期权到跨期期权的转换。如果是看跌期权的话，就以期权价格买入一半量的期权股票，其结果也是一样的。可以想象，期权持有者在期权的有效期内，可以多次进行与期权相对的交易。

期权的保险作用

期权被认为是一种可以利用少量资金、损失风险有限，而潜在利润无限的一种投机方式。而事实上，只有四分之一的期权业务是以上述这种投机为目的的。大部分的期权都是一种抵御过度损失的廉价的保险工具。假设一位交易者在140点时卖空美国钢铁，但是他对于该股的市场状况不是很有把握。他可以在以下两种方法中选其一来保护自己——他可以发出比市场价高出几个点的止损单，也可以购买一份看涨期权。假设两位交易者都处于这种情况下，一位买了比市场价高6个点的看涨期权，另一位发起了146点的止损单。再进一步假设，在30天内，美国钢铁上涨至147美元，但是又陡然回落了10个点。在这种情况下，那个试图用止损单保护自己免受损失的交易者，在146点时会自动执行止损单，如果交易量是100股，那么他的损失就是600美元，还要加上佣金。另一位交易者则由于有了看涨期权的保护，无论股价上涨到多高，他的损失不会超过600美元以及看涨期权的成本。因此他可以镇定地看其涨到147美元，并利用随后的下跌获利，在跌到137点的时候，买进归还他卖空的股票，获得3个点的利润，其净利润就是300美元减去买入看涨期权的成本和佣金。

相对而言，美国钢铁是波动缓慢的股票，但即使是这样的股票也可能发生大幅度的波动，这就给期权的持有者提供了相当大的获利机会，或者最少为保证金交易提供了有价值的防损失保护。例如，1926年6月期间，美国钢铁每周的波动如下图：

周	6月1–5日	6月7–12日	6月14–19日	6月21–26日	6月28–30日
最高点 ·················	126.5	137	139.75	139.25	144
最低点 ·················	122.5	125.375	134.5	136.25	137.25

价格更加不稳定的股票会频繁地给期权交易者带来更大的获利机遇。

期权卖方的动机

期权的初期学习者常常感到迷惑的一件事就是期权卖方明显的愚笨。或许会有人问，怎么会有人为了112.5美元的收益，卖出某只股票100股且价格高出市场价几个点的看涨期权，倘若市场走势于他不利，他潜在的损失是无限的，可能很容易达到1,000美元甚至更多。稍加分析，我们就可以发现，其形势并没有看上去那么荒唐。假设一位交易者持有100股美国钢铁，现在的价格是140美元。他相信这只股票完全值这个价，但是希望再多卖6个点。他可以通过给他的经纪人下一份在146美元卖出的订单，或者是卖出一份该价格的看涨期权，来表达这种愿望。在后一种方式中，他会获得112.5美元——如果额外该期权被执行产生的额外利润，如果不执行则没有。一位卖空美国钢铁的交易者可能会由于相似的动机卖出一份看跌期权。

缩减购买规模

交易者卖出期权的动机可能各有不同。假设一位交易者看好美国钢铁，并想要以尽可能低的价格买进1,000股股票。他可以发出一份低于市场价格的限价购买订单，或者是卖出看跌期权。通过两种方法都一样可以买到股票，但是后一种方法可以使他获得买方支付给他的期权费，抵消部分购买股票的支出；在期权没有执行的情况下，也能得到期权费的收益。想要卖空的交易者，比起以高于市场价格的限价卖出的订单，可能也是更喜欢卖出看涨期权。

期权的卖方有时还可以以更低的价格购买类似的期权，从而进行双保险。假设期权卖方已经卖出了一份100股、价格在146点的美国钢铁的看涨期权，该股价格发生了一次回落，那么现在他可以购买100股、价格在142点的美国钢铁的看涨期权。这样，他的钱袋只少了25美金，用于给经纪人和期权专卖人的佣金。如果美国钢铁上涨到超过146美元，两个看涨期权都会被执行，那么他就会获得400美元的利润。如果美国钢铁上涨超过142美元，但是未达到146美元，他将从购买的期权上获取小额利润。如果美国钢铁没有上涨，他这样做，就相当于以很低的成本买入一份保险，用于抵御他卖出看涨期权带来的损失。

篇幅所限，我们无法充分论证期权交易的方方面面。在此领域进行操作的投机者会发现许多可以发挥聪明才智的好机会。然而，还要注意一两个技术要点。其中，股利因素是至关重要的一个细节。在期权有效期内，如果某股票买卖价格扣除这段时期内应发放股利，那么当天的期权价格应需减去股利的金额。

期权的卖方责任

很明显，对于期权交易者来说，期权卖方的责任至关重要。在纽约的证券市场上，只有纽约证券交易所成员担保的期权才被认为是优质期权。当拥有这样的保证，期权卖方的责任将不再是问题。这一点尤为重要，因为期权为对赌行的人提供了良好的操作领域。这种底层的金融机构会在媒体上这样打广告："你知道吗？25美元就可以控制25股任何上市股票！"一旦有小交易者们回应了这则广告，他们会为小交易者们提供为期7天的他们最喜欢的股票的期权。如果交易者在这种交易中赚到了钱，他并不会立刻拿到现金，相反会被怂恿再去购买其他的期权。如果他的客户太成功了，那么这种类型的"经纪人"就可以直接关门大吉了。

长期期权

过去几年中，一种新型的期权出现在市场上，并且数量不断攀升。这就是长期股票购买权证，它通常作为一种"甜味剂"附加于债券上，从而促进债券发行。对于个人来说，能够接受一两个月有效期的期权，但没有人愿意卖出一份有效期长达几年的期权，但是一家公司却可以为自己的股票提供长期期权，从而吸引更多的资本。最早的利用长期期权进行融资的重要例子，就是美国电力电灯公司在1916年向其股东发行的100年期、6%利率的信用债券。该公司当时决定授予债券持有人一项权利来刺激债券的发行，那就是在1931年3月1日之前的任何时间，每1,000美元面值的债券，可以以每股100美元的价格认购该公司10股普通股。1916

年的该股股价为93美元。长达六年时间，这一期权只拥有一个名义上的价值。很多债券持有人将股票认购权从债券中分离出来，并建立了一个单独的市场，每份股票认购权的价格为几美元。1922年，该股股价超过了其票面价值，而该认购权也开始真正有了价值。在接下来的一年中，该股票价格达到177美元；1924年，该股价格在一分十的股票分割日前夕，达到了500美元的高位。原先附加于1,000美元债券上的、1921年市场价值只有30美元的认购权，在该股股价500美元一股时，其价值已经高达4,000美元。

在美国电力电灯公司的认股权证没有实际价值的六年中，该公司每个月都会报告当月总收入比前一年同期有所增长，除了一两个月以外几乎每个月都有净利润。在这种情况下，任何愿意卖掉该股15年看涨期权的人，都是会非常令人惊讶的。

罕见的分离认股权

认股权证通常在形式上是可以分离的。在这种情况下，附带认股权的债券、不附带认股权的债券、认股权，三者一般会有各自独立的市场。最初购买债券附带认股权证的买家在名义上是无需支付什么成本的，所以他们通常不愿意将其从债券上分离出来，然后再单独出售。不仅是那些精明的债券持有者不愿意将一笔可观的未来利润换成眼前固定的小利润，就连那些粗心大意的债券持有者也会因为惰性而不出售自己的认股权。因此，附带认股权的债券比起那些不附带认股权的债券或者单独的认股权本身，其市场流动性要好得多。有时候可以购买附带认股权的债券，再将认股权分离，然后将不附带认股权的债券卖给偿债基金，但是总体上看，购买认股权证通常并非易事。再者，在某些情况下，购股权证在形式上是不可分离的，在有限时间或者是在购股权证的有效期内，只有与其最初所属的债券同时出示，才可以兑现。有时，如果不可分离的认股权只是在时间上受限，那么一旦能将认股权分离出来是非常值得的。例如，1925年12月，兰德·卡迪斯·比罗公司出售了一种5年期附带认股权的票据，该认股权一年后可以分离。几个月之后，原联合企业中的一家公司开始再次出售大批没有认股权的该种票据。在这种情况下，分离出来的认股权有几个月的时间都没有什么价值，但是在那之后，它们却可以有4年的独立时间。

认股权证的不同期限

认股权证的期限可以说是多种多样。有些认股权证的有效期只有几个月的时间，而有些却永久有效。东南电力电灯公司发行的利率6%、2025年到期的信用债券在一开始就附加了认股权证，这些认股权证就是永久有效的。每份债券都附有10份认股权，授权持有者可以在任何时间以50美元的价格认购1股该公司的普通股。那些对认股权感兴趣的公众，在美国电力电灯公司的认股权上积累了深刻的经验，所以即使当时该公司股票的市价只有其认股权价格的一半，东南电力电灯公司认股权的报价都持续在9—10美元。通常来说，认股权的期限都是几年，超过十年的期限实属罕见。

认股权证通常按比例增加发行，如果按某一价格出售后，一两年内的销路不错，那么之后就会提高价格。通用钢铁铸件公司在发行总值2,000万美元、第一抵押权1949年到期、年利率5.5%的债券时，附加了认股权，认股权授权其持有者，在1931年7月1日之前，可以以55美元每股的价格购买股票，接下来的两年内，可以以65美元每股的价格购买股票，之后到1935年7月1日之前，可以以75美元每股的价格购买股票；接下来的一年，可以以90美元每股的价格购买股票，第五年及最后两年，可以以100美元每股的价格购买股票。另一种按比例增加的认股权的典型例子，是1925年下半年，德国通用电气发行的年利率6.5%附带认股权的债券。该债券发行的总值达1,000万美元，每1,000美元的债券附带一份认股权。最先售出的2,360份认股权，赋予其持有者以24美元每股的价格购买18股普通股的权利，接下来的2,150份认股权可以以26.5美元每股的价格购买18股，以此类推，最后1,750份认股权则可以以34美元每股的价格购买17股股票。这种形式的条款对于迅速执行该期权具有明显的刺激作用。

耐心的投机者

作为投机工具，认股期权对那些拥有足够耐心且投机资金有限的投机者显然有着很强的吸引力。例如，一位收入中等年轻人可能会发现，在扣除生活开支、基本人身保险、在银行储蓄的现金，以及其他稳健投资之后，他的收入所剩很少。如果他想要使用这点余额投机，那么那些为期几年、附加于前景可观的普通股之上、价格公道的期权，就是非常具有吸引力的投资工具。比如，他每年有500美元可用来投机，那么他可能会用十个点的保证金购买50股股票，但很有可能赔掉，或者他可以购买100股股票的认购期权。如果他足够有耐心，并且在选择期权时拥有良好的辨别力，那么还会存在相当不错的投资前景：在期权到期之前，牛市会使他的认股权价值提高到原来500美元的好几倍。

期权的缺陷

期权的缺陷很明显，它们的市场流动性有限，并且通常不能作为贷款的抵押物。事实上，它们几乎从未能给持有者带来利息收入，带利息的期权非常罕见。出于这些原因，认股权证绝不应该单独购买，除非预计它们将来的价值是成本的数倍之多。投机的费用是普通交易者很少注意到的一个因素。除非预计在几年时间内的平均回报率至少是10%，否则大概没有人会投机。按年利率10%、半年复息来计算，资本需要最少7年时间才能翻倍。在购买认购期权这种高度投机性的证券时，投机者很可能非常确信自己有机会在相当短的时间内将自己的钱翻个两三倍。

估价公式

庆幸的是，克利福德·B. 里夫斯曾公布了一个简单的数学公式，这使我们有可能在某种既定情况下进行比较有把握的判断，判断某种认股权或者某种股票本身是否值得购买。例如，南部联盟的认股权是可以以25美元每股的价格购买股票的永久性权利。在本书撰写时，该股票的价格是14美元，认股权的价格是4美元。令X代表在某特定时间内未知的价格增长点数，在本例中，假设5年内，使购买认股权的利润率与购买股票利润率相同。现在令D代表在假设期间内需要支付的每股股利，令S代表该股股价，W代表认股权的价格。还剩下一个因素是有认股权价格的溢价，即认购股票价格加上认股权的当前市场价格，再减去股票的当前市场价格，我们可以用P来代表额外费用。

完成了对这些参数的定义后，现在我们可以列出公式了，让我们用"南部联盟"的数据作为例证：

$$(X + D) : S = (X - P) : W$$
$$(X + 3) : 14 = (X - 15) : 4$$
$$X = 22.2$$

回到高中的代数就可以轻松地解答。假设一个人购买了5年期认股权，而"南部联盟"在这此期间内保持60美分的股利基础，该股必须从14美元的价格上涨22.25美元，才能保证以4美元购入认股权的购买者比股票购买者赚到更大比例的利润。更大的涨幅会增加认股权持有者的优势，更小的涨幅则会对股票持有者更有利。

套利交易

掌握期权的知识，对于交易者来说是很有用的，但有些交易者会拒绝接受这样的知识，他们有一个没有事实根据的观点，认为期权是一个技术性太强太复杂的主题，如果没有大量的脑力投入就无法理解，因而他们可能故意无视之。有时，同样的错误认知也会阻止投机者对套利进行适当的研究。简单地下一个定义，套利就是在不同的市场上同时购买和出售同种或者等价证券，以获取利润的行为。当同样的证券作为交易工具存在于两个相距甚远的独立市场中时，套利的机会就会显著增加。一战前，纽约与伦敦之间的套利交易规模非常大。在某个既定时刻，诸如美国钢铁这种活跃股票，可能在一个市场中的售价比在另一个市场中高很多，所以交易者会在高价的市场中大量卖出股票，并在低价市场中大量买进该股，这中间所产生的差额足够支付佣金、股票的运送交通费、所涉资金的利息成本、电报费用以及其他支出，还能剩余一定利润。这种操作存在一个前提，就是同一只股票必须同时在两个市场中都可交易。对于任何一只股票来说，两个市场中总有一个更为活跃。将更为活跃的市场指定为首要市场，另一市场为次要市场。显然，套利交易者为次要市场的交易者提供了一种非常有价值的服务，那就是使次要市场的价格与首要市场中的价格接近。这种类型的套利交易是专卖人的专属领域，普通交易者不会涉及。

等价证券套利

等价证券套利则完全不同，它为非专业人员提供了机遇。最简单的例子就是新股认股权的发行。例如，多年来，美国电信为满足新增的资本需求，不时地向股东增发股票进行融资。通常情况下，这种增发股票可以选择在规定时间一次支付或者分期支付股票认购款。为了可以更简单地说明问题，我们不按照上述实际情况，而是假设下面这种场景。假设美国电信于4月底宣告，将于5月15日向登记股东按面值发行新股，股票认购款必须于6月15日全款一次付清，认购比率为每持有5股股票可购入1股新股。登记在册的股东在5月15日会收到每股一份的认购权证。为了有资格以票面价格认购1股新股，股东需要5份这种权证。假设宣告发行新股当天，美国电信的股价是210美元。关于该"认股权"的交易会立即开始，每一位经纪人都会立即开始计算该权利的价值。计算时，经纪人必须记住5月15日之前，每股股票的价值中还包含一份权利的价值。计算因而变得非常简单。股票市场价与认购价格之间的差额，除以购买1股新股所需的认股权证数与一份已经包含在市价中的权利之和，等于该权利的价值。因此，以上等式可以这样写：

$$认股权的价值 = \frac{市场价（210）- 订购价（100）}{所需权利数（5）+ 1}$$

在这种情况下，每个权利的价值是18.33美元，以最接近的十六分之一为单位，则该权利的价值是$18^5/_{16}$美元。对于不如美国电信活跃的股票来说，该认股权最小的波动值可能是八分之一个点。在该股除权销售之后（即股票的价格去除了认股权），该权利的价值就变成市场价减去订购价除以认购1股新股所需权利数即可。

从套利交易的角度来看，买卖股票本身或者其认购权并没有什么不同。允许购买1股新股的每个权利的价值等于未来交付的股票价格减去认购价格。当认股权出现时，对其感兴趣的经纪人会立刻将股票和认股权所有可能的售价编成一个等值表格。在该认股权过期之前，只要出现差价，场内交易者就会执行套利交易，从而将两个价格拉回到同一水平。这是另外一种只适合于专业人员从事的套利交易。

另一种等价证券的情况出现在股票分割时。实行股票分割的原因是，需要支付大额股利，或者是由于票面价值减少，或者是两者并存，都会导致这种。从宣告股利或者宣告分割股票，到实际完成相关操作，中间会经历几周的时间。在此期间内，新旧股票同时在证券交易所交易，也可能存在老股票在纽约证券交易所交易，新股票暂时在美国证券交易所交易的情况。如果新旧两种股票偏离了它们的等值价值，那么另一个套利交易的机会就出现了。

重组套利

重组和兼并为非专业的交易者提供了最好的套利盈利机遇。复杂的重组会涉及许多不同的证券，有时候会发生多种旧证券与新证券售价不一致的情况，并会持续数周。套利交易者通常购买旧证券，以其换取新证券，再出售新证券，而新证券处于"假定发行"中，而重组方案最终没有通过的风险是存在的，如果没通过，那"假定发行"的交易可能就会因此而取消，投机者就可能因此被困于那些无法流通的证券。如果当初不是为了套利交易，他根本不会购买那些证券。由包括公司最大利益相关银行家在内的委员会会公布非常详细的重组方案。一般来说，该方案都会顺利通过，所以这种风险非常小，但它确实存在。偶尔有可能对那些全部"假定发行"状态的证券进行套利。套利之后，如果重组方案没能通过，那么套利交易者损失的只是证券的票面利润。1925年早期，在维克·怀尔·斯宾塞钢铁公司的重组中，这样的机会就出现了。按照其重组计划，优先股股票持有者有权以票面价值认购年利率7%、5年期的票据，认购比率为每50股股票可认购1,000美元新发行票据，同时还可以得到175股新普通股。在相当长的一段时间内，以"假定发行"为基础的优先认购权和新普通股都拥有非常好的市场。该优先认购权的价格曾经一度达到8美元左右，新普通股的价格在5美元左右。不考虑佣金，新票据的价格相当于52.5美元。价格算法如下：

50个认购权的成本，单价8美元	400美元
认购1000美元面值的票据成本	1000美元
1000美元面值的票据和175股普通股的成本	1400美元
出售175股普通股的收入，单价5美元	875美元

虽然事实上此时新票据还没有什么市场，但是很明显，新组建的公司票据价值会远远超过52.5美元，特别是在新发行股票价值5美元的情况下。事实证明，在重组方案生效后的相当一段时间内，年利率7%的票据售价达到了75美元左右。

兼并套利

兼并方案的公布有时候会创造套利的机会，特别是在兼并方案涉及到许多不同的证券时。范·斯万瑞根提议，通过将乞沙比克&俄亥俄铁路公司、伊利铁路公司、霍金谷铁路公司、尼克·普拉特铁路公司以及佩尔·马克特铁路公司合并成一个新公司，从而创建一个新的铁路系统。这五大铁路公司的股票持有者们可以将原有股票按照不同比例兑换成新建铁路公司的股票。这为套利交易者提供了极好的机会。在州际商务委员会拒绝这一方案之前，大概有一年半的时间里，旧股票继续在纽约证券交易所出售，而新股票则在美国证券交易所交易。新旧股票的价格常常不一致，甚至偏离甚远。有好几个月，人们都可以买入伊利铁路公司的普通股，再卖出同等数额的尼克·普拉特铁路公司的股票，从而获取几个点的利润。佩尔·马克特铁路公司的股票通常会以略低于其等值的价格出售，而乞沙比克&俄亥俄铁路公司的股票售价则通常要高出等值。正如事实上所发生的一样，在这个例子中，市场的评价是正确的。重组的方案被州际商务委员会否决了，套利者的票面利润也就完全归零了。然而，相关的股票却迅速复苏，甚至恢复到高于重组计划酝酿时期的价格。然而，这次事件也给投机者带来了一个教训。在购买股票并通过卖出其"假定发行"等价物来获取套利利润时，投机者应该确定，一旦"假定发行"的股票不能发行，他就需要用旧股票碰碰运气了。

对 冲

与套利交易类似的是对冲。对冲就是买进一只股票，卖出另一只。投机者可能会对于市场趋势的不确定，而采取这种方式。也许投机者是对汽车公司的股票感兴趣，但是他不确定这类股票是不是已经达到了市场的顶峰，又或者是很快还会进一步上涨。在这种情况下，买入此类股票中最强的股票，然后卖空相等数量的本身较弱的另一只股票，是非常合理的。如果股市下跌，那么卖空的利润应该可以超过购买较强股票的损失，反之亦然。对冲同样适用于两只同类股票中，一只看起来天然比另一只便宜很多的情况。在之前的章节中，我们曾经分析过伯利恒钢铁与美国钢铁在1921年到1926年期间的不同走势。在那段时间的几乎所有时间点上，对那两只股票进行对冲交易都将会获利。如果投机者在这种交易上判断失误，那么不幸将会是双倍的，他在两边的交易都可能会遭受损失。然而，这并不说不要进行对冲。在投机活动中，赔钱历来都是对错误判断的惩罚。

第十九章　投机者应遵守的12条规则

保证金交易者的偏见——资金的经营管理——投机者必须遵守的12条规则——为什么股利并不重要——成功的投机者必须依靠自己的判断——过度交易的危险性——投机者的合理预期

有一位敏锐的观察家对投机和投资两个领域的活动都进行过深入的观察，当他读了本书的大部分内容后，他对我说，"你的书讲的是投机性投资，不是投机。"面对这种评价，笔者不得不承认。毕竟在投资与投机、投机与赌博之间，划清界线绝非易事。对于普通读者来说，讨论那种处于投资边缘的投机，比讨论那些处于赌博边缘的投机，将会更有帮助，危险更小。

奇妙的可能

普通人在开设了1,000美元的保证金账户后，很可能会下意识地认为，如果他不能在一年内将本金翻倍，那就失败了。如果他真的能够让本钱每年翻倍，并把利润也投进来进行操作，那么不到25年，他就会比现在在世的任何人都富有。这样说来，这种想法是很荒唐的。在现实生活中，用1,000美元作为投机最初资本的人，要么失败了，要么赚到了比纯利息更高的利润，然后逐渐积累到中等财富水平。随着年龄的增长，他会自然倾向于承受更小更少的风险，逐步成为投资者，而不是投机者。

企业管理

随着现在企业的经营规模越来越大，有抱负的个人要想成为一家大公司里唯一的所有人和专制管理者，这种可能性正在变得越来越小。对于商业天才来说，仍然存在机会，去创造经营管理的新方法，或者推出能够获得非凡成就的新产品，在其他领域，复制像亨利·福特在汽车领域，或者是F. W. 伍尔沃斯在商品销售领域获得的成功。但即使是商业天才，他也迟早是一大群股东中的雇员。所有有才能的人都几乎一定处于受薪的地位，或多或少受制于他人。然而，在管理个人的资金方面，任何人都可以给出自己的判断，自主自愿地进行支配。

人、财、物

一家企业的管理者都做些什么呢？他控制人、财、物，并试图通过掌控人、财、物而使得企业可以盈利。如果企业想保持长久的成功，那么经营者必须提供一些真实的公共服务，或者是将原材料转化为对最终消费者更为有用的形式，或者是提供更容易获得的材料。把投机者设想为一家企业的管理者，我们可以看到他也控制着人、财、物。"财"是他经营的起点，"物"是他买卖的证券，"人"是他选择的证券所属公司的董事和经理。他的"物"肯定不能在他手上进行转化，但是他买卖证券的活动，可以或多或少地提高其证券在保守投资者中间的市场流通率。这样，他又以同样的方式，对为他服务的人施加间接的影响。从长远角度来看，即使是最大型的公司的董事和管理层的薪金和任期，也都取决于聪明机智的、对他们公司证券感兴趣的投机者和投资者是否对他们的服务感到满意。如果投机者察觉到某公司管理层出现了不能胜任的迹象，他并不能"开除"那些讨厌的管理者，但是他可以通过卖掉该公司的证券，或是不管理这些证券，无声地表达他的反对。

投机者的12条规则

正如任何一家企业都有不可忽视的管理标准一样，在投机性投资中也已经形成了一定的规则。如果想要获得成功，就必须聪明地按照这些规则来办事。投机者如果只是试图盲目地遵从任何一套规则，那么他绝不会成功。总会有例外，那就是在特定情况下，投机者必须敏锐地运用自己的智慧。虽然如此，就前面十八章所包含的技术性细节而言，将其总结为几段话，或许还是有用的。

投机性投资者的12条规则如下：

（1）持有证券的数量绝不能少于10只，且证券需涵盖5个不同的商业领域。

（2）至少每六个月就要对所有持有证券进行一次重新评估。

（3）至少将一半的资金投入到收益型证券。

（4）在分析任何股票时，都要把股利看做最不重要的因素。

（5）亏损了要及时了结，但不要急于收取盈利。

（6）有些证券难以获取规律的、详细的信息，对这些证券的投入绝不能超过全部资本的25%。

（7）避开所谓的"内部消息"，如同避开瘟疫一般。

（8）勤于寻找事实，绝不寻找建议。

（9）忽视那些对证券进行估值的机械公式。

（10）如果股价高、融资利率上涨、经济繁荣三者兼备，那么一半以上的资本都应该放在短期债券上。

（11）少融资，只有在股价低、融资利率低或者下跌，且经济不景气时才融资进行投资。

（12）留出适当比例的可用资金，来购买那些有发展前景的公司股票的长期期权。

偶然性的最小化

第一条规则给出了多样化的最低标准。在投机领域与投资领域中都很重要的原则是，要将资金分到若干个"篮子"里。多样化投资可以帮投机者实现三个重要结果。它将偶然性因素最小化，为偶尔的判断失误留出空间，将未知因素的重要影响降到最低。正如在其他人类活动的领域一样，运气在投机中也占有一席之地。地震，或者是其他一些不可预见的"上帝的行为",可能会使最完美的计划徒劳无功。然而,这样的意外不会给所有证券带来同样的影响。多样性投资为抵御意外因素影响提供了最有可能的保护。同样,判断失误也是不可避免的。即使是最敏锐的投机者,也有20%—25%的概率,会根据手上的数据得出错误的结论。如果他将所有的资金都押在一只证券上,而他关于这只证券的结论又是错误的,那么他将会遭受惨痛的损失。然而,对于一个将自己的资金分散到10只不同证券上的投机者来说,25%的错误率则不会对他产生严重的影响。

在任何时候,影响任何一只证券价值的最重要因素都是未知的。即使是一家公司的总裁也搞不清楚影响他公司证券内在价值的全部因素。投机者必须为未知因素留出一定的余地,即使是对那些公告频繁、诚恳想要让证券持有人和公众充分知晓其内部事务的公司,也是如此。通过多样化操作,那些影响单个证券的未知因素就会互相抵消。而由某一情况下某一未知因素所引起的损失,也会被另一种情况下意外产生的高额利润所抵消。

心理难题

最少每年要对所持股票进行一次检查,寻找薄弱点,这是对投资者的一条常规建议。投机者自然更应该密切地关注自己持有的证券。第二条规则指的不仅仅是浏览自己支出的清单,计算一下账面利润或者损失。这意味着投机者应该尽可能地跳出自己的立场,再次客观地分析每只证券。从心理上讲,要冷静地分析一只自己冒着很大风险购买的证券,是一件非常难做到的事。尽管如此，投机者也要坚定地努力这么做。例如，如果他有100股某只股票，当前售价为90美元，那么他应该完全无视自己已经支付的价格，问自己："如果我今天有9,000美元的现金，可以用来购买证券，我会在数千只可选择的证券中，优先选择这只股票吗？"如果答案是明显的否定，那么他就应该卖掉这只股票。不管股票的购买成本是50还是130美元，都没有任何差别。成本只是一个完全无关重点的事实，尽管一般人会认为它非常重要。

耐心很重要

以上内容并不是建议投机者频繁地进行再分析，一年两次也就够了。如果他分析地更频繁，就很可能会陷入有害的、通常也是致命的习惯——频繁更换投机对象。对成功的投机者来说，基本素质之一就是要有耐心。对于某一只股票来讲，市场可能需要几年时间，才能在很大程度上反映出该股累积多年的价值。就"南方铁路公司"的情况来说，这家铁路公司将二十年辛苦获得的收益都投到了固定资产上，在两年内它的普通股股价从25美元涨到120美元。仔细分析，可能会发现某只股票背后所隐藏的价值远远超过了其市场价格所代表的价值。市场可能不会反映这些价值，直到牛市与股利政策变化同时发生，为其价格增长提供必要的动力。即使是处于牛市，一只好的股票也可能会落后于市场进程好几周，甚至好几个月，这让人非常沮丧。在牛市期间，总是在市场中寻找机会的交易者，通常会从一只股票跳到另一只股票，然而到最后只会发现，如果把资金投在一开始精挑细选的十只或者十二只股票并能一直持有的话，赚的钱比他跳来跳去赚到的钱要多得多。

必须谨慎

第三条规则，要求至少将一半资金投在收益型证券上，这是基于以下这一事实：收益型证券比于非收益型证券要高出一个等级。虽然两者相较而言，收益型证券的获利潜力更小，但其发生严重损失的风险也要远小于后者。对于投机者来说，在操作中不要过于冒险，这是很明智的。当暴风骤起时，如果他知道自己至少有一大部分的所持证券是投资等级的，那他的情绪会受到极大的平复。在很大程度上，投机者坚持持有收益型证券，主要不是为了从中获取收益，而是因为收益型证券大多具有内在投资价值。

四种股票

行文至此，需要解释一下，第三条与第四条规则之间并无冲突。事实上，两者是完全一致的，因为最好的股票通常表现为收益率最低。投机者所寻求的，是他持有股票的市场价值的上升。理论上讲，普通股作为投机的主要工具，主要可以分为四类：（1）支付股利的高级股票，代表着对具有良好前景的大型公司的所有权，通常这种股票在出售时，收益率较低；（2）支付股利的低级股票，由于股利不确定、前景不明确，所以会提供较高的收益率；（3）无股利支付的公司股票，公司的实力与收益能力都在明显进步，正朝着支付股利的高级别发展；（4）无股利支付的公司股票，没有迹象表明公司在实力与收益能力方面有任何增长，可能会走向破产托管。从理论上讲，（1）和（3）两种股票是可以购买的，但其中一种股票的即期回报率会很低，而另一种则为零。

理论的验证

关于以上这条可购买股票类型与收益关系的理论，有没有可能对其进行检验呢？对这一问题的回答，可以通过随意选取大量股票，将其分成高收益组和低收益组，然后描绘它们在几年期间的发展过程来实现。为了完成这一目的，我们将按照首字母从A到G的顺序，调查全部的工业类普通股，列出在穆迪手册中十年内的价格变动。假设一位投机性的投资者，以1913年的最高价和最低价的平均价，分别买进每只股票，每只股票都花费1,000美元的总额，尽可能地多买。以1913年现金支付的股利总额为基础，计算出平均价产出的股利，并以此为基础选出两组股票：一组年利率超过8%，另一组年利率低于6%。前一组中有13只股票，后一组中有14只股票。进一步假设，所有的股票都在1922年售出，售价为当年的最高和最低价之间的平均数。尽管购买股票那一年之后，随即发生了严重的股市和经济萧条，且卖出股票那一年，也随后出现了相似的情况，但是每组的股票在清算时都显示有盈利。然而，有趣的是，低收益的股票不仅显示出高得多的利润，而且总计来看，在整个持有期内，低收益股票的回报率更高。下图中反映就是这一事实：

	1922年售价	1913年买价	利润	利润率（%）
低收益率股票	19,356.13	11,307.39	8,048.74	71.2
高收益率股票	14,635.13	13,026.56	1,608.67	12.3

第二个表格，给出了两组股票每年基于购买成本的现金股利收益率：

	1922年	1921年	1920年	1919年	1918年	1917年	1916年	1915年	1914年	1913年
低收益率股票	8.23	9.43	12.82	9.44	9.27	8.82	6.71	4.3	4.28	4.00
高收益率股票	5.17	6.38	9.04	7.55	7.28	8.32	6.83	6.38	7.57	10.83

关于哪组股票更令人满意，应该不会再有疑问了。

出乎意料的结果

对于那些没有股利的股票，我们难以理智地分析，哪些是股市老手们认为有前景的股票，哪些是没有希望的股票。我们只可能将无股利股票整体划归为一个群组，然后探究这一个整体的走势。该组共有27只股票，以1913年的最高价和最低价的平均值计算，初始成本为26645.34美元。1913年，这些股票都没有股利回报。但是到了接下来的一年，该组股票中有三只股票支付了股利，回报率为0.8%。1915年，股利收入增加到1.19%，1916年则上涨到了5.96%。自此之后，股利迅速上涨，并于1922年达到最高值——30.9%。即便扣除1923年"坎普造船"支出的一大笔额外股利，回报率仍然高达18.9%。此外，这只股票在1913年至1923年这十年间的总回报率也超过了同期有股利支付的股票的回报率。假设1922年，这27只股票的售价为当年最高和最低价之间的平均价，那么该组股票的资本获利为56400美元，收益率为211%。

这一数字高得惊人，但我们也不应忽视了对最差情况的研究。为了这一目的，假设这27只股票中每一只股票都是以极度萧条的1921年当年的最低价售出。这种可能性相当于一百万分之一，即使是刻意而为，交易者也很难找到那一年27只股票的最低价。进一步假设，有两只股票的1921年报价未能找到，因此，将其都记入到总损失中。即使在这种极度不利的假设中，这些股票还是能以47,542.75美元的价格进行清算，收益率为79.6%。这一数字比支付股利的股票在更有利的假设条件下带来的收益，还要高出许多。

股票的复利

无股利支付的股票优于股利支付的股票，低收益率的股票优于高收益率的股票，对这样惊人的结果，有一个简单合理的解释。一家管理得当、有盈利的公司，其股票持有者同储蓄银行的存款人同样受惠于法定的复利。让我们回到第十二章中雷明顿·兰德公司的损益表。表中显示，可用于支付股利的净利润为6,040,554美元，但是实际支付的股利只有2,553,457美元。剩下的将近3,500,000美元大约相当于每股普通股有2.5美元的股利，这部分钱被再次投资于企业中，作为普通股的额外福利。

同一时期，该公司在扣除债券利息前的利润占据了该财年末全部有形资产的13%以上。如果利用每股2.5美元的股利进行再投资的收益率为13%，在其他条件不变的情况下，第二年每股股票的收益将增加32美分。将此计划执行5年，理论上讲，每股股票的收益将提高60%以上。

低收益率的股票通常意味着公司会将很大一部分利润留作公积金。成长型公司发行的无股利股票则更是受惠于复利原则。这一复利原则导致在1929年广泛流传着这样一种观点，那就是那些增长迅速的公司股票，是不会支付太多股利的。虽然长期来看，稳健的无股利股票极具吸引力，但是想要挑选好的无股利股票比挑选支付股利的股票要难得多。冒险将全部资本投入到这种股票上，或者即使是将大部分资本投入其中，都是极度鲁莽的行为。

股利不是终极目标

对于每一位交易者来说，他们第一次进入经纪行的交易行情室几乎都会听到这样一句谚语，那就是，获利就不会受穷。而这与以上给出的第五条建议似乎相互矛盾。事实上，仅仅靠收益，交易者最终会失败，这是很明确的。交易者应该非常清楚自己要做什么。证券交易者不是为了追求股利，因为那样的话，他还必须为之支付税费，他要的只是资金最大程度的增值。如果他在操作过程中卖出了某些股票赚到了利润，然后又转到其他证券上，那么这其中所涉及到的利润的实现，相对于他的主要目的来说，则完全是附带的，他的主要目的是使投机资金的价值最大可能地增长。

投机性投资者对手中持有股票的市场价值的变化，应该采取什么样的态度呢？他之所以购买这些股票的原因，大概是因为他在充分考虑后，认为这些股票的价值被低估了。他可以从以下三种方面获利：（1）该股背后隐藏的价值被更多人认识到；（2）该股背后公司的收益能力提高、资产增加；（3）交易者和投资者预估该公司的盈利能力增长。一只股票背后公司盈利能力的提升，通常是良好管理的结果。

只要这种增长还在进行，股票持有人就不应该撤回他的投资，除非他真的认为，这只股票的价格总体上已经远远超过了它的价值。除此以外，投机性投资者卖掉所持有股票的唯一逻辑性原因，就是该股的走势变得糟了。如果是股价有了增长，绝不会说明该股的走势变糟了，只会说明当初购买股票的判断是正确的。相反，该股市场价格的下跌可能暗示着投机者的判断是错误的。但是这并不是绝对的，并且在有些情况下，他会被建议继续持有一只股票，熬过市场下跌期，并满怀信心地期待最终的收益。当然，如果他的决定只是以市场变化为依据，那么比起一定程度的上涨，股价一定程度的下跌更能提供卖掉股票的理由。

信息的重要性

第六条规则进一步强调了在分析证券时，"未知因素"的重要性。只要投机者涉及到未知因素，那么他就是在赌博。他必须用尽一切方法，努力将赌博因素的影响降到最小。因此，投机者必须将其绝大部分证券交易限定在他可以不费吹灰之力就可以获得充足信息的证券上。也有很多非常好的股票，虽然无法获取有关它们的充足信息，但也常常可以从中赚到钱。如果某只股票存在现成的利好信息，或者获取充足的信息需要稍费周折，那么购买这种股票是可取的，但是不要在这种类型的股票上投入过多资金，这才是明智之举。

有时，为了获得正确的信息而颇费一些周折也是非常值得的。例如，某家中等规模的制造类公司，只公布了一份"浓缩"版的年度资产负债表，以此将公司有关的经营情况告知股东。几年来，相对于该公司的规模而言，这份资产负债表中所显示的应收账款一项总是太过巨大。尽管该公司的股票保持良好的收益记录和股利支付记录，但是其资产负债表中的这一事实表明，该股可能并不是什么便宜货，该股股价相当于其速动资产净额的一半。一位参加了1926年该公司年度会议的记者，也是该公司股票的持有人。他和另外一名股票持有人都是该公司管理层以外的股东。会议期间，他们得以批准查看详细版的资产负债表。该表显示，在1925年12月31日，超过三分之二的应收账款是美国的中期国库券。这么看来该公司的股票确实是被低估了。但是，就容易获取的版本而言，该公司的报表展现出的却是其股价存在被高估的问题。

愤世嫉俗的人

愤世嫉俗的人可能鲜有朋友，但是第七条规则中所描述的那种愤世嫉俗的态度，却可以使交易者们免受很多损失。华尔街上满是容易轻信他人的人，他们时刻准备着倾听那些最疯狂的流言蜚语。1930年春天，当某只股票价格翻倍时，每个人都言之凿凿地说，该股票的收益率预计为50%，将超过前六个月的官方报表中所显示的收益率。在随后的四个月中，该股票发生了同等程度的下跌，经纪人行情室的忠实信徒们又准备好了相信，该公司只是在陷入财务困难前发生了一次暴涨。

有些交易者，甘愿沦为"内部消息"的受害者，虚荣心负有很大的责任。那些被交易者们信以为真的"内部消息"，包括联合操纵、兼并、秘密发现、紧急融资以及其他商业秘密。按照普通交易者的自我估计，得到这些机密信息将会使自己不同于无知的大多数。然而，如果他可以谦虚地认为，自己可能是第一千个，而不是第一个或者第二个听到利好故事的人，那么这种谦虚的行为可能会得到很好的奖励。

第七条规则有一个例外。在强劲的牛市中，那些传播关于熊市流言的人可能是一位真正的慈善家。这样的秘密消息非常少见，它比在股市顶峰时期广泛流传的牛市宣传要更值得信任。

自己做决定

没有谁是通过听取别人的建议而获得财富的，这是第八条规则的基础。一位盈利专家可以为企业经营技术的改进出谋划策，但是再多的他就做不了了。企业成功或者失败的责任取决于一个人的精力、个性、能力和决策力的综合结果。福特、洛克菲勒、摩根这些人并不是靠寻求"专家"们的建议来在某个领域中称雄的。他们遵从的是自己的判断，有时甚至会违反先例。

令人尊敬的昌西·M. 戴普先生曾经在一次采访中，向一个穷追不舍的记者回答说，他一生中犯下的最大错误有三点。在财务方面，他最大的错误，就是没能以1万美元的价格来购买当时还处于初期、后来成为"美国电话电报公司"的六分之一的产权。戴普先生曾被这项投资深深吸引，但当他咨询了专家的建议后，搁置了这项行动。他找到了自己的一个私人好友——"西部联盟电报公司"的总裁，毫无疑问，他是最有资格的专家。这位总裁非常真诚地告诉他，电话是不切实际的，并且无论如何，西部联盟都拥有电话的专利权，因而对这项发明有更好的请求权。戴普先生在有生之年，亲眼目睹了"西部联盟"成为"美国电话公司"的一个子公司。

教训很清楚。让那些想要在投机中成功的人去努力寻找所有的事实吧，因为如果信息不充分，或者是存在错误，那么即使是最聪明的投机者，也会得出错误的结论；但是，请记住一点，最后决定买什么、何时买、卖什么、何时卖的还是投机者自己。

不要盲目用市盈率评估股票

设立第九条规则是为了防止有人盲目地使用简单的价值衡量尺度。有些交易者可能会有这样的观点，股票的价格是前一年每股收益的多少倍，或者是当年预估每股收益的多少倍，根据这一点来考虑这只股票是不是便宜。泛泛而言，计算市盈率是有用的。如果一只股票的价格是每股收益的30倍，并将三分之二的收益用于股利支付，那么它的回报率就是2%。只有公司的前景绝对光明才能证明这一价格是合理的。相比之下，如果一只股票的售价是其每股收益的6倍，并且支付的股利可能只有三分之一的收益，那么该股仍将有超过5.5%的收益率，相当可观。如果其他条件相同，那么后一种股票可能会被认为是便宜的，前者则是昂贵的。

但是，如果在分析个股时，就不能这么一概而论了。一概而论是非常不安全的做法。对1921年14只最活跃的上市工业公司投资股票的记录进行分析，就更加验证了这一点。下表中包括1919年至1923年期间的每一年中，所有支付股利的工业类普通股股票，以及1921年所有在纽约证

券交易所交易量超过一百万股的股票。该表给出了每只股票在1921年的
最高价和最低价，1920年和1921年的每股收益，基于1921年的每股收益，
以及1920年到1921年平均每股收益计算的最高与最低的市盈率：

股　票	价　格		每股收益		市盈率（基于1921年的每股收益）		市盈率（基于1920—1921年平均每股收益）	
	最高价	最低价	1920年	1921年	最高值	最低值	最高值	最低值
保德火车头	100.75	62.25	15.14	18.22	5.5	3.4	6.0	3.7
伯利恒钢铁B	62.5	39.50	18.40	11.51	5.4	3.4	4.2	2.6
钱德勒	86	38.25	15.05	0.15	—	—	11.3	5.0
科斯登	44.125	22.50	16.80	赤字	—	—	—	—
坩埚钢铁	107.50	49	20.06	7.59	14.2	6.5	7.8	3.6
家庭唱机	82.50	44.625	21.05	18.95	4.4	2.4	4.1	2.2
通用汽车	16.25	9.375	1.56	赤字	—	—	—	—
墨西哥宠物	167.25	84.50	19.63	26.83	6.2	3.2	7.2	3.6
泛美宠物	71.75	34.125	9.25	12.94	5.5	2.6	6.5	3.1
皇家荷兰	69.875	40.50	4.62	4.28	16.3	9.5	15.7	9.1
斯多德巴克尔	93.25	43.75	15.19	16.21	5.8	2.7	5.9	2.8
得克萨斯公司	48	29	5.44	1.41	34.1	20.6	14.0	8.5
得克萨斯太平洋煤与石油	36.875	15.75	4.73	2.46	14.9	6.4	10.2	4.4
美国钢铁	86.5	70.25	16.62	2.24	38.6	31.4	9.1	7.4

该表显示出一些很有趣的差别。1921年，根据市盈率，"斯多德巴克
尔"绝对要比"钱德勒"便宜。前一种股票，在接下来的五年中，前者
的股价比它在1921年的最高价还翻了一倍以上。相反，"钱德勒"在1926
年的最高价格，也仅仅只是超过了它在1921年的最低价。"得克萨斯公

司"与"得克萨斯太平洋煤与石油"之间就没有这种差别。后来的事实表明，相对于后者而言，市场对前者的价值做出了更为正确的评价。然而，一只高级投资股，"皇家荷兰"在接下来的牛市中，表现平平，令1921年的那些该股票购买者对其大感失望。相比之下，不起眼的"泛美宠物"，则为其持有人奉上了可观的利率。这些例子还有很多。它们足以表明，当用于分析个股时，市盈率本身毫无意义。

折　衷

第十条规则是对股市波动的周期性本质的认可，也是对两种关于长期投机的不同学派的一种折衷。一些研究者认为，长线的投机者应该基于股市的长期变化进行交易，应尽量在接近熊市谷底时购买股票，然后在接下来的牛市即将到达顶峰时，卖出所持有的全部股票，然后通过短期证券来保存收益，直到下一次熊市的来临。另一派学者则认为，长期投机者应购买稳健的普通股并一直持有，只有当原本前景光明的股票变得前途暗淡时才售出，然后再转向其他前景看好的股票。在本章与之前的章节中，我们已经给出了两种交易类型在理论上的例证，这些例子虽然都是随机挑选的，但是经过几年的时间验证，其结果都是令人满意的。理想的方案看起来应该是两种极端的折衷。然而，投机性投资者对股票感兴趣，主要是为了股票升值，而不是对市场趋势感兴趣，但是他不能无视牛市和熊市的长期趋势。当牛市已经达到了相当高的程度，轻松赚钱的基础已经开始瓦解时，投机性投资者应该好好审视自己持有的证券，并且将其中相当大的一部分处理掉。当他这样做的时候，应该时刻牢记任何证券的成本都不是重要因素这一点。

避免过度交易

普通交易者最大的错误，就是会有过度交易的倾向。第十一条规则就是针对这种倾向提出的。证券分析师很快就会发现，管理最好的公司，手中的现金常常要比看起来它们所需要的现金要多；这样的公司也很少贷款，即使贷款，也从来不会达到他们信用的限额。投机性投资者可以将这条良好管理的原则用于管理自己的投资。对于那些市场销路好的优质股票，银行可能完全愿意借给投资者其价值的75%到80%的资金，但是如果他完全用掉这份借款权限，那他就非常愚蠢。因为市场中任何一次稍严重的下跌都会危及他的资金安全，严重干扰他对股票价值的判断。与这种常见的错误相反，精明的投机者会严格限制贷款数额，并且次数也不会多。很明显，贷款的最佳时机，是当股票总体价格比较低的时候。然后，股市的上涨会增加借款人的权益，增强他的财务地位。在牛市的过程中，投机者会发现，使用一部分定期清仓的资金来还清其贷款，剩余部分转而投资短期债券，这是非常明智的。

购买有发展前景的公司股票的长期期权，其收益的可能性非常大，所以第十二条规则应该成为每一位投机性投资者都奉行的操作原则。"有发展前景的公司"几个字是该条规则的重点。附加于债券和优先股的认股权越来越受欢迎。在很多情况下，认股权所提供的仅仅是债券销售员的一个说辞，它们获得价值的前景小之又小。然而，对那些有发展前景的公司，精明的投机者会放长线，努力购买尽可能完整的搭配组合，从而获得长期利润。

可以赚钱的业余爱好

单纯而简单的投资不会给资金所有者带来严重的问题。储蓄银行以及类似机构、人寿定期保险单、政府债券、大银行的信托部门等机构为那些寻求无风险投资的人以及那些缺少时间去管理其资金的公司管理者提供了解决方案。那些能够投入必要时间来管理个人财务的商人会发现，投机性投资可以使他与世界上的重大进步保持不间断的联系，让人激动不已。他在投机性投资行为中还会对经济史产生兴趣。通过应用本书中提到的原则，他应该可以将这种投资变成一项既能赚钱又十分有趣的业余爱好。